HEYNE <

W0464411

ANNA MARIA SIGMUND

Des Führers bester Freund

Adolf Hitler, seine Nichte Geli Raubal und der »Ehrenarier« Emil Maurice – eine Dreiecksbeziehung

WILHELM HEYNE VERLAG
MÜNCHEN

Umwelthinweis:
Dieses Buch wurde auf chlor- und säurefreiem Papier gedruckt.

Taschenbucherstausgabe 04/2005

Copyright © 2003 by Ullstein Heyne List GmbH & Co. KG
Der Wilhelm Heyne Verlag, München, ist ein Verlag der
Verlagsgruppe Random House GmbH
www.heyne.de
Printed in Germany 2005
Redaktion: Johann Lankes
Umschlagkonzept und -gestaltung: Hauptmann und Kampa
Werbeagentur, München – Zürich,
unter Verwendung folgender Fotos:
Foto von Geli Raubal: © Bayerische Staatsbibliothek München
Foto von Hitler als Reichskanzler:
© Bildarchiv Preußischer Kulturbesitz
Foto von Emil Maurice: entnommen dem Katalog
München – Hauptstadt der Bewegung, Edition Minerva,
© Münchner Stadtmuseum
Druck und Bindung: GGP Media GmbH, Pößneck

ISBN 3-453-62001-1

Inhalt

Einleitung

»Wahnwitzige Dinge vom Chef. Er [Hitler] und seine Nichte Geli und Maurice.«

GOEBBELS, Tagebuch 1928

Neue Quellen zur Geschichte Hitlers sind rar. Nur sehr selten taucht, wie im vorliegenden Fall, Material auf, das die logische, jedoch spektakuläre Lösung eines Rätsels liefert, ein unerwartetes Bild entstehen lässt und Einblick in eine Geschichte gewährt, die schon längst keine Überraschungen mehr zuzulassen schien.

Ich habe die Puzzlestücke – Briefe, Akten, Zeitungsausschnitte, Polizeiprotokolle, Schnappschüsse, Zeugenaussagen und Vertragsentwürfe – ausgewertet und ohne umfangreichen Kommentar zitiert – die Unterlagen sprechen für sich selbst.

Zum einen ergab sich ein psychologisches Drama zwischen drei jungen »Zugereisten« im München der Zwanzigerjahre. Einer davon war Adolf Hitler auf seinem Weg zum größenwahnsinnigen Diktator. Der andere, Emil Maurice, ein entwurzelter Uhrmachergeselle, heißblütig, antisemitisch und rauflustig, anfällig für eine »Männerfreundschaft«, die ihm sein Idol Adolf Hitler gewährte. Und dazwischen, fast wie in einer Schnulze, das viel jüngere Mädchen Geli, vorlaut und lebenslustig. In einem Stück von Ödon von Horvath würde ihr sofort die Rolle des geborenen Opfers zufallen.

Geli, die Lieblingsnichte Hitlers, erschoss sich schließlich in der Wohnung des Onkels mit dessen Revolver »aus unbekannten Gründen«, über die vielerlei in Umlauf gesetzt worden ist. Hitler erschoss sich 14 Jahre später, aus Gründen, über die es nichts zu spekulieren gibt, weil sie als der logische Schlusspunkt in seiner Karriere begründet waren. Der Uhrmacher und Gründer von SA und SS überlebte jedoch die stürmischen Zeiten. Enttäuscht von deren Verlauf, ja angeblich sogar »verwirrt und seelisch gebrochen«, wie ein vernehmender US-Offizier vom Counter Intelligence Corps mitleidsvoll festhielt, kehrte er nach Verbüßung einer Haftstrafe in sein erlerntes Handwerk zurück.

Neben dem Beziehungsdrama Hitler – Geli – Maurice bietet das Buch mit Einblicken in die Psyche des »Führers« und die Mechanik der Tyrannei eine zweite Lektüre.

Emil Maurice zählte zu den ersten Anhängern Hitlers, der zu seinen Mitarbeitern ein betont gutes Verhältnis pflegte. Im Fall Maurice ging er einen Schritt weiter: Nach einer blutigen Saalschlacht bot er ihm das Du an. Albert Speer schrieb, dass Hitler zur Freundschaft nicht fähig war. Das stimmt wohl für dessen spätere Jahre als Reichskanzler und unnahbarer Kriegsherr. Doch in der »Kampfzeit der Bewegung« waren Adolf Hitler und Emil Maurice sehr eng befreundet. Im Gefängnis von Landsberg führte der mit einer Generalvollmacht ausgestattete Maurice sogar Hitlers politische Geschäfte.

»Meinem getreuen Schildknappen«, schrieb Hitler als Widmung in jenes pergamentene Exemplar von »Mein Kampf«, das er Maurice schenkte. Dieser hatte das Manuskript in einem Grammofon versteckt, damit Hitler es aus dem Gefängnis von Landsberg schmuggeln konnte. Wie beim Putschversuch des Jahres 1923 stand Maurice seinem Freund auch viel später beim »Röhm-Putsch«, der berüchtigten »Nacht der langen Messer«, zur Seite. Als der nunmehrige Reichskanzler persönlich die »Verräter« aus den Betten holte und erschießen ließ, verhaftete sein »Schildknappe« die Führer der SA.

Doch die innige Freundschaft wies Bruchstellen und Dissonanzen auf. In unerklärlicher Weise hemmte Hitler die Karriere seines besten Freundes, griff er auf brutale Weise in sein Privatleben ein.

So musste Maurice, der erste Leiter der SA, die von ihm geschaffene »Sturmabteilung« (SA) bald an Göring abtreten.

Auch die »Schutzstaffel« (SS), die er gemeinsam mit Julius Schreck ins Leben rief, hatte das SS-Mitglied Nr. 2 auf Wunsch Hitlers dem Exleutnant Berchtold und später Heinrich Himmler zu überlassen.

Und nachdem Maurice in seinem Werben um Hitlers Lieblingsnichte Geli erfolgreich gewesen war, löste Hitler mit brüsken Worten die Verlobung auf, bedrohte ihn mit der Waffe und setzte ihn vor die Tür.

Die Erklärung für all die demütigenden Zurücksetzungen gab Hitler dem antisemitischen Maurice erst spät: Sie lag bei seinem jüdischen Ahnen Chéri Maurice, einem der bedeutendsten Theatermänner im Deutschland des 19. Jahrhunderts. Dieser »Makel«, den Emil Maurice selbst nie akzeptieren wollte und den Hitler von Anfang an wusste, aber geheim hielt, schloss eine Beförderung des Duzfreundes in der NSDAP aus. Er durfte auch nicht in Hitlers Familie einheiraten und wurde schließlich fristlos aus Hitlers Diensten entlassen. Die beiden Männer trennten sich im Streit. Maurice verklagte Hitler vor dem Arbeitsgericht.

Nach der Machtergreifung der Nationalsozialisten, als Himmler Maurice nach dem Leben trachtete, erfuhr die Groteske eine Fortsetzung: Hitler und Maurice versöhnten sich. Von da an stellte sich der »Führer«, der gleichzeitig Juden unerbittlich verfolgen ließ, schützend vor den wiedergewonnenen Freund mit den jüdischen Ahnen. Er schenkte ihm die »Ehrenmitgliedschaft« in der NSDAP. Gegen den erbitterten Widerstand des Reichsführers SS Heinrich Himmler machte er ihn zum ersten und einzigen »Ehrenarier« der SS. Als passionierter Antisemit litt Emil Maurice nicht wenig unter dem Affront, der ihn vor Verfolgung schützte.

In der Politik des Dritten Reichs ist Maurice nur eine Randfigur. In der persönlichen Geschichte des Adolf Hitler spielten Emil Maurice und Geli Raubal aber Hauptrollen und wurden frühzeitig von Hitler selbst und von seiner Umgebung hochstilisiert. Eine ganze Passage in »Mein Kampf« ist Emil Maurice gewidmet. Auch die Legendenbildung um »Hitlers einzige Liebe«, Geli Raubal, wucherte üppig.

Die Dokumente aus Archiven und Privatbesitz sind nüchterner als der Wildwuchs an Mythen und Gerüchten. Trotzdem beleuchten sie ein – hoffentlich einmaliges – Kapitel der Weltgeschichte und die kuriose Dreiecksgeschichte zwischen Hitler, seiner Lieblingsnichte und seinem Duzfreund, der, wie Himmler meinte, kein »echter Germane« war.

NS-Sturm- und Drangzeit

»Der Tanz hatte noch nicht begonnen, als auch schon meine Sturmtruppler, denn so hießen sie von diesem Tage an, angriffen. Wie Wölfe stürzten sie in Rudeln von acht oder zehn immer wieder auf ihre Gegner los und begannen sie nach und nach tatsächlich aus dem Saal zu dreschen. Schon nach fünf Minuten sah ich kaum mehr einen von ihnen, der nicht schon blutüberströmt gewesen wäre. Wie viele habe ich damals erst so richtig kennen gelernt; an der Spitze meinen braven Maurice ...«, schrieb Hitler in »Mein Kampf« und setzte damit einem seiner treuesten Mitarbeiter ein Denkmal.[1]

Schauplatz der brutalen Schlägerei war der große Festsaal im altehrwürdigen Münchner Hofbräuhaus, wo die junge NSDAP am 4. November 1921 eine mittels Plakataktion groß angekündigte Veranstaltung abhielt. Hitlers mit Spannung erwartete Rede zu einem aktuellen Kriminalfall, dessen Täter man noch dazu in den NS-Reihen vermutete, trug den provokanten Titel »Wer sind die Mörder?« und hatte den Mordanschlag auf einen sozialistischen Landtagsabgeordneten zum Thema.[2] Die Stimmung des Publikums, unter das sich Sozialisten, Marxisten und andere Gegner der NSDAP mit der festen Absicht gemischt hatten, die Versammlung zu sprengen, war dementsprechend gereizt. Die im Hinblick auf Saalschlachten routinierten Gäste bestellten unentwegt Bier, gaben ihre leeren steinernen Bierkrüge aber nicht zurück, sondern versteckten sie zum weiteren Gebrauch unter den Tischen.[3]

50 NS-Ordner standen 300 politischen Gegnern gegenüber. Aufreizende Zurufe lösten eine Schlägerei aus, in deren Verlauf man auf Hitler schoss. Die Schlägerei war kurz und blutig und wurde durch das Einschreiten der Polizei beendet. Diese stellte Messer, Eisenstangen und Knüppel sicher. Mehr als 150 Bierkrüge hatten die Kämpfenden aneinander zerschlagen. Damals erlebte die kurz davor als Saalschutz geschaffene Sturmabteilung der NSDAP – zur Irreführung der genau observierenden Polizei trug sie den harmlosen Namen »Turn- und Sportabteilung« (SA) – ihre Feuertaufe. Der Anführer der Truppe, Emil Maurice, erlitt schwere Verletzungen, unter anderem eine Gehirnerschütterung. Seine zahlenmäßig weit unterlegenen Schläger errangen einen Sieg, den die NSDAP gebührend feierte und als heroische Tat gegen den »roten Terror« in die Annalen der »Bewegung« einreihte. Man brüstete sich, dass zwischen dem 4. November 1921 und dem 9. November 1923 keine NS-Versammlung mehr »gesprengt« werden konnte.

Zum Dank für seinen furchtlosen Einsatz hat Hitler dem Parteigenossen Emil Maurice das Du angeboten. Dies war der Beginn einer engen Freundschaft mit vielen Höhen und ungeahnten Tiefen. Niemand kam dem »Führer« so nah wie sein »Moritzl«[4], der diese ungewöhnliche Position zu schätzen wusste. So trug er auch in einem Fragebogen der NSDAP (unter besondere Bemerkungen) voll Stolz ein: »Ich bin DUZFREUND des Führers.«[5] Damit erfreute er sich einer Gunst, die Hitler selbst NS-Granden wie Göring, Goebbels und Himmler vorenthielt. Auch der Architekt und Rüstungsminister Albert Speer, der sich als »wohl einziger Freund des Führers« sah, blieb auf das formelle »Sie« beschränkt. Nur der Uhrmachergeselle Maurice benutzte die vertrauliche und ein wenig gönnerhafte Anrede »mein lieber

Emil Maurice, um 1935

Hitler«. Und nur »Moritzl« hat Hitler ungeniert ermahnt, gedroht und gegen ihn vor Gericht geklagt.

Emil Maurice wurde am 19. Januar 1897 im norddeutschen Westermoor (Schleswig-Holstein) geboren. Sein Vater Charles Emil hatte Staatswissenschaften studiert.[6] Als er seinen Anteil aus dem beträchtlichen Erbe des Großvaters erhielt, etablierte er sich als selbstständiger Unternehmer. Er betrieb dann in der Nähe Hamburgs eine riesige Anlage zur

Torfgewinnung und versuchte sich auch in der Maulbeerzucht. Beiden Betrieben war kein Erfolg beschieden und der Fabrikbesitzer ging pleite.[7] Amanda (geb. Hennings), die Mutter von Emil Maurice, stammte aus bürgerlichen Kreisen. Das deutschnational, später nationalsozialistisch gesinnte Ehepaar hatte fünf Söhne und eine Tochter. Emil besuchte von 1904 bis 1907 die Volksschule in Owschlag, dann zwischen 1907 und 1914 die Realschule in Eckernförde.[8] Anschließend absolvierte er bei dem Uhrmachermeister Adolf Christen in Gettorf (Kreis Eckernförde) eine dreijährige Lehre (15. Januar 1914 bis 1. Oktober 1917). Als Christen seinen Wehrdienst leistete, übertrug er seinem Lehrling die Leitung des Geschäfts. Emil, der im Oktober 1917 seine Gehilfenprüfung bestand, war ein großer, dunkelhaariger, gut aussehender Jugendlicher mit südländischem Flair. Er spielte mehrere Instrumente und huldigte dem Boxsport.[9] Sein meist seelenvoller Blick aus braunen Augen und seine Vorliebe für romantische Musik täuschten über ein cholerisches Temperament und aufbrausendes Wesen mit niederer Hemmschwelle hinweg. Der Uhrmacherlehrling wurde rabiat, wenn er sich zu Recht oder Unrecht angegriffen fühlte. Im Berufsleben gab es jedoch keine Schwierigkeiten. Sein Lehrherr bezeichnete ihn als »treuen, fleißigen, ehrlichen und soliden jungen Mann«.[10]

Im April 1916 stellte sich Emil Maurice der Landsturm-Musterung in Eckernförde, die ihn aufgrund seiner allgemein schwächlichen Kondition für die Dauer eines Jahres untauglich schrieb.[11]

Bei der Nachmusterung im März 1917 erklärte man Maurice für weitere sechs Monate untauglich. Maurice arbeitete dann kurze Zeit als Uhrmachergehilfe in München,[12] bis er zum Militär (I. Bayer. Feld-Artillerieregiment Prinzregent Luitpold, 4. Ersatzbatterie) eingezogen wurde, wo er aus unbekannten Gründen acht Wochen in einem Lazarett zubrachte. Nach seiner Entlassung vom Militärdienst (25. Januar 1919) kehrte Maurice am 1. Februar 1919 wieder in die Firma seines früheren Arbeitgebers in der Münchner Sendlinger Straße zurück.[13]

In seiner Freizeit durchforschte der entwurzelte junge Mann, bei dem der verlorene Krieg ein tiefes Trauma hinterlassen hatte, die wild bewegte Münchner Nachkriegsszene nach einer politischen Betätigungsmöglichkeit, unsicher, welcher Partei, welchem Freikorps oder Wehrverband er sich anschließen sollte. Seine Neigung galt den rechtsextremen Kreisen. »Seitdem man mir [unmittelbar nach Kriegsschluss] die Kokarde abgerissen hat, hatte ich einen Haß auf die rote Revolution«, fasste Emil Maurice später seine antimarxistische Einstellung zusammen.[14] »1919 besuchte ich viele politische Versammlungen, u. a. auch die der deutschen Arbeiterpartei. Ich suchte eine Partei oder eine Richtung, die sich dem Verrat vom November 1918 entgegenstellte«, schilderte Emil Maurice später seine Suche nach einer politischen Heimat, eine Irrfahrt, die ihn schließlich an Hitlers Seite führen sollte.[15]

Adolf Hitler, der bis Kriegsende als Gefreiter gedient hatte, war nach der Auflösung des alten Reichsheers in ein Aufklärungskommando des Übergangsheers übernommen worden, wo er 1919 eine Tätigkeit als politischer Schulungsredner (»Vertrauensmann«) ausübte.[16] Seine engagierten Reden gegen Bolschewismus und Juden fanden derart großen Anklang, dass der 30-Jährige, der weder Berufsausbildung noch Aussicht auf eine solide zivile Existenz besaß, seinen bereits 1918 gefassten Vorsatz, »… ich aber beschloß, Politiker zu werden«, treu bleiben konnte.[17] Als Sprungbrett für die von Hitler angepeilte politische Karriere diente die DAP (Deutsche Arbeiterpartei), eine winzige Partei, die er am 12. September 1919 kennen gelernt hatte, als er ihre Aktivitäten im Auftrag der neuen Reichswehr observieren sollte.

In München herrschten nach Kriegsende Chaos, Willkür, Gewalt und Bürgerkrieg. Die Dynastie der Wittelsbacher hatte man Anfang November 1918 vertrieben. Vier Monate, nachdem er die Republik ausgerufen hatte, war der bayerische Ministerpräsident Kurt Eisner am 21. Februar 1919 ermordet worden. Die sozialdemokratische Regierung Hoffmann hielt sich nur zwei Wochen. Im April 1919 hatte die (kommunistische) Räterepublik ihr kurzes, blutiges Debüt. Der Einmarsch der von rechten Wehrverbänden unterstützten Regierungstruppen unter dem Reichswehrminister Noske am 1. Mai 1919 setzte der Räteregierung ein Ende. Die anschließende grausame Abrechnung durch den »weißen Terror«, mit Kriegszustand und Standrecht, forderte zahlreiche Todesopfer. Emil Maurice erlebte den »Räteaufstand« als Privatmann – dem Aufruf an die Münchner Bürger zum Eintritt in die freiwillige Volkswehr folgte er nicht. »Es fing damals mit Unruhen an, ich war an der Befreiung mitbeteiligt, ohne aber organisiert zu sein. Wir erfuhren von dem Geiselmord von 16 Personen, so dass wir unbewaffnet in die Residenz eindrangen, dieselbe besetzten, bis im Laufe des Tages [1. Mai 1919] München befreit wurde«, erinnerte sich Maurice später an diese gefährliche Zeit des Umsturzes.[18]

Am 1. Oktober 1919 kündigte der Uhrmachergeselle seine Stelle. »Ich verliere in Herrn Maurice, dem ich wegen seiner guten Eigenschaften alles anvertrauen konnte, einen Menschen, auf den ich mich verlassen konnte … er hat immer großes Verantwortungsgefühl gezeigt …«, schrieb ihm sein Dienstgeber in das Zeugnis.[19]

Die Schuld am Zusammenbruch des Deutschen Reichs suchte der deutschnationale und antisemitische Uhrmachergeselle beim Judentum. Sein späterer Chef Adolf Hitler nutzte die unter deutschen Kriegsteilnehmern weit verbreitete antisemitische Stimmung bereits in seiner ersten öffentlichen Rede für die DAP, die er als nunmehriges Parteimitglied Nr. 55 am 13. November 1919 im Hofbräuhaus hielt. »Es war alles umsonst gewesen«, rief er vor 131 Zuhörern, unter denen sich Emil Maurice befand. »Umsonst all die Opfer und Entbehrungen, … und vergeblich der Tod von zwei Millionen, die dabei starben …«[20]

Er nährte die »Dolchstoßlegende«, der zufolge das Hinterland die Front bewusst im Stich gelassen hatte. Internationale jüdische Finanzkreise hätten die kämpfenden deutschen Truppen perfide verraten! Hitler verurteilte die Friedensverträge von Versailles wegen ihrer rigorosen militärischen Beschränkungen und der immensen Reparationszahlungen als »Schandverträge« und hetzte gegen die Regierung.

Hitlers mit antisemitischen Äußerungen gespickte Rede am 13. November 1919 bildete im Leben des Uhrmachergesellen eine Zäsur – Maurice war bei seiner Suche nach einer Partei fündig geworden. »Ende des Jahres 1919 hörte ich Hitler zum ersten Male sprechen und zählte daher schon früh zu seinen Anhängern. Ich war von seiner Idee begeistert und von der Ehrlichkeit seines Handelns überzeugt«, erinnerte sich Maurice nach 1945.[21] Der 22-jährige Handwerker fand in der erst im Januar 1919 von dem Werkzeugschlosser Anton Drexler gegründeten DAP (Deutsche Arbeiterpartei), die bald NSDAP (Nationalsozialistische Deutsche Arbeiterpartei) heißen sollte, sein lang gesuchtes politisches Zuhause und in Hitler sein faszinierendes Idol.

Außer Worten konnte das Idol seinem Verehrer im November 1919 freilich wenig bieten. Hitler hatte nichts vorzuweisen. Er besaß keinen Schulabschluss, war trotz großer Bemühungen zweimal bei der Aufnahmeprüfung an der Wiener Akademie der Bildenden Künste durchgefallen und hatte dann in Wien und München wurzellose Jahre auf der Flucht vor dem österreichischen Militärdienst verbracht. Im Krieg diente er als zwar dekorierter, aber einfacher Gefreiter, dem sein Vorgesetzter – er wurde später Hitlers Adjutant – bescheinigte, keinerlei Führungsqualitäten zu besitzen.

Als gescheiterte Existenz setzte Adolf Hitler 1919 zu einer beispiellosen politischen Karriere an. Nachdem er seine ersten 30 Jahre in obskurer Anonymität verbracht hatte, sollte er die weiteren 26 im Rampenlicht stehen. Maurice erlebte den Aufstieg des NS-Politikers aus nächster Nähe. Später sonnte er sich in dem Bewusstsein, Hitler am entscheidenden Wendepunkt seines Lebens getroffen zu haben.

War Adolf Hitler im September 1919 – mit der Nummer 555 – das 55. Mitglied der DAP (und das siebte Mitglied des Arbeitsausschusses der DAP) geworden, die der besseren Optik wegen bei 500 zu zählen begonnen hatte, so datiert der Parteieintritt des Emil Maurice vom 1. Dezember 1919. Er erhielt die Mitgliedsnummer 594[22] und wurde ein treuer Diener der DAP, deren Grundsätze er voll und ganz teilte.

Seine politischen Anschauungen hat Emil Maurice einige Jahre später in einem Schreiben erläutert: »Ich komme nun zu den politischen Fragen, die Sie mir gestellt haben«, schrieb er dem Pastor von Gettorf, der – erstaunt über die politischen Wege seines einstigen Pfarrmitglieds – um Aufklärung gebeten hatte.[23] »Ich werde versuchen, in einer kleinen politischen Ausführung dieselben zu beantworten, die Ihnen gleichzeitig auch in kurzen Umrissen unser Programm zeigen soll. DEUTSCHLANDS FREIHEIT bleibt unser oberster Grundsatz, unser Endziel. Die Freiheit wird uns nicht geschenkt, sondern sie muß erkämpft werden, mit Blut und Eisen«, gab Maurice Wort für Wort Slogans aus Hitlers Reden wieder.

»Moritzl« und der bald »König von München« genannte Hitler ergänzten einander perfekt. Maurice hatte seinen Leitstern, von dem er auch noch 1945 bewundernd sagte: »Er war ein großer Idealist, der fest an seine Mission glaubte.«[24], und Hitler gewann einen treu ergebenen Adlaten und ständigen Begleiter für alle Lebenslagen.

In der so genannten »Frühzeit der Bewegung« gab es zwei Sphären, in denen sich Hitler und in seinem Schlepptau der treue Maurice bewegten: die NSDAP-Basis und die Münchner »High Society«. Erstere bestand aus den Parteigenossen

»Alte Kämpfer« am »Führertisch«

der ersten Stunde, die sich später die stolze Bezeichnung »Alte Kämpfer« zulegten. Man traf sich regelmäßig im Hinterzimmer des alteingesessenen »Sterneckerbräus« (dem ersten Parteilokal) zu politischen Versammlungen, die dann in gemütliche Stammtischrunden übergingen. Hitlers allererster NS-Freundeskreis war eine bunt gemischte Gesellschaft. Sie bestand aus dem Uhrmachergesellen Emil Maurice, dem Müller Ulrich Graf, dem Pferdehändler Christian Weber, dem arbeitslosen Abiturienten Hermann Esser, dem Angestellten (und ehemaligen Vorgesetzten Hitlers im Ersten Weltkrieg) Max Amann, dem Studenten Rudolf Hess sowie dem Journalisten und Dichter Dietrich Eckart. Mit Eugenie (Jenny Haug), der Schwester von Hitlers erstem Chauffeur Ernst Haug, hatte sogar eine Frau Eingang in diese Runde gefunden.[25] Sie verehrte Hitler und fiel dadurch auf, dass sie stets einen Revolver bei sich trug.[26]

Maurice begleitete den »Chef« auch jeden Montag in das »Café Neumayr« am Münchner Viktualienmarkt, eine alte Bierwirtschaft mit langen Tischen und Holzbänken, wo der Parteivorsitzende (seit 29. Juli 1921) für die einfacheren Parteigenossen und deren Frauen zu sprechen war. Die dort versammelte Klientel sollte Hermann Göring bald als »eine Bande von Biersäufern und Rucksackträgern mit engstirnigem, provinziellem Horizont« charakterisieren.[27]

Zur zweiten, für den Aufstieg der NSDAP nicht minder wichtigen Sphäre zählte die beste Münchner Gesellschaft. Die Popularität, die Hitler mittels gut besuchter Versammlungen errang, verfehlte ihre Wirkung auf die großbürgerlichen, honorigen und reichen Kulturkreise nicht. Man wollte das »Enfant terrible« in den eigenen vier Wänden begutachten!

Maurice begleitete daher seinen Chef auf seiner regelmäßigen Tour durch die renommierten Münchner Salons der Bruckmanns, Bechsteins und Hanfstaengls, wo der Nachwuchspolitiker ein finanzkräftiges Forum und weitere Kontakte fand, die sich reichsweit »auszahlen« sollten. Hitler nutzte seine Chancen, Illusionen gab er sich nicht hin: »Die oberen Zehntausend, die tun's alle aus Berechnung, sie sehen in mir eine Attraktion für ihren Salon ...«[28]

Maurice erlebte an der Seite Hitlers hautnah die mühevolle Arbeit beim Aufbau der kleinen NSDAP, warb mit ihm neue Mitglieder an, führte mit ihm den zähen, täglichen Kampf um die Parteifinanzen. »In München habe ich eine große Reihe so ganz treuer Leute gefunden. Jeder konnte nur verlieren, keiner gewinnen«, erinnerte sich Hitler als »Führer« und Reichskanzler voll Nostalgie an die Anfänge seiner Partei.[29] »Kleine Viktualienhändler sind zu mir in die Wohnung gelaufen, um ihrem Herrn Hitler zwei Eier zu bringen. ... Unsere Zeitungsverkäufer wurden doch oft geschlagen und boykottiert! ... Eine schöne Zeit ist das gewesen! ... In der Erinnerung ist das für mich das Schönste. ... Ich bin so persönlich mit dem Volk verbunden, kann mich auch so in ihre Mentalität, ihre Sorgen und Freuden hineindenken, weil ich das selber weiß. Ich habe doch durch lange Jahre von Tiroler Gröstel gelebt. ... Wir haben so gespart! ... Jede Mark habe ich weg für die Partei!«[30] Hitler hat in seiner Erinnerung stark übertrieben, denn schon 1920 saß er mit Maurice häufig in der Stammecke der »Osteria Bavaria«, einem ausgezeichneten Lokal in der Schellingstraße in Schwabing mit österreichischer Küche.[31]

Den Alltag von Hitler und Maurice prägten fließende Übergänge zwischen Politik und Privatleben, wobei sich als Vorteil erwies, dass die jungen Männer in derselben Straße wohnten. Dies erleichterte den gesellschaftlichen Verkehr und verlockte zu gemeinsamen Unternehmungen wie Kino-

und Theaterbesuchen. Bald stellte sich heraus, dass beide die Musik Richard Wagners liebten. Hitler war lange Jahre in einem bescheidenen Untermietzimmer in der Thierschstraße 41 einquartiert, während Maurice in einer ebenso einfachen, wenn auch größeren Unterkunft in der Thierschstraße 12 logierte.[32]

Hitlers ständiger Begleiter war, wie Christa Schröder, die älteste Sekretärin des »Führers«, angibt, auch für die höchst private Unterhaltung des Führers der NSDAP zuständig. So wurde er ausgeschickt, um Mädchen zur Unterhaltung aufzutreiben.[33]

Beide Freunde waren unverheiratet und gedachten dies noch lange zu bleiben. »... ich bin noch immer ledig«, schrieb Maurice dem Pastor des heimatlichen Gettorf.[34] »Es ist wohl das Beste in der heutigen Zeit. Eine Änderung herbeizuführen, bin ich immer noch jung genug!« Hitler äußerte sich ähnlich: »Meine Familie besteht nur aus einem wunderschönen Schäferhund«, schrieb er einem Jugendfreund. »... bei meinem unsteten Leben ... es ist ja der Grund, weshalb ich mich selbst nicht zu einer Heirat entschließen kann ...«[35]

Die Eltern von Emil Maurice waren zu diesem Zeitpunkt bereits ihrem Sohn nach München gefolgt. Dort betrieb der ehemals sehr wohlhabende Fabrikbesitzer Charles Maurice nach dem Scheitern seiner Unternehmungen eine bescheidene Pension in der Kaulbachstraße.[36] Wenn »Moritzl« seine Eltern und fünf Geschwister besuchte, wurde er oft von Hitler begleitet. Nach den Angaben des »Führers« zählten die Maurices zu seinen frühesten Anhängern. In ihrem Haus fand er herzliche Aufnahme, ermunternden Zuspruch und – soweit es ihre Verhältnisse erlaubten – bescheidene finanzielle Unterstützung. Ein Foto zeigt den NS-Politiker inmit-

Geli Raubal

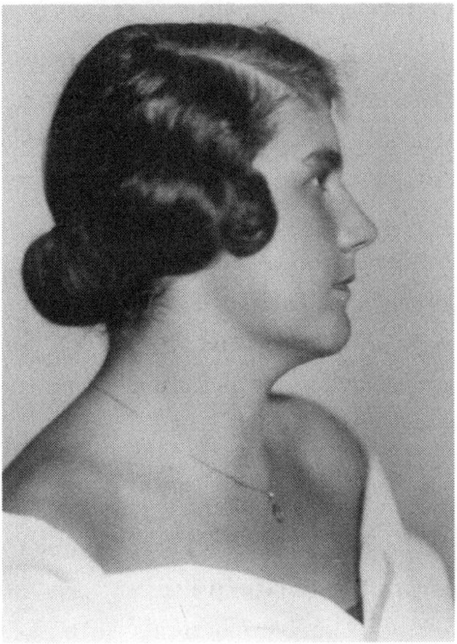

ten der Familie Maurice beim Kaffeetrinken.[37] Für seine eigenen wenigen Verwandten interessierte sich Hitler, dessen Eltern nicht mehr lebten, nur sporadisch.

Manchmal lud er seine um sieben Jahre jüngere Schwester Paula[38], die in Wien lebte und arbeitete, nach München ein, später auch nach Berchtesgaden. Seine verwitwete Halbschwester Angela wohnte 1919 ebenfalls in Wien. Bei der Versorgung ihrer drei minderjährigen Kinder – Peter, Angela »Geli« und Elfriede – wurde sie von Hitler nach Kräften unterstützt. Ende 1919, als Emil Maurice zu Adolf Hitler stieß, war Geli Raubal, Hitlers Nichte, die im Leben der beiden Männer eine so große Rolle spielen sollte, ein elfjähriges Wiener Schulmädchen.

Geboren wurde Angela »Geli« Raubal am 4. Juni 1908 in Linz an der Donau.[39] Sie war die Tochter von Leo und Angela Raubal, geb. Hitler, die aus der zweiten Ehe von Hitlers Vater mit Franziska Matzelsberger stammte. Adolf Hitler schätzte seine um sechs Jahre ältere, gutmütige, gleichzeitig jedoch resolute Halbschwester[40], der er als Jugendlicher in Linz seine selbst verfassten Theaterstücke, meist obskure Ehedramen, diktiert hatte. 1903 heiratete Angela Hitler den Steuerbeamten Leo Raubal, mit dem sich Hitler – nach Aussagen von Zeitzeugen – nicht gut vertrug. Angelas Ehemann verstarb bereits 1910 und hinterließ die junge Witwe in prekärer finanzieller Lage. Angela Raubal musste zu wiederholten Malen auf Arbeitssuche nach Wien fahren. Ihre drei Kinder gab sie in die Obhut einer unverheirateten Schwägerin, die als Lehrerin in Peilstein, einem kleinen Ort in der Nähe von Linz, lebte. Im Herbst 1914 trat die sechsjährige Geli in die von ihrer Tante geführte erste Klasse der kleinen Dorfschule ein. Ihre Mitschülerin Anna Grübl erinnerte sich noch 1998 an die hübsche, stets zu Streichen aufgelegte Geli: »Sie war ein lebenslustiges Mädchen. Bei einem Schulausflug zum Plöckensteiner See sprang sie als einzige ins Wasser und wir standen am Ufer und staunten sehr.«[41]

Nach langem Bemühen fand Gelis Mutter 1915 einen Posten in einem Heim für Lehrmädchen in Wien. Zuerst wohnte sie bei entfernten Verwandten. Ihre Situation verbesserte sich entscheidend, als sie mit der Leitung des Lehrmädchenheims betraut wurde. Sie konnte sich dann von ihrem Einkommen, das aus einer kleinen Witwenpension und ihrem Gehalt bestand, eine schöne Wohnung in einem repräsentativen Bürgerhaus im 6. Wiener Gemeindebezirk mieten. Im Verlauf des Ersten Weltkriegs, als verarmte Menschenmassen nach Wien strömten und die Wirtschaft zusammenbrach, litt auch die bereits etablierte Angela Raubal unter den tristen Verhältnissen. Trotzdem nahm sie im Oktober 1917, also im vorletzten, durch eine Hungersnot gekennzeichneten Kriegsjahr, ihre zwei Töchter, die siebenjährige Elfriede und die neunjährige Geli, zu sich.

Adolf Hitler, der damals als Gefreiter im deutschen Heer diente, ließ der allein erziehenden Mutter gelegentliche finanzielle Hilfe zukommen – die Zuneigung für seine Halbschwester übertrug er bald auf ihre Kinder.[42]

Geli wurde in die vierte und letzte Klasse der Volksschule im 6. Wiener Gemeindebezirk geschickt und gleichzeitig sorgfältig auf den Eintritt in ein Gymnasium vorbereitet. Im Juni 1918 legte sie auf Drängen ihrer Mutter die Aufnahme-

Geli mit jungen Hunden

prüfung für das Mariahilfer Mädchengymnasium in der Rahlgasse 4 ab. Die Anzahl von Mädchen an höheren Schulen war damals noch sehr gering, denn die Emanzipation der Frauen steckte noch in den Anfängen. Den Luxus einer über die gesetzliche Schulpflicht hinausgehenden Ausbildung für den weiblichen Nachwuchs war einer gehobenen, modernen Bürgerschicht vorbehalten. Die Matura besaß damals in der Gesellschaft einen hohen Prestigewert. Sie galt nicht nur als Bildungsnachweis, sondern war ein Zeichen der Zugehörigkeit zu den »besseren Kreisen«. Auf jeden Fall erscheint die Art, mit der Angela Raubal in der Notzeit gegen Ende des Ersten Weltkriegs um die höhere Schulbildung ihrer – keinesfalls lernwilligen – Tochter kämpfte, sehr ungewöhnlich.

Die Erklärung dafür liegt vermutlich in der Lebensgeschichte ihres Vaters, der aufgrund seines beruflichen Werdegangs einer jener für das 19. Jahrhundert typischen sozialen Aufsteiger war. Alois Hitler (geb. Schicklgruber), ein einfacher Schuhmachergeselle aus einem kleinen Waldviertler Dorf, hatte seine leitende Stellung im Zolldienst, die er schließlich bekleidete, nur durch Fleiß und Ausdauer errungen. »Seit Du mich vor 16 Jahren zuletzt gesehen hast, … bin ich sehr hoch hinaufgestiegen«, schrieb Alois Hitler selbstbewusst an eine arme, bäuerliche Verwandte.[43] Seinen Kindern jedoch, die etwas »Besseres« werden sollten, schilderte er nicht nur voll Stolz seinen Aufstieg aus dem Kleinbauernmilieu in die Beamtenhierarchie, sondern führte ihnen auch oft und drastisch die Vorteile einer höheren Schulbildung vor Augen. Unter dem Eindruck der jahrelangen Belehrungen, aber auch aufgrund der eigenen Erfahrungen als berufstätige Mutter, setzte Angela Raubal die väterlichen Prinzipien bei der Erziehung ihrer eigenen Kinder in die Praxis um.

Welchen Stellenwert die Familie Hitler-Raubal der Schulbildung beimaß, geht aus der Schulodyssee hervor, zu der man Geli nötigte. Gegen den Willen ihrer Tochter, aber zu ihrem vermeintlichen Besten, entwickelte die Mutter einen ungeheuren Ehrgeiz. Geli war ein intelligentes Kind mit rascher Auffassungsgabe und einem beachtlichen Sprachtalent, das sich für Musik, Malerei und Kunstgewerbe interessierte. Eine eifrige Schülerin war sie nicht. Trotzdem wählte die Mutter keinen leichten Schultyp, der ihren Fähigkeiten entsprochen hätte – wie etwa die Bürgerschule –, sondern beharrte auf einem prestigeträchtigen Gymnasium. Schon im ersten Schuljahr gab es Lernschwierigkeiten, worauf die erboste Mutter einen Schulwechsel vornahm und Geli in das Realgymnasium in der Amerlingstraße im Wiener 6. Bezirk schickte.

Dort entschied Angela Raubal auf Drängen der Direktion, dass ihre Tochter – die nur schlechte Noten hatte – die erste Klasse »freiwillig« wiederholte. Zu dieser Zeit kam Adolf Hitler nach Wien, wo er im Herbst 1920 mehrmals als Redner in Versammlungen der österreichischen Nationalsozialisten auftrat. Seine Schwester besuchte er am 8. Oktober 1920. »Das erste, was auf mich großen Eindruck gemacht [hat], war die Tatsache, daß er mit mir einkaufen gegangen ist«, berichtete Angela Raubal nach dem Krieg.[44] Man hatte einander viel zu erzählen und von da an rissen die Kontakte der Geschwister nicht mehr ab.

Die zweite Klasse Realgymnasium bedeutete für Geli Raubal eine Qual, ein »Sitzenbleiben« konnte jedoch mit knapper Müh und Not vermieden werden.

Kurz nachdem Geli den Kampf um einen positiven Klassenabschluss für sich entschieden hatte und die verdienten Ferien genießen konnte, kam aus München die briefliche Nachricht, dass ihr Politiker-Onkel einen entscheidenden

Parteigründungsfeier im Hofbräuhaus, 24. Februar 1929

Sieg errungen hatte: Am 29. Juli 1921 wurde Adolf Hitler, der bis dahin die Funktion eines Werbeobmanns ausgeübt hatte, zum ersten Vorsitzenden der NSDAP gewählt.

Als Chef einer aggressiven und provokanten Partei, die auf Brutalität setzte, Gewalt verherrlichte und darauf brannte, den Kampf gegen den »roten Terror der Straße« aufzunehmen, initiierte Hitler sofort den Aufbau einer eigenen Schlägertruppe.

»... und daß unserer Ordnertruppe der Ruf schon vorangehen müsse, kein Debattierklub, sondern eine zum Äußersten entschlossene Kampfgemeinschaft zu sein«, schrieb Hitler in »Mein Kampf«.[45]

Schon im August 1921[46] beschloss die NSDAP unter ihrem neuen Vorsitzenden Adolf Hitler, ihre Versammlungen gegen Übergriffe zu schützen. In einem Rundschreiben[47] heißt es: »Sturmabteilung. ... hat die Partei die Organisation einer Turn- und Sportabteilung (Sturm)-Abteilung begonnen. Nähere Anweisungen werden … bekannt gegeben. Mitglieder sollen nicht jünger als 17, nicht älter als 23 Jahre sein.«

An die Spitze dieser »Kampfgemeinschaft« stellte Hitler seinen Freund Emil Maurice, der sich bei Straßendemonstrationen und Saalschlachten hervorragend bewährt hatte. Angespornt vom aggressiven Geist der NSDAP, hatte sich der bislang unbescholtene Handwerker sehr schnell zum polizeibekannten Terroristen entwickelt. Dem Pastor seiner Heimatgemeinde erklärte Maurice, warum er zur Durchsetzung der Parteiziele dermaßen auf Gewalt setzte: »Alle bestehenden Parteien, die Kommunisten ausgeschlossen, … sind feige. Feige, weil sie den Kampf fürchten, und diese Furcht hindert sie, den Gedanken des Kampfes aufzunehmen. Wir stehen auf dem Standpunkt, daß erst eine Entscheidung nach innen fallen muß, gegen die Verräter im eigenen Lande, bevor wir uns dem großen Kampf nach außen zuwenden, damit kein zweiter Dolchstoß geführt werden kann. Dieser Kampf der Extreme wird nicht im Parlament ausgefochten werden, sondern auf der Straße …«[48]

Im Sommer 1921 gab Emil Maurice dem Drängen Hitlers nach und trat als Angestellter in den Parteidienst ein. In einer Zeit mit großer sozialer Not, Lebensmittelknappheit, hoher Arbeitslosigkeit und rasanter Geldentwertung kündigte der Uhrmacher eine – soeben mit Mühe gefundene – sichere Stellung mit einem monatlichen Verdienst von 250 Mark und stand fortan im Sold der NSDAP.[49] Dadurch konnte er sich mit Unterstützung des Studenten Hans-Ulrich Klintzsch[50] ganz der Aufstellung der Sturmabteilung widmen. Maurice übernahm die Organisation, Klintzsch kümmerte sich um die paramilitärische Schulung. Klintzsch galt damals bereits als Krimineller, den die Polizei wegen Mitwisserschaft am Mord an dem Finanzminister Matthias Erzberger (am 26. August 1921) im Visier hatte und mehrmals verhörte.[51]

Die Arbeit im Dienste der NSDAP begeisterte Maurice und er erinnerte sich gern an diese erste Zeit zurück: »Die Zusammenfassung der jungen Leute … gegen linksradikale Störungsversuche entsprang zwangsläufig der damaligen politischen Lage. Es gab damals kaum eine politische Versammlung der nichtmarxistischen Parteien, die nicht durch radikale Linkselemente mehr oder weniger gestört wurde oder auch oft in Tumult und Schlägereien durch Sprengung ausartete. … hieraus entwickelte sich die spätere SA …«[52] Und Emil Maurice wurde ihr stolzer erster Leiter.

Nach jeder seiner Reden warb Hitler um neue SA-Mitglieder: »… es sollen sich aber nur solche melden, die den Führern gehorsam sein wollen und bereit, wenn es sein muß, in den Tod zu gehen.[53]« Auch die NSDAP-Zeitung, der »Völkische Beobachter«, druckte Aufrufe: »Darum Parteigenossen, unterstützt die Sturmabteilung durch euren Beitritt und durch Spenden!«[54]

Maurice hielt ebenfalls seine Truppe zu Mitgliederwerbung und Verteilung von Handzetteln mit dem Parteiprogramm an[55], das ganz seiner Auffassung entsprach. Vor allem Punkt 2 und 4 lagen ihm am Herzen. Sie forderten die Aufhebung der Friedensverträge von Versailles (Punkt 2) und den Ausschluss von Juden aus der deutschen Volksgemeinschaft (Punkt 4). Für den Pastor seiner Heimatgemeinde hat Maurice sein leidenschaftliches politisches Credo präzisiert: »… die große Volksgemeinschaft … die nicht auf der einen Seite den Bürger und auf der anderen den Proletarier

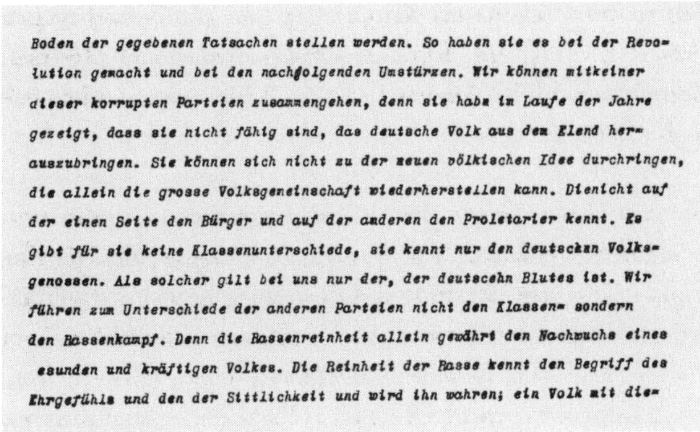

Boden der gegebenen Tatsachen stellen werden. So haben sie es bei der Revolution gemacht und bei den nachfolgenden Umstürzen. Wir können mitkeiner dieser korrupten Parteien zusammengehen, denn sie haba im Laufe der Jahre gezeigt, dass sie nicht fähig sind, das deutsche Volk aus dem Elend herauszubringen. Sie können sich nicht zu der neuen völkischen Idee durchringen, die allein die grosse Volksgemeinschaft wiederherstellen kann. Dienicht auf der einen Seite den Bürger und auf der anderen den Proletarier kennt. Es gibt für sie keine Klassenunterschiede, sie kennt nur den deutschen Volksgenossen. Als solcher gilt bei uns nur der, der deutsehn Blutes ist. Wir führen zum Unterschiede der anderen Parteien nicht den Klassen- sondern den Rassenkampf. Denn die Rassenreinheit allein gewährt den Nachwuchs eines esunden und kräftigen Volkes. Die Reinheit der Rasse kennt den Begriff des Ehrgefühls und den der Sittlichkeit und wird ihn wahren; ein Volk mit die-

»Die Reinheit der deutschen Rasse.« Auszug aus einem Brief von Emil Maurice

kennt. Es gibt für sie [die NSDAP] keine Klassenunterschiede, sie kennt nur den deutschen Volksgenossen. Als solcher gilt bei uns nur der, der deutschen Blutes ist. Wir führen zum Unterschiede der anderen Parteien nicht den Klassen-, sondern den Rassenkampf. Denn die Rassenreinheit allein gewährt den Nachwuchs eines gesunden und kräftigen Volkes. Die Reinheit der Rasse kennt den Begriff des Ehrgefühls und den der Sittlichkeit ...«[56] Als überzeugten Parteigenossen der ersten Stunde schmerzte es den 1. Leiter der SA daher besonders, dass man ihn – trotz seiner Bekenntnisse zum Antisemitismus – aufgrund seines Aussehens immer wieder verdächtigte, selbst ein Jude zu sein.

Die bayerische Polizei observierte alle politischen Gruppen und Grüppchen genau. Unermüdlich eilten ihre als Mitglieder getarnten Beamten auf der Suche nach Gesetzesbrechern von einer gewalttätigen Veranstaltung zur anderen. Resignierend stellten sie fest, dass die NSDAP mit ihrer

Sturmabteilung keine Ausnahme in dem unübersichtlichen Chaos der Parteienlandschaft bildete. So besaß der »Sozialdemokratische Verein« eine starke Ordnergruppe, hielt sich der »Republikanische Reichsbund« einen Schlägertrupp und hatte sich der »Bund jüdischer Frontsoldaten« einen Versammlungsschutz geschaffen. »Alle diese organisierten Ordnungs-, Schutz- und Sturmabteilungen oder wie sie sonst noch heißen sind Begleiterscheinungen der verfassungsmäßig eingeräumten Versammlungsfreiheit und ihrer Auswüchse«, klagten die Beamten in einem Schreiben an das Innenministerium.[57] In dem Polizeibericht über die neue NS-Sturmabteilung heißt es: »Die Sturmabteilung hat eine sehr straffe Organisation. Führer ist der obengenannte Maurice. Er beruft alle Versammlungen ein, organisiert Ausflüge und Zusammenkünfte und zeichnet alle Schriftsachen.«

Bereits Ende September 1921 fand die Polizei Anlass zum Einschreiten. Damals versammelte sich die Sturmabteilung der NSDAP – ohne dies den Behörden zu melden – in einer Münchner Schule. Der Missbrauch eines öffentlichen Gebäudes rief einen Stadtrat auf den Plan, der in einem Interview berichtete[58]: »Auf die … Nachricht … von einer Versammlung der Knüppelgarde System Hitler begab ich mich mit vier Mann in die Sieboldschule. Etwa 30 bis 40 von den etwa 80 bis 100 Personen waren Leute von 16 Jahren. Ein Teil dieser Herren hatte ein Aussehen, daß es mir lieber ist, ihnen auf einsamen Wegen nicht zu begegnen.« Der Fall löste in einer Sitzung des Münchner Stadtrats einen Sturm der Entrüstung über »die geheimen Knüppelgarden des Herrn Hitlers« aus.[59]

Bei SA-Führer Maurice fand, wie der Vorsitzende der NSDAP mit Zorn vernahm, eine Hausdurchsuchung statt.[60]

In großem Kontrast zu diesem Rabaukenleben stand der zur selben Zeit stattfindende Kampf um die Erziehung Gelis zur höheren Tochter. Das erste Halbjahr der dritten Klasse Gymnasium entwickelte sich für Hitlers allein erziehende Halbschwester und ihre Tochter zur Katastrophe. Mit »Nicht genügend« in Latein, Griechisch, Geografie und Mathematik zeichnete sich schon im Herbst 1921 eine Klassenwiederholung, ein »Sitzenbleiben«, ab.

In dieser Situation wandte sich Angela Raubal – auf Anraten Adolf Hitlers – Hilfe suchend an ihre Schwägerin in Linz. Schließlich fand man eine Lösung. Lehrerin Maria Raubal ließ sich pensionieren und zog nach Linz in ein kleines Einfamilienhaus in der Dinghoferstraße. Geli wurde in ihrer Wiener Schule abgemeldet und der Obhut ihrer Tante übergeben. Versehen mit Gelis negativem Halbjahreszeugnis, machten sich dann Angela und Maria Raubal auf die Suche nach einer passenden Schule. Wie schon in Wien, wählte man auch in Linz eine renommierte Anstalt mit höchsten Ansprüchen – das Akademische Gymnasium auf der Spittelwiese, wo die erstmalige Zulassung von Mädchen bevorstand. Der Direktor widerstand den vereinten Redekünsten von Mutter und Tante nicht und nahm Geli trotz ihrer schlechten Noten auf. Das dritte Schuljahr (1921/1922) konnte dann, aufgrund des unermüdlichen Einsatzes der gestrengen Tante, positiv abgeschlossen werden.

Ende September 1921 zählte die Sturmabteilung der NSDAP bereits an die 300 Mitglieder (21 Abteilungen), überwiegend junge Arbeiter, Handwerker und Studenten. Jeden Mittwoch traf man sich im »Leiberzimmer« des »Sterneckerbräus«.[61] Nichterscheinen zog den sofortigen Ausschluss der durch Nummern identifizierten Mitglieder nach sich. Emil Maurice rief zu Versammlungen ein:

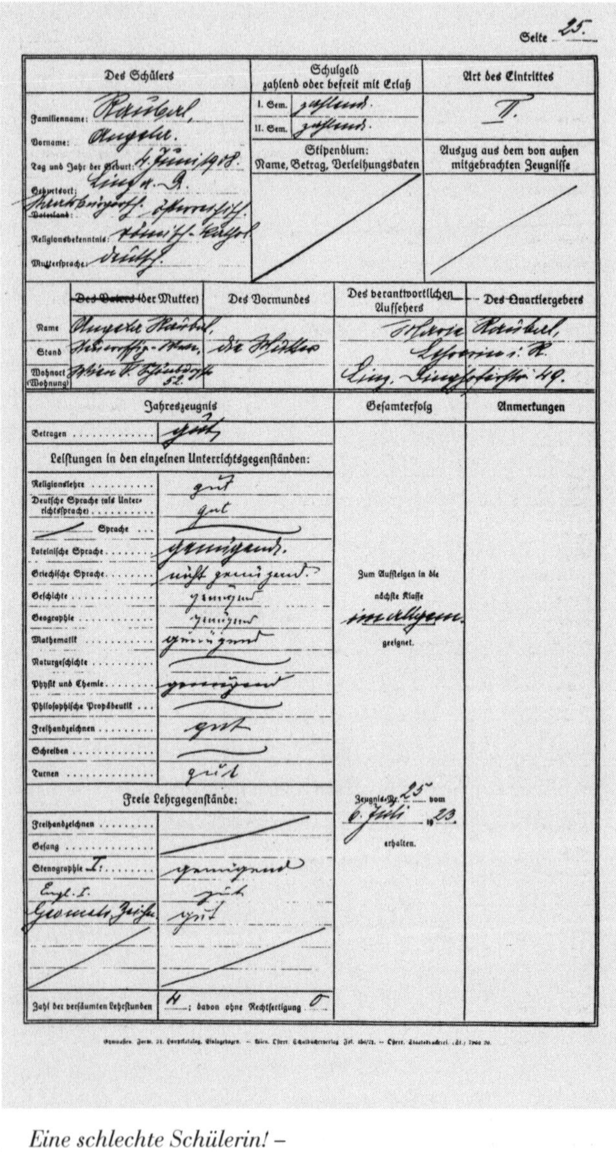
Seite 25.

Des Schülers	Schulgeld zahlend oder befreit mit Erlaß	Art des Eintrittes
Familienname: Raubal.	I. Sem. zahlend.	II.
Vorname: Angela.	II. Sem. zahlend.	
Tag und Jahr der Geburt: 4. Juni 1908.	Stipendium: Name, Betrag, Verleihungsdaten	Auszug aus dem von außen mitgebrachten Zeugnisse
Geburtsort: Linz a. D.		
Vaterland: Staatsbürgersch. österreichisch.		
Religionsbekenntnis: römisch-kathol.		
Muttersprache: deutsch.		

	~~Des Vaters~~ (der Mutter)	Des Vormundes	Des verantwortlichen Aufsehers	~~Des Quartiergebers~~
Name	Angela Raubal,		Theresia Raubal,	
Stand	Steueroffiz.-Witwe,	die Mutter	Lehrerin i. R.	
Wohnort (Wohnung)	Wien VI. Stumpergasse 52.		Linz, Bürgerstraße 49.	

Jahreszeugnis		Gesamterfolg	Anmerkungen
Betragen	gut		
Leistungen in den einzelnen Unterrichtsgegenständen:			
Religionslehre	gut		
Deutsche Sprache (als Unterrichtssprache)	gut		
— Sprache	—		
Lateinische Sprache	genügend.	Zum Aufsteigen in die nächste Klasse im allgemeinen geeignet.	
Griechische Sprache	nicht genügend.		
Geschichte	genügend		
Geographie	genügend		
Mathematik	genügend		
Naturgeschichte	—		
Physik und Chemie	genügend		
Philosophische Propädeutik	—		
Freihandzeichnen	gut		
Schreiben	—		
Turnen	gut		
Freie Lehrgegenstände:		Zeugnis-Nr. 25 vom 6. Juli 1923 erhalten.	
Freihandzeichnen	—		
Gesang	—		
Stenographie I.	genügend		
Engl. I.	gut		
Geometr. Zeichn.	gut		
Zahl der versäumten Lehrstunden	4; davon ohne Rechtfertigung 0		

Gymnasien. Form. 21. Hauptkatalog. Einlagebogen. – Wien. Österr. Schulbücherverlag. Zl. 160/21. – Österr. Staatsdruckerei. (St.) 7060 20.

Eine schlechte Schülerin! –

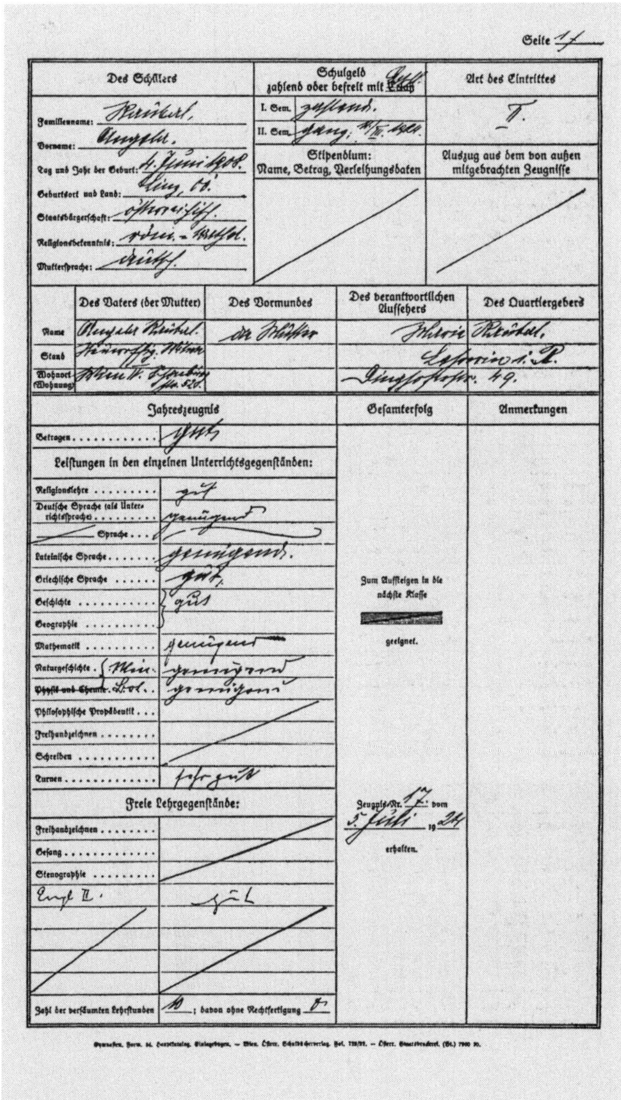
Seite 17

Des Schülers
Familienname: Raubal.
Vorname: Angela.
Tag und Jahr der Geburt: 4. Juni 1908.
Geburtsort und Land: Linz, Ob.
Staatsbürgerschaft: österreichisch.
Religionsbekenntnis: röm.-kathol.
Muttersprache: deutsch.

Schulgeld zahlend oder befreit mit Hälfte
I. Sem. zahlend.
II. Sem. ganz: 11/II. 1924.

Art des Eintrittes: V.

Stipendium: Name, Betrag, Verleihungsdaten
Auszug aus dem von außen mitgebrachten Zeugnisse

	Des Vaters (der Mutter)	Des Vormundes	Des verantwortlichen Aufsehers	Des Quartiergebers
Name	Angela Raubal.	die Mutter	Maria	Raubal.
Stand	Steueroffiz.-Witwe		Lehrerin i. R.	
Wohnort (Wohnung)	Wien VI. Stumpergasse 52.		Dingstetterstr. 49.	

Jahreszeugnis

Betragen	gut
Leistungen in den einzelnen Unterrichtsgegenständen:	
Religionslehre	gut
Deutsche Sprache (als Unterrichtssprache)	genügend
Sprache	
Lateinische Sprache	genügend.
Griechische Sprache	gut.
Geschichte	gut
Geographie	
Mathematik	genügend
Naturgeschichte (Min.)	genügend
~~Physik und Chemie~~ Bot.	genügend
Philosophische Propädeutik	
Freihandzeichnen	
Schreiben	
Turnen	sehr gut
Freie Lehrgegenstände:	
Freihandzeichnen	
Gesang	
Stenographie	
Engl. II.	gut
Zahl der versäumten Lehrstunden	10; davon ohne Rechtfertigung 0

Gesamterfolg
Zum Aufsteigen in die nächste Klasse [redacted] geeignet.
Zeugnis-Nr. 17 vom 5. Juli 1924 erhalten.

Anmerkungen

Zwei Schulzeugnisse von Geli Raubal

Kümmert Euch nicht um den
Regen
sondern um Eure
Zukunft
7 30 Alles auf den 7 30
Königsplatz
Nationalsozialisten und Antisemiten sammeln ab 6 Uhr. Bürgerbräu-Keller.
J. Schreiber, München, Rosental 6.

»Kümmert Euch nicht …« Versammlungsaufrufe, wie sie Emil Maurice verteilte!

»[Hakenkreuz-]Binde und Knüppel mitbringen!« Er bestimmte Gruppenführer, organisierte Umzüge durch die Stadt, die von den sozialdemokratischen Zeitungen als »bayerische Faschistenparade« verhöhnt wurden, und ließ es an markigen Aufrufen nicht fehlen: »… es wird die Zeit kommen, wo wir unserem Namen Ehre machen müssen, und wir werden tatsächlich vor den anderen zum Sturmangriff vorgehen.«[62] Maurice warnte vor Provokateuren und forderte »Polizeispitzel« auf, sich in ihrem eigenen Interesse nicht mehr blicken zu lassen.

Die Männer seiner SA sorgten bei den Parteiveranstaltungen für Ruhe und Ordnung. Besucher wurden bereits am Eingang kontrolliert. Juden hat Maurice, wie es den Statuten der NSDAP und seiner Überzeugung entsprach, persönlich abgewiesen. Nach Schluss von Feiern und Kundgebungen postierte Maurice seine Kameraden mit Sammelbüchsen am Ausgang, um unter dem – unverständlichen, aber sinisteren – Slogan »Jede Mark ein Jud!« freiwillige Spenden entgegenzunehmen.[63]

Daneben gab es »gemütliche Treffen« und »gesellige Ausflüge«. Und für alle Kameraden den dringenden Hinweis, mit Gummiknüppeln und Schlagringen stets zweckdienlich gerüstet zu sein.

Bald marschierte die von Offizieren der Reichswehr gedrillte Sturmabteilung[64] an der Spitze aller NSDAP-Kundgebungen. »Ein kleines Bild von der Stärke und Organisation der Abteilung mögen unsere Parteigenossen bei der letzten großen Demonstration gegen den Versailler Friedensvertrag … erhalten haben. Es herrschte ein frischer Geist und eine tadellose Ordnung innerhalb der Abteilung. Sie bildete … die Spitze, und war auch dazu ausersehen, jeder von jüdischer Seite versuchten Störung rücksichtslos entgegenzutreten …«, lobte der »Völkische Beobachter«.[65]

Damit war das Betätigungsfeld der militärisch organisierten Truppe keineswegs erschöpft. Auch hinter dem – fehlgeschlagenen – Mordanschlag auf den sozialdemokratischen Vizepräsidenten Erhard Auer (am 25. Oktober 1921) vermutete man die SA. Maurice wurde am 29. Oktober 1921 verhaftet, verhört, aber bald wieder mangels Beweisen freigelassen. In seinem Besitz stellte die Polizei eine komplette Liste der SA-Mitglieder sicher.[66]

Abgesehen von der Politik war die Begeisterung für schnelle Autos ein Element, das Maurice und Hitler verband. Letzterer meinte schwärmerisch: »Meine Liebe gehört dem Automobil. Das Auto hat mir die schönsten Stunden meines Lebens geschenkt, da muß ich wirklich sagen: Menschen, Landschaften, Denkmäler!«[67] Schon 1920 bestand Adolf

»Hitlers treuer Chauffeur« – Emil Maurice am Steuer von Hitlers Auto

Hitler in seiner Eigenschaft als Werbeobmann der NSDAP darauf, dass ihm die Partei ein Auto samt Chauffeur (Ernst Haug) finanziere, damit er schneller von Versammlung zu Versammlung eilen könne. Ein Wagen sei doch ein Vorteil gegenüber den Marxisten, die noch zu Fuß gingen oder Straßenbahn führen! Man stellte ihm bald zwei Wagen der Marke SELVE zur Verfügung. 1921 kaufte Hitler beim neuen, NS-freundlichen und Rabatt gewährenden Leiter der Münchner Benz-Filiale, Jakob Werlin, seinen ersten – von reichen Sympathisanten finanzierten – Mercedes. Anfang 1922 entdeckte auch Maurice seine Liebe zum Chauffieren. Hitler gab den Bitten seines Freundes nach und die NSDAP bezahlte für »Moritzl« einen Fahrkurs zum Lenken von Personenkraftwagen.[68] »Von da an habe ich Hitler sehr viel gefahren, auch zu Versammlungen. ... weil er mich technisch am besten dafür geeignet hielt.«[69] Während der

Vorsitzende der NSDAP seine Reden schwang, wurde Maurice, wie er einer Sekretärin Hitlers später erzählte, manchmal ausgeschickt, um Mädchen »aufzureißen«.[70] Mit diesen ging man dann abends nach dem Ende der Veranstaltungen aus, saß in Lokalen beisammen und unterhielt sich. Daneben behielt Maurice auch die Sicherheit seines Freundes im Auge.

Die Freude Hitlers an seinem umsichtigen Fahrer und Beschützer wurde manchmal getrübt, da dieser nicht immer zur Verfügung stand. So wurde Maurice im Mai 1922 verhaftet. Man warf ihm vor, in Gesellschaft mehrfach vorbestrafter Nazis (Hans-Ulrich Klintzsch und Julius Schreck) am Münchner Bahnhofsplatz die dort gehisste Reichsflagge unter Absingen des Deutschlandliedes eingeholt und verbrannt zu haben, um anschließend politischen Gegnern einen Kampf mit Fäusten und Stöcken zu liefern. Maurice leugnete alles. »Ich bestreite bei der Flaggenverbrennung beteiligt gewesen zu sein. Ich war damals gar nicht am Bahnhof, sondern zuhause im Bett. … Herr Schreck hat mich nach Hause begleitet.«[71] An dem fraglichen, milden Abend (13./14. Mai 1922) wäre er mit Schreck völlig harmlos spazieren gewesen, Schrecks Zimmervermieter könne dies alles bestätigen. Tatsächlich saß er, wie die Polizei feststellte, zu der fraglichen Zeit wegen »Verbrechens gegen das Sprengstoffgesetz« in Mannheim in Untersuchungshaft. Emil Maurice hatte offenbar Schwierigkeiten, seine zahlreichen kriminellen Delikte auseinander zu halten.

Schon im Juni 1922 wurde Maurice erneut aufgegriffen, als er in den Straßen Münchens – zusammen mit Julius Schreck – bei der Verteilung antisemitischer Klebzettel mit dem Titel »Der Jude« eine Schlägerei begann. Im Sommer 1922 gab es keine Fahrten mit dem Mercedes, weil man Hit-

Gewalttätige Aufmärsche – Emil Maurice (2. Reihe rechts außen, stehend) beim »Deutschen Tag« in Coburg am 14./15. Oktober 1922.

ler selbst wegen Landfriedensbruchs zu einem Monat Haft im Gefängnis von München-Stadelheim verurteilte. Die Zeit von Ende Oktober 1922 bis Januar 1923 verbrachte wiederum Hitlers Chauffeur im Landesgefängnis von Mannheim, da er an einem Bombenanschlag auf die Börse von Mannheim beteiligt war.[72]

Angetreten hat Emil Maurice diese Haftstrafe, kurz nachdem die SA auf dem »Deutschen Tag« in Coburg einen triumphalen Sieg der besonderen Art errungen hatte. Mit Stolz erinnerte sich der Häftling, den die NSDAP dafür später mit der »Koburg-Medaille« (sic!) ehrte, an die Ereignisse vom 14./15. Oktober 1922.[73] Ein Sonderzug hatte die SA-Verbände nach Coburg gebracht, wo die Stadtverwaltung den mit Knüppeln bewaffneten Nazis sofort verbot, ihre mitgebrachten Standarten zu enthüllen und in Formation zu marschieren. Die Anweisungen wurden ignoriert. Man marschierte und provozierte so lange, bis überall Schlägereien ausbrachen. Bald beherrschten Hitlers Männer die Straßen der Stadt. Als ihnen die Eisenbahner am Abend den Rücktransport nach München verweigerten, drohte Hitler kurzerhand mit der Geiselnahme sozialistischer Funktionäre. Die Züge wollte er durch seine SA-Männer betreiben lassen.[74]

Im Gefängnis von Mannheim, wo er auch Weihnachten zubringen musste, erreichte Maurice ein tröstender Brief seines Parteifreundes Klintzsch, der zu diesem Zeitpunkt die Leitung der SA übernommen hatte. »Mein lieber Maurice!«[75], heißt es in dem Schreiben. »Sie werden mich für einen ganz undankbaren Menschen halten, weil ich so lange nichts habe von mir hören lassen. Über vier Wochen sind es nun her, daß ich Ihren letzten lieben Brief aus Ihrer jammervollen Einsamkeit erhalten habe. ... Aber wenn Sie die letzten Wochen hier miterlebt hätten, dann würden Sie vielleicht verstehen, daß ich solange geschwiegen habe. Bis nachts 12 oder 1 Uhr haben wir oft gesessen, nur um der Arbeit Herr zu werden, die uns das lawinenartige Anwachsen der Partei und vor allem der SA gebracht hat. Sie können sich annähernd einen Begriff von dem Umfang unserer augenblicklichen Tätigkeit machen, wenn ich Ihnen mitteile, daß ich jetzt im SA-Zimmer zwei Geschäftsführer ... beschäftige. ... Die Zahl der SA-Mitglieder ist eine Vierstellige, sie beschränkt sich nicht mehr auf München allein, sondern umfasst ganz Bayern und noch weitere Teile Deutschlands. Unsere Bewegung wächst gewaltig, die Angst der Roten wird immer größer. ...« Nach einem Bericht über SA-Interna und die neueste »Blamage« der Sozialdemokraten wird der berüchtigte Schläger Klintzsch fast sentimental. »Wenn man bedenkt, daß Menschen von so anständiger Gesinnung und so geradem offenen Karakter wie Sie … zugrunde gerichtet werden, … dann könnte man verzweifeln an der Gerechtigkeit Gottes …«, schreibt er dem Bombenattentäter Maurice. Mit Bedauern vermerkt er, dass die »Mannheimer Zeitung, die über die [Gerichts-]Verhandlung in schamloser Weise berichtet hat«, leider nicht mehr zu bekommen ist.

Im März 1923 wurde die Leitung der gesamten SA an Exhauptmann Hermann Göring, einen ehemaligen Kampfpiloten und Kommandanten des berühmten Richthofen-Geschwaders, übertragen. Emil Maurice diente nach der Verbüßung seiner Haftstrafe hauptsächlich als Fahrer des Vorsitzenden der NSDAP, was eine empfindliche Einschränkung seines Wirkungsbereichs war. Als Hitler jedoch Anfang 1923 zu seiner persönlichen Sicherheit eine neue Leibgarde – sie hieß zuerst »Stabswache«, kurz darauf jedoch bereits »Stoßtrupp Hitler« – gründete, forderte er seinen verlässlichen Freund zur Teilnahme auf.

»In der Überzeugung, daß es immer Aufgaben gibt, zu denen man nur beste Truppen gebrauchen kann, habe ich 1922/23 den Stoßtrupp Adolf Hitler gegründet: auf die Revolution eingestellte Leute, die wußten, es wird eines Tages hart auf hart gehen!«[76]

Der »Stoßtrupp Hitler« (im Verband der SA) umfasste bei seiner Gründung etwa 20 Mitglieder. Sie trugen SA-Uniformen, dazu schwarze Mützen mit Totenkopfinsignien sowie Armbinden mit Hakenkreuz. Alle schworen, Hitler unter Einsatz ihres Lebens zu schützen. Die Organisation übernahm Leutnant a. D. Josef Berchtold mit Unterstützung von Julius Schreck. Emil Maurice bezeichnete sich stolz als »Adjutant des Stoßtrupps Hitler«. Als Stammlokal diente das Münchner »Thorbräu« beim Isartor. Die neue Eliteein-

Frontsoldaten Kameraden,

die Ihr beim Rückzug über den Rhein vor.5 Jahren geschworen habt: Franzosen wir kommen wieder und holen uns geraubtes Land;

die Ihr tagtäglich hofft und wünscht, daß die Novemberverbrecher und ihre Nachfolger der gerechten Strafe zugeführt werden;

die Ihr nun endlich genug habt an dem Verrat, der seit dem November 1918 Tag für Tag an unserem Vaterlande, für das ihr gekämpft und geblutet habt, verübt wird;

die Ihr an den Wiederaufstieg unseres Volkes aus der Knechtschaft glaubt und

die Ihr überzeugt seid, daß unser Führer **Adolf Hitler** mit unserer tätigen Mithilfe uns wieder herausziehen wird aus Knechtschaft, Schimpf und Schande:

Herein in unsere Reihen!

Herein in den Stoßtrupp Hitler!

(Militärpapiere und Ausweise sind mitzubringen. Anmeldungen täglich von 10 bis 12 Uhr und von 2 bis 6 Uhr beim Oberkommando der Sturm-Abteilung der N.S.D.A.P., Schellingstraße 39/I.)

Ihr aber, die ihr körperlich nicht mehr in der Lage seid, am Kampf für unsere Freiheit mitzuwirken, spendet Uniformen, Mäntel usw. usw. dem Stoßtrupp zur Einkleidung unserer Leute. AI III

Der Stoßtrupp Hitler.

II. Zum Herrn Amtsanwalt . . . .

Ich bitte um gefällige Strafeinschreitung gemäß Art 153 des Polizeistrafgesetzbuches.

II/131

Zum Akt: N.S.D.A.P. Sturmabteilung ...

München, den 8.10.23

Polizeidirektion

I.A.

»Herein in unsere Reihen!« – Aufruf zum Beitritt in den »Stoßtrupp Hitler«

heit – sie sollte bald auf 100 Mitglieder ansteigen – gehörte zwar formell zur SA, nahm jedoch Befehle ausschließlich von Hitler entgegen und diente als »Führer-Begleitkommando« dem Schutz des »Führers«, der die verschworene, kleine und loyale Gruppe als eine Art Geheimpolizei innerhalb der NSDAP benutzte. Tatsächlich war der »Stoßtrupp Hitler« die Vorstufe der SS.[77]

Ende April 1923 chauffierte der nunmehrige »Adjutant« Emil Maurice seinen Freund zum ersten Mal nach Berchtesgaden, wo der Vorsitzende der NSDAP einen vor der Justiz geflohenen und in den bayerischen Bergen versteckten Freund und Parteigenossen (Dietrich Eckart) aufsuchen wollte. Zur Täuschung der Polizei nahm man die – ahnungslose – Schwester Hitlers mit, denn die Fahrt wurde als Ausflug getarnt.[78] Während Hitler den Parteigenossen Eckart in seinem Versteck aufsuchte, blieb Maurice in Berchtesgaden zurück und leistete Paula Hitler Gesellschaft.

Kurze Zeit nach der angenehmen Fahrt in das Berchtesgadener Land kam es zur ersten Auseinandersetzung zwischen den Duzfreunden. Anlass dazu bot die Neuorganisation des Fuhrparks der NSDAP. »Die Partei hatte im Jahre 1923 großen Zulauf, es ging ihr und damit Hitler finanziell gut. Es wurden mehr Wagen angeschafft und die Kraftwagenführer besonders zusammengefasst. Andere und neue Leute wurden hierfür eingestellt, persönlich fühlte ich mich durch diese Einrichtung zurückgestellt, besonders nachdem mir Hitler keine Sonderstellung einräumte«, beklagte sich Maurice noch im Nachhinein.[79]

Emil Maurice hatte selbstverständlich angenommen, dass Hitler ihn zum Leiter der gesamten KFZ-Abteilung ernennen würde. Dem war jedoch nicht so, wie er aus einem

Erlass des »Führers« erfahren musste. Darin heißt es: »Der gesamte Kraftwagenpark ... wird zur verantwortlichen Verwaltung dem technischen Referat unterstellt (Major Streck).«[80] Maurice beschimpfte den neuen Vorgesetzten und quittierte den Dienst. Aufgebracht schrieb er an Hitler: »Zum Falle Streck bitte ich Dich nochmals um eine baldige Aussprache, ich möchte gerne wieder Dienst machen. Ich kann es aber nicht mit meinem Karakter vereinbaren, mit einem Manne zusammen zu arbeiten, der mich durch solche Beleidigung so vor den Kopf stößt. Von Streck verlange ich die restlose Zurücknahme der Beleidigung, es sollte mir leid tun, wenn ich dazu das ordentliche Gericht brauche.«[81] Vergeblich suchte Hitler zu vermitteln – sein Freund kehrte im August 1923 in sein Handwerk als Uhrmacher zurück.

Zu dieser Zeit herrschten in Bayern dramatische Zustände. Die Inflation war in eine Hyperinflation übergegangen, ein Viertel der Münchner Bevölkerung lebte von der öffentlichen Fürsorge. Auf dem Land kam es zur Plünderung der Felder. »Die allgemeine Stimmung steht unter dem Eindruck äußerster Erregung über die entsetzliche Teuerung. Es herrscht ... Revolutionsstimmung«, sorgte sich Regierungspräsident Gustav von Kahr.[82]

Darüber hinaus löste die unterwürfige Haltung der deutschen Politiker bei der Besetzung des Ruhrgebiets (als Pfand für Reparationsleistungen) durch die Franzosen in weiten Kreisen Hass gegen die »verderbte« und untätige Berliner Reichsregierung aus. Hitler hoffte, den Unmut der Bevölkerung für die radikale NSDAP nutzen zu können. Er hielt die Zeit reif zum »Losschlagen«, reif für den gewaltsamen Sturz der Regierung.

Analog zu Mussolinis »Marsch auf Rom« (1922) entwarf er Pläne für einen »Marsch auf Berlin«, die er selbst vor engen Mitarbeitern (z. B. Rudolf Hess) geheim hielt.

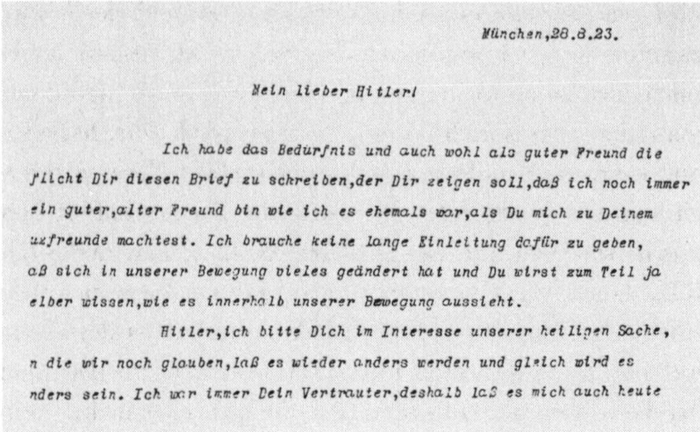
München,28.8.23.

Mein lieber Hitler!

Ich habe das Bedürfnis und auch wohl als guter Freund die Pflicht Dir diesen Brief zu schreiben,der Dir zeigen soll,daß ich noch immer ein guter,alter Freund bin wie ich es ehemals war,als Du mich zu Deinem uzfreunde machtest. Ich brauche keine lange Einleitung dafür zu geben, aß sich in unserer Bewegung vieles geändert hat und Du wirst zum Teil ja elber wissen,wie es innerhalb unserer Bewegung aussieht.

Hitler,ich bitte Dich im Interesse unserer heiligen Sache, n die wir noch glauben,laß es wieder anders werden und gleich wird es nders sein. Ich war immer Dein Vertrauter,deshalb laß es mich auch heute

»Mein lieber Hitler!« – Brief von Emil Maurice

Auch der mit Hitler zerstrittene Emil Maurice wurde in die Umsturzpläne seines Freundes nicht eingeweiht. Er hörte jedoch Gerüchte und spürte die allgemeine Erwartung, von der Hitler meinte: »Wenn die Leute Tag für Tag nichts hören als, wann geht es los usw., dann mußte der Tag kommen, an dem die Sache entweder zum Bruche kam oder an dem geschlagen wurde. Das war mit einer der bewegenden Gründe, die mich zum Handeln zwangen.«[83]

Emil Maurice, der alle Aktivitäten Hitlers nunmehr aus der Uhrmacherperspektive mitverfolgte, glaubte, seinen Freund ernsthaft warnen zu müssen: »Mein lieber Hitler! Ich habe das Bedürfnis und auch wohl als guter Freund die Pflicht Dir diesen Brief zu schreiben, der Dir zeigen soll, daß ich noch immer Dein guter, alter Freund bin, wie ich es ehemals war, als Du mich zu Deinem Duzfreunde machtest. Ich brauche keine lange Einleitung dafür zu geben, daß sich in unserer Bewegung vieles geändert hat und Du wirst zum Teil ja selber wissen, wie es in unserer Bewegung aussieht. Hitler, ich bitte Dich im Interesse unserer heiligen Sache, an die wir noch glauben, laß es wieder anders werden und gleich wird es anders sein. Ich war immer dein Vertrauter, deshalb laß es mich auch heute wieder sein und laß Dir von mir sagen, was man über Dich spricht. Was ich Dir jetzt schreibe, habe ich aus den Kreisen und von den Personen gehört, die es wirklich ehrlich mit der Bewegung meinen, die Du geschaffen hast und dessen Führer Du bist … allgemein aber hat man das Gefühl, daß Du falsch instruiert wirst, daß Du Leute um Dich herum hast, die alles andere sind als Idealisten der Bewegung und daß hinter letzteren wieder solche stehen, die den Ruin der Bewegung absichtlich wollen, die sich aber nicht sehen lassen und die keiner kennt, die aber geheim und sicher arbeiten, wie es in der Freimaurerloge nicht besser sein kann. Ich will hier nicht verhehlen, dass auch ich das Gefühl habe, dass hier etwas nicht in Ordnung ist, man merkt es Dir an, als wenn Du irgendwie gebunden bist, denn Du bist in letzter Zeit so auffällig ruhig, das Gegenteil Deiner früheren Lebensweise. – Um ganz unzweideutig mit Dir zu reden bitte ich Dich, kehre wieder zu den Leuten zurück, die es ehrlich mit Dir meinen und die wahre Idealisten unserer Bewegung sind, sie verzeihen Dir alles; höre nicht auf diejenigen, die Dir immer schön tun und die mit einem Worte gesagt mit der Bewegung spekulieren, die uns heilig ist …«[84]

Doch für Hitler gab es kein Zaudern mehr. Anfang September 1923 vereinigte sich die von Hermann Göring geführte SA mit zwei Wehrverbänden zum »Deutschen Kampfbund«, dessen politische Führung Hitler übernahm. Zur weiteren Anheizung der Stimmung gab es innerhalb eines Monats 14 Massenkundgebungen der NSDAP. Dann wurde »losgeschlagen«.

Am 8. November 1923 hielt der nunmehrige Generalstaatskommissar Gustav von Kahr, der zur Bewältigung der Krise mit diktatorischen Vollmachten ausgestattet worden war, im Bürgerbräukeller eine Rede, zu der die gesamte politische Prominenz erschienen war. Plötzlich umstellten SA-Männer und Hitlers Stoßtrupp das Lokal. Hitler gab einen Schuss zur Decke ab, verschaffte sich dadurch Gehör und verkündete die Revolution. Die bayerische Regierung und die Reichsregierung erklärte er für abgesetzt. Als Hitler eine nationale Diktatur ausrief, stand das Schicksal der Republik auf des Messers Schneide. In Erwartung eines erfolgreichen Putsches schlug die NSDAP noch in der Nacht in München Plakate an, auf denen stand: »Proklamation an das deutsche Volk! Die Regierung der Novemberverbrecher in Berlin ist heute für abgesetzt erklärt worden ...«[85]

Emil Maurice war bis zuletzt ahnungslos geblieben. »Von dem Unternehmen erfuhr ich s. Z. [seinerzeit] erst mittags [am 8. November 1923].«[86] Als Adjutant des »Stoßtrupps Adolf Hitler« hatte er jedoch dem Aufruf, sich am 8. November abends im Thorbräu einzufinden, sofort Folge geleistet.[87] Dort erfuhr er vom geplanten Staatsstreich und ließ sich per Handschlag auf den »Führer« vereidigen. Kurz darauf marschierte er bereits im Verband des bis an die Zähne bewaffneten Stoßtrupps zum Bürgerbräukeller. Seine Kameraden besetzten die Eingänge und hielten die Regierungsmitglieder fest. In diesem kritischen Moment hatte Maurice seinen Groll gegen den Freund vergessen. Schützend stellte er sich an die Seite Hitlers, der, in Erwartung der Übernahme der Staatsgeschäfte, einen mit dem Eisernen Kreuz dekorierten dunklen Anzug trug. Augenzeugen zählten Maurice neben Ulrich Graf und Rudolf Hess zu jenen Männern, die als seine ständigen Gefährten galten. Diese sicherten den »Führer« mit Maschinenpistolen, als er die Spitze der bayerischen Regierung zur Mitarbeit an dem NS-Putsch zwang.[88] »Ich beteiligte mich also bei der Besetzung des Bürgerbräukellers, als die deutsche Regierung von München aus als abgesetzt erklärt und eine neue Regierung gebildet wurde«, erinnerte sich Maurice nach 1945 etwas vage an seine Rolle.[89]

Die bayerischen Politiker widerriefen jedoch ihre Mitarbeit an einer nationalen Diktatur sofort nach ihrer Freilassung per Telegramm an die Polizeidirektion: »Mit Waffengewalt erpresste Stellungnahmen in Bürgerbräuversammlung ungültig.« Der nach Regensburg geflüchtete Kultusminister übernahm die Regierungsgewalt und leitete umgehend Maßnahmen gegen die Putschisten ein – Hitlers Umsturzversuch war gescheitert.

»Von der Mobilisierung gegen uns wussten wir … noch nichts«, charakterisierte Maurice später die Situation.[90] Alles schien nach Plan zu laufen. Emil Maurice zerstörte am Morgen des 9. November, zusammen mit anderen »Stoßtrupplern«, die Redaktion der sozialdemokratischen »Münchener Post« und durchsuchte das Gebäude nach Waffen. Anschließend nahm er auch bei dem den Nationalsozialisten verhassten sozialdemokratischen Abgeordneten Auer eine Hausdurchsuchung vor, wobei er sich durch sinnlose Gewalt auszeichnete, die Frau des Abgeordneten bedrohte und mit dem Gewehrkolben Türfüllungen einschlug. Gegen Mittag beteiligte sich Maurice an der Verhaftung des Münchner Bürgermeisters und einiger Stadträte, die man in den Bürgerbräukeller brachte. Erst um diese Zeit wurde den Putschisten bewusst, dass Reichswehr und Landespolizei nicht nur keine Unterstützung gaben, sondern Widerstand leisteten und auswärtige Reichswehrtruppen angefordert hatten.

In dieser prekären Lage formierten sich die Verbände der NSDAP vor dem Bürgerbräukeller zu einem – schlecht organisierten – Demonstrationszug durch die Münchner Innenstadt. Mit einer einschüchternden, paramilitärischen Kundgebung wollten sie das Blatt doch noch zu ihren Gunsten wenden. Die »Stoßtruppler« Ulrich Graf und Emil Maurice befanden sich dabei ständig in Hitlers unmittelbarer Nähe. Bei der Zweibrückenstraße nahm Maurice, wie er sich später brüstete, noch mehrere Landespolizisten gefangen. Wenig später endete der Marsch jedoch vor der Feldherrnhalle. Als die Ordnungshüter des bayerischen Staates das Feuer eröffneten, warf sich Graf vor Hitler. Unter den Schüssen der Landespolizei starben 15 Putschisten, vier Polizisten und ein Zivilist. Hitler wurde verwundet, Maurice blieb unverletzt. Beide konnten fliehen. Während man Hitler zwei Tage später in Uffing am Staffelsee verhaftete, konnte Maurice in den allgemeinen Wirren entkommen und unter falschem Namen zu Angehörigen nach Pommern flüchten. Dort stellte er sich schließlich der Polizei.

Das Volksgericht München I verurteilte Emil Maurice am 28. April 1924[91] wegen Waffenbesitzes zu drei Monaten und wegen »Beihilfe zum Verbrechen des Hochverrats« zu einem Jahr und sechs Monaten Festungshaft ohne Bewährungsfrist.[92] »Ich bin stolz, als Adjutant der besten Truppe, des Stoßtrupps Hitler, an den Ereignissen am 8./9. November in München aktiv teilgenommen zu haben, die durch Verrat so schmählich enden mussten«, reflektierte Maurice später.[93] »Das Urteil der Weltgeschichte wird ein anderes sein, wie dasjenige des heutigen Gerichts.« NSDAP, SA und auch der »Stoßtrupp Hitler« wurden verboten. Im Gefängnis von Landsberg sollten Hitler und Maurice wieder zusammentreffen.

»Deutschland erwache!« Treffen von NSDAP-Sektionen vor der Feldherrnhalle. Emil Maurice links hinter Rudolf Hess

Begegnung im Gefängnis

Mithäftling Maurice betreute Freund Hitler im Gefängnis nicht nur psychisch, sondern nahm auch sonst eine besondere Stellung ein. Als Adlatus und Sekretär des »Führers« koordinierte er Besucherströme, wies missliebige Verehrer und Verehrerinnen ab.

An manchen Tagen empfing Hitler bis zu sechs Stunden lang Gäste: Industrielle, Geschäftsleute, Anwälte, Professoren, Verleger und Adelige, vor allem aber Gönnerinnen und Verehrerinnen aller Lebensalter.

Im Juni 1924 kündigte sich bei dem in der Feste Landsberg am Lech wegen seines Putschversuchs[1] inhaftierten Adolf Hitler Familienbesuch an. Angela Raubal, seine ältere, in Wien lebende Halbschwester, wünschte erneut ihren Bruder zu sehen.[2] Die dem prominenten Gefangenen und seinen ebenfalls inhaftierten Mitstreitern wohl gesonnene Anstaltsleitung machte keinerlei Schwierigkeiten. Offiziell standen Hitler zwar nur wöchentlich sechs Stunden für Besucher zur Verfügung, doch diese Zeit wurde von den Anstaltsbehörden in »dringenden Fällen« und angesichts der vielen Prominenz gerne verlängert. Selbst eine spezielle Verordnung gab es, die lautete: »Der Schäferhund des Hitler darf bei der Besprechung mitgeführt werden.«[3]

Angela Raubal wurde für den 17. Juni eingeteilt.[4] Sie ist dann, versehen mit »Liebesgaben« in Form von selbst gebackenen Mehlspeisen, aus Wien angereist. Im Gespräch mit

Staatsarchiv München
Staatanw. No. 14344

- 5 -

147

6.Juli 1924	Frl.Sophie Philipps,Berlin Herr u.Frau Jakob,München August Scheuerer,München
7. "	Anton Drexler,München Frau Maria Reichert,München
8. "	Hermann Roemmer,Berlin
10. "	Gottfried Feder,M.d.R.Berlin
13. "	Frl.Anna Bauer,Buchhalterin,München
14. "	Leo Raubal,Staatserziehungsanstalt,Wien Angela Raubal,am hum.Gymn.Linz
16. "	RA.Dr.Holl,München Frl.Heddy Peret,München
24. "	Thomas Rietzler,Krim.Sekr.b.d.Pol.Dir.München
29. "	Hptm.a.D.Kugler,Wien Max Amann,München Ulrich Graf,München
30. "	Gottfried Feder,M.d.R.
2.August 24	Herr u.Frau Bechstein,Berlin
4. "	Frau Oberstudienratdirektor Hoffmann,Solln
5. "	Herr u.Frau Bechstein m.Tochter,Berlin Lickleder,Kaufmann,München Kurt Schwarz,Vertreter,München
8. "	Hermann Esser,München
12. "	Oberlt.Brückner,München August Hirschbold,Jngenieur,München Friedrich Barth,Kaufmann,München
13. "	Herr u.Frau Bechstein,Berlin Frau v.Treufels,Diestelow
19. "	Dr.Traub,München Herr u.Frau Bechstein,Berlin
21. "	Frau Bechstein,Berlin Sr.Durchlaucht Prinz Karl v.Arenberg.Luxenberg, München,Elisenstr.6/II.
~~25. "~~	~~Hptm.a.D.Wilhelm Stark,Vorstand des Katholiken-~~ Bundes ~~für nat.Politik,München,Göthestr.27/II~~ Adam-~~Sixt~~ Stix,Kaufmann,München
~~27. "~~	~~Frau Mathilde Danner,Eichmeistersgattin,Landsberg~~
~~28. "~~	~~RA.Roder,München~~
24. "	Rudolf Schüssler,Kaufmann,München
27. "	Anton Loibl,Schlosser (Hitlers Chauffeur) München Frau Else Bruckmann (Frau des Verlagsinhabers) München

Besuch für den Festungsgefangenen Adolf Hitler – Geli Raubal trifft Emil Maurice am 14. Juli 1924.

ihrem Bruder äußerte sie den Wunsch, dass auch ihre Kinder Leo und Angela den stets als Vorbild geschilderten, ungerecht inhaftierten Onkel in den Sommerferien sehen dürften.

Die Bitte wurde huldvoll gewährt, und am 14. Juli 1924 erschienen Leo Raubal, der damals an der Staatserziehungsanstalt in Wien eine Ausbildung zum Lehrer absolvierte, und seine Schwester Geli, Schülerin am Linzer Humanistischen Gymnasium, in der Strafanstalt.[5] Hitler unterhielt zu seinen wenigen Verwandten ein kühles, auf Distanz bedachtes Verhältnis, da er fürchtete, von ihnen um Gefälligkeiten gebeten zu werden. Die Kinder seiner Halbschwester[6] bildeten jedoch eine Ausnahme von der streng gehandhabten Regel. Ihnen finanzierte der Onkel sogar eine Ausbildung.[7] Er schätzte die offenkundige Bewunderung, mit der sie ihm begegneten, sehr. Geli, die kurz davor (4. Juni) ihren 16. Geburtstag gefeiert hatte, war damals, wie Rudolf Hess schilderte[8], ein »hochgeschossener, hübscher … Backfisch, immer lustig und so wenig auf den Mund gefallen wie der Onkel. Im Gegenteil: Kaum, daß dieser gegen das schlagfertige Mundwerk aufkommt …« Bei »Onkel Alf«[9] genoss die junge Geli Narrenfreiheit und die servilergebenen Insassen der Haftanstalt nahmen mit Erstaunen zur Kenntnis, wie die Nichte mit dem Onkel umzugehen wagte, wie der autoritäre »Führer« ihr burschikoses Benehmen humorvoll ertrug. Ihre an Frechheit grenzenden Reden schienen ihn zu amüsieren und er wies sie nie zurecht. Geduldig ließ er sich von ihren – mageren – Erfolgen am Linzer Humanistischen Gymnasium berichten und war froh, dass eine neuerliche Klassenwiederholung durch den Einsatz von Nachhilfelehrern hatte abgewehrt werden können. Hitler zeigte – in Erinnerung an die eigene ruhmlose schulische Laufbahn – größtes Verständnis für die schlechte Schülerin.

Hitler und Maurice im Gefängnis von Landsberg

Geli machte an diesem 24. Juli 1924 in der Landsberger Feste eine Eroberung, die ihr weiteres Schicksal bestimmen sollte: Der 27-jährige Häftling Maurice hatte sich nämlich sofort und heftig in den munteren und attraktiven Teenager aus Linz verliebt.[10] Davor hatte seine Verehrung der bekannten Sportlerin und deutschen Meisterin im Rückenschwimmen Anni Rehborn[11] gegolten, deren Foto er auf einem Titelblatt der »Berliner Illustrirten« gesehen hatte. Es war daher auch Maurice, der den beiden Jugendlichen vom wohl organisierten Alltag in der luxuriösen Strafanstalt, die einer Kurstätte glich, erzählte und die Fragen beantwortete, die Geli in ihrer ungezwungenen Art stellte.

Staunend hörten Geli und Leo vom vermutlich humansten Strafvollzug der damaligen Zeit. Die Ausführungen von Maurice sind aus einem Brief an einen Freund bekannt:[12]

»Erholung im Gefängnisgarten« – Hitler spaziert mit Maurice.

»Mein Zimmer nennt sich nicht Zelle, sondern Festungsstube, nebenbei gesagt Nr. 6. Sie ist groß, hell und geräumig. Das Mobiliar besteht aus einem Bett, einem Tisch nebst Stuhl, einem Schrank, einem Nachtkästchen mit Inhalt [Spirituosen] … und eine Tischlampe. … der Schreibtisch ist voller Bücher, Spenden von Pg's [Parteigenossen]. Ich bewohne mit Hitler, Oberstleutnant Kriebel und Dr. Weber einen Stock. Unsere Zimmer führen in einen größeren Raum, in dem wir essen und welcher als gemeinschaftlicher Aufenthaltsraum dient. 6 Stunden stehen uns am Tage zum Spazierengehen, ohne Aufsicht, man sieht sie wenigstens nicht, zur Verfügung. Eine Stunde benutzen wir zu einigen turnerischen Übungen. Der hiesige Turnverein hat nämlich einen Barren, Sprunggerät und einen Bock uns liebenswürdiger Weise überlassen. In den nächsten Tagen bekommen wir auch noch ein Reck, sodaß beim Turnen mehr Abwechslung geboten ist. … Eine bestimmte Stunde des Aufstehens und Niederlegens ist hier nicht vorgeschrieben. …« Der Verpflegung gab Maurice – im Vergleich zu den Gefängnissen Stadelheim und Neudeck, die er gut kannte – die Note drei, obwohl die Häftlinge das Gleiche wie die Beamten aßen. Behaglich erzählte Maurice, dass die Vorschriften zwar dem Personal Trinken im Dienst untersagten, die Gefangenen jedoch täglich einen »Schoppen« Wein oder einen halben Liter Bier erhielten. Stärkere Alkoholika wurden eingeschmuggelt. »Eine Flasche Steinhäger kam an, eine Flasche Enzian kam an, eine Menge Flaschen mit Schnaps und Likören kam an … den Wachtmeistern lief das Wasser im Mund zusammen, sooft sie einen Blick in unseren Alkoholschrank taten«, erzählte ein inhaftierter Zeitzeuge später.[13] Darüber hinaus empfing man, wie Maurice den Verwandten Hitlers erklärte, täglich Stöße von Verehrerpost, Blumen, Bonbonnieren und sogar Duftseifen, lauschte man der über ein modernes Grammophon verbreiteten flotten Musik. Und Abend für Abend ertönten die von dem Mandolinenspiel des Emil Maurice begleiteten Gesänge: »Ein Landsknecht bin ich von Natur …!« Es gab Stunden voll NS-Kumpanei, aber auch sportliche Betätigung. »Es wird fix Faustball gespielt, bei jedem Wetter und wenn es auch noch so dunkel ist, daß der Ball kaum sichtbar ist.«[14]

Die Jugendlichen erfuhren, dass ihr Onkel wie ein ungekrönter Herrscher über das Gefängnis gebot. So musste sich jeder Neuankömmling sofort nach seiner Einlieferung beim »Führer« zum Rapport melden. Und nicht nur die Häftlinge, sondern auch die Wachmannschaften fanden sich begeistert zum »Vortrag beim Chef« ein, wenn dieser – täglich Punkt 10 Uhr – eine politische Rede hielt. Tatsächlich waren die Zustände im Gefängnis für den Exvorsitzenden der nunmehr verbotenen NSDAP geradezu ideal. Hitler konnte sich nicht nur körperlich und geistig erholen. Er konnte auch die Weichen für seine Zukunft stellen. Im Rückblick hat er diese Zwangspause zu schätzen gewusst: »… ohne die Haftzeit wäre ›Mein Kampf‹ nicht entstanden, und ich darf sagen, in dieser Zeit bin ich begrifflich über viele Dinge, … erst zu voller Klarheit gelangt … Und dann habe ich damals – was viele meiner Anhänger nicht verstanden – die Überzeugung gewonnen: Mit Gewalt geht es nicht mehr. Der Staat ist schon zu sehr gefestigt, er besitzt die Waffen!«[15]

Tief beeindruckt und versehen mit handsignierten Porträts des Politikers, verließen Leo und Geli das Mekka der Rechtsradikalen, um im Freundeskreis mit dem interessanten Onkel, dessen Geschicke ganz Deutschland bewegten, zu prahlen. Besonders Geli hat ihre Linzer Klassenkameraden mit witzigen Schilderungen aus der Haftanstalt unterhalten. Sie nahm es dabei mit der Wahrheit nicht allzu genau, übertrieb und ließ ihrer blühenden Fantasie freien Lauf. Ihr jugendliches Publikum lauschte anfangs höchst gespannt, zeigte jedoch Skepsis, als sie einfließen ließ, dass ihr »Onkel Alf« eine Villa in München versprochen hätte.[16]

Es ist nicht überliefert, welchen Eindruck der in Landsberg einsitzende Maurice, mit dem Geli fröhlich scherzte, bei der ersten Begegnung auf die 16-Jährige machte. Maurice jedoch hat seine Zuneigung zur Nichte des »Chefs« später in schwärmerische Worte gekleidet: »Sie war eine Prinzessin, nach der sich die Leute … umdrehten … ihre großen Augen waren Gedichte … sie hatte wunderschönes, schwarzes Haar …«[17] Im Gefängnis behielt Maurice seine Empfindungen für das um elf Jahre jüngere Mädchen für sich. Auch Hitler blieb ahnungslos und sollte es noch lange bleiben, obwohl sein treuer Freund ansonsten nur wenige Geheimnisse vor ihm hatte.

Emil Maurice nahm in Landsberg – unterstützt von Rudolf Hess – eine wichtige Position als gewissenhafter Sekretär und Sprachrohr Hitlers ein. Täglich empfing er die umfangreiche Post seines Freundes und Chefs, sortierte und beantwortete sie, um sie – manchmal gezeichnet mit »ehem. Adjutant des Stoßtrupps Hitler« – abzuschicken. Da es der gescheiterte NS-Putschist ablehnte[18], vom Gefängnis aus Politik zu betreiben, fungierte Maurice als Puffer zwischen Hitler und der Außenwelt. So heißt es in seinem energischen Schreiben an einen nunmehrigen Exparteigenossen, der unter dem Vorwand, die Machtkämpfe der verbotenen NSDAP-Mitglieder zu beklagen, einen Kameraden verleumdete:[19] »Herr Hitler bittet mich Ihren Brief … kurz zu beantworten. Wie Sie wissen hat Herr Hitler die politische Führung niedergelegt und lehnt es deshalb ab sich in die heute vorliegenden Verhältnisse einzumengen. Sie irren

Porträt von Geli Raubal

aber, wenn Sie meinen unserm Führer überhaupt mit solchen Briefen entgegentreten zu können. Herr Hitler wird seine Entscheidung treffen nach seinem Ermessen und nicht nach Ihrer Meinung …« In einem anderen Schreiben heißt es: »Ich habe mit Herrn Hitler über den Inhalt Ihres Briefes … gesprochen. H. H. hat wie Sie ja eben wissen die politische Führung … niedergelegt und will sich deshalb enthalten irgendwelche Kundgebungen, Bestimmungen usw. zu erlassen oder zu treffen. … Dieses ist auch der Grund warum heute Hitler jede Stellungnahme verweigert … etwas schriftliches gibt Herr Hitler wie gesagt nicht …«[20]

Emil Maurice besaß das vollständige Vertrauen seines Freundes und Chefs. Er erledigte auch Hitlers private Kor-

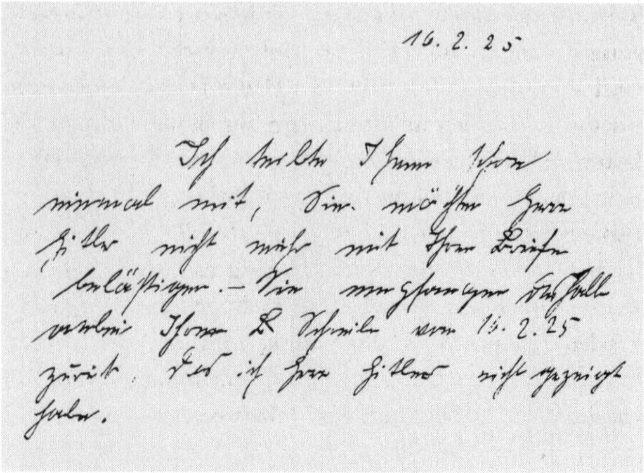

16. 2. 25

Ich teilte Ihnen schon einmal mit, Sie möchten Herrn Hitler nicht mehr mit Ihren Briefen belästigen. – Sie empfangen deshalb anbei Ihr [illegible] Schreiben vom 1[illegible]. 2. 25 zurück, das ich Herr Hitler nicht gezeigt habe.

»Belästigen Sie Herrn Hitler nicht!« –
Aus der Korrespondenz von Emil Maurice

respondenz und war dafür mit speziellen Vollmachten ausgestattet worden. De facto übte Maurice mit Billigung Hitlers eine Zensur aus. In seinem Ermessen lag es, welche Schriftstücke er dem Politiker vorlegte und welche nicht. Sein handschriftlicher Briefentwurf vom 16. Februar 1925 für ein Schreiben an eine ungenannte Frau enthüllt erstaunliche Tatsachen. Darin heißt es:[21]

»Ich teilte Ihnen schon einmal mit, Sie möchten Herrn Hitler nicht mehr mit Ihren Briefen belästigen – Sie empfangen deshalb anbei Ihr Schreiben vom 16. 2. 25 zurück, das ich Herr[n] Hitler nicht gezeigt habe.« Dann folgt eine von Maurice durchgestrichene Passage: »Von Herr Hitler habe ich die Vollmacht … Postsendungen … vorzulegen. – Sie schreiben Herrn Hitler ich hätte Sie als eine Idiotin bezeichnet. Ich bitte Sie bei der Wahrheit zu bleiben, denn als eine solche habe ich Sie nicht bezeichnet. Wenn Sie aber weiter solche Briefe schreiben werde ich zu der Überzeugung kommen.« Im weiteren, leicht entschärften Textentwurf steht dann: »Ich habe von Herrn H. das Recht seine Briefpost zu öffnen und kann ihm nur Briefe vorlegen, die keinen solchen Unsinn enthalten wie die Ihrigen. Dann bitte ich Sie zum Schluß bei der Wahrheit zu bleiben und Hitler nicht mitzuteilen ich hätte Sie als ›Idiotin‹ bezeichnet. Ich besitze Abschriften meiner an Sie gerichteten Briefe und weiß, dass ich das Wort ›Idiotin‹ nicht gebraucht habe. Sie werden hoffentlich die Nutzlosigkeit Ihr[es] Schreiben an Herrn Hitler einsehen und dieses endlich unterlassen. Mit vorzüglicher Hochachtung Emil Maurice.«

Bei der Betreuung von Hitlers mütterlichen Gönnerinnen, die ebenfalls in sein Ressort fiel, schlug Maurice einen höflicheren Ton an. »Sehr geehrte gnädige Frau!«, heißt es im Schreiben an Helene Bechstein, Hitlers große Mäzenin.[22] »Recht vielen Dank für Ihre lieben Zeilen … Alles, was Sie erwähnen, ist eingetroffen. Wolf [Hitlers Pseudonym] sitzt schon an der Maschine und schreibt einen langen Brief [Antwort auf ein Schreiben von Helene Bechstein]. Frau Oberstleutnant [Kriebel] wird Ihnen, sehr verehrte gnädige Frau, wohl schon mitgeteilt haben, daß Ihr Besuch Wolf herzlich willkommen ist, wenn auch unter strengster Verschwiegenheit. Ich freue mich auch recht auf Ihr Kommen, gnädige Frau, denn Sie stimmen W. [Wolf] damit um [muntern ihn auf]. Es tut ihm notwendig, sich mal wieder aussprechen zu können, es sind schon über 2 Monate her, seitdem er sich von der Außenwelt gänzlich abgeschlossen hat. Ich weiß, Ihre Ankunft hier ist ihm ein Ereignis, auf das er mit Freuden wartet, und damit helfen Sie die Zeit kürzen, … Für Ihre freundliche Nachfrage nach dem Stande unserer Vorratskammer danke ich Ihnen und ich habe mir wunschgemäß erlaubt, das Fehlende auf beiliegendem Zettel zu verzeichnen. Ich habe noch, möge die Welt zugrunde gehen, 2 Monate zu verbüßen, damit die Gerechtigkeit keinen Schaden leidet!

Auf ein frohes Wiedersehen und mit deutschem Heil Ihr sehr ergebener Emil Maurice.«

Auch spezielle Aufträge waren für den Freund zu regeln. Hitler ärgerte sich maßlos, dass man sein Auto nach dem Putsch beschlagnahmt hatte: »Im November 1923 besaß ich schon einen wunderschönen Benz, er stand am 9. [November] bei Adolf Müller[23], mit einer Kette angeschlossen. Die Polizei hat dann die Kette abgezwickt und den Wagen an sich genommen.«[24] Von seiner Gefängniszelle aus beobachtete der Autoliebhaber die vorbeifahrenden Autos: »Wenn ich von meinem Fenster in der Festung die Wagen auf der Straße von Kaufbeuren habe kommen sehen, dachte ich mit Sehnsucht daran, ob ich selbst wieder zu einem Wagen kommen würde. In einem Prospekt habe ich ihn dann entdeckt und sofort war mir klar, der muß es sein! Sechsundzwanzigtausend Mark!«[25] Hitler war zu diesem Zeitpunkt mittellos. Trotzdem bestellte Maurice für ihn bei Jakob Werlin, dem Leiter der Münchner Benz-Filiale, einen Mercedes, regelte alle Sonderwünsche und verhandelte den Preis (26000 RM auf Kredit).[26]

Wenn es seine Zeit erlaubte, korrespondierte Maurice gerne mit jenen Parteigenossen, die sich, wie Julius Schreck[27], in Freiheit befanden. Manchmal jedoch schrieb Maurice auch an Geli Raubal nach Linz, erzählte aus der Strafanstalt, fragte höflich nach dem Befinden der Schülerin, bat um Antwort und hoffte auf ein Wiedersehen in naher Zukunft und in Freiheit.[28] Ansonsten achtete Maurice auf die Zucht der Mithäftlinge, für die er nach dem Vorbild der SA strenge Regeln geschaffen hatte. Mitte September 1924 wollte er sich bei Fräulein Raubal mit einem Foto in Erinnerung rufen. Zu diesem Zweck schrieb er seinem guten Freund Julius Schreck: »Ich habe nun eine große Bitte und hoffe dass Du Deine ganze Kraft daran setzt, damit sie mir erfüllt wird. Da Du ja nicht neugierig bist, brauche ich Dir ja nicht zu sagen, wozu ich dringend diese Aufnahme von meiner Person gebrauche. Meines Wissens ist die beste Aufnahme, das heißt, wo ich am deutlichsten getroffen bin, die Photographie, die seiner Zeit in Salzburg gemacht wurde ... Da mir wie gesagt sehr viel daran liegt scheue ich auch nicht die Kosten, die Dir die Herbeischaffung einer solchen machen würde – Schnelle Hilfe tut hier Not, deshalb würde mich jeder Weg freuen, den Du zur schnellen Herbeischaffung dieses Bildes beschreitest ...«[29]

Schreck erfüllte die Bitte:[30] »Beifolgend erhältst Du die gewünschten Bilder. Schön und rein sind dieselben gerade nicht ...« Maurice hat dann sein Foto, das das Exmitglied vom »Stoßtrupp Hitler« als romantisch-seelenvoll blickenden, gut aussehenden jungen Mann zeigt, nach Linz geschickt. Doch Geli Raubal war keine große Briefeschreiberin. Auf die Post aus Landsberg hat sie nur sporadisch geantwortet.

Auf Wunsch von Mutter und Onkel kämpfte sich das Mädchen damals lustlos durch die sechste Klasse (6A) des Akademischen Gymnasiums in Linz. Besonders große Schwierigkeiten bereiteten ihr Latein sowie Altgriechisch, jener verhasste Unterrichtsgegenstand, in dem sie am Ende der vierten Klasse sogar eine Nachprüfung hatte ablegen müssen, um aufsteigen zu können.[31] Die Lehrer hätten ihr damit, wie sie meinte, auf hinterlistige Weise die Ferien verdorben. Auch ihr Leben bei einer Tante, der Schwester ihres verstorbenen Vaters, empfand das lebenslustige und stets zu Streichen aufgelegte Mädchen als Zumutung und Einschränkung ihrer Persönlichkeit. Achtete die pensionierte Volksschullehrerin Maria Raubal doch nicht nur auf die Schulleistungen, sondern sie kontrollierte auch – immer mit Berufung auf Gelis in Wien lebende Mutter – recht streng den Umgang der Nichte, der sich in Gestalt eines gleichaltrigen Mitschülers präsentierte. Dieser Alfred Maleta – er wurde später Präsident des österreichischen Nationalrats – ging in Gelis Klasse und begleitete sie jahrelang auf dem Schulweg, immer – wie er später angab – von der strengen Tante kritisch gemustert.[32]

Bereits als Schüler stand Maleta der Christlich-Sozialen Partei nahe, war Mitglied des Christlich-Deutschen Studentenbundes sowie der Burschenschaft »Nibelungia«. Er zählte sich damit zu dem von Gelis Onkel verachteten und bekämpften bourgeoisen Lager. Geli, deren Interesse für Politik gering war, hat dies nicht weiter gestört. Es störte sie auch nicht, wenn Alfred heftige Kritik an der NSDAP übte. »Groteskerweise war ich es, der ihr stundenlang Vorträge über Hitlers Theorien und seine politische Bewegung hielt ... Für sie war Hitler einfach nur der liebe Onkel und nur zufällig ein großer Politiker ...«, erinnerte sich Maleta in seinen Memoiren.[33] Geduldig hörte sich Geli die Ausführungen ihres Freundes an, ohne sich je selbst zu diesem Thema zu äußern. Lieber ging sie mit Alfred, wenn die Tante es erlaubte, tanzen, nahm mit ihm an den Kommersen der »Nibelungia« teil und eröffnete mit ihm als erstes Paar die Tanzfeste ihrer Klasse im Redoutensaal des Linzer Vereinshauses. Auch die leidenschaftlich-engagierten Ausführungen ihres Geschichtslehrers Hermann Foppa, der als Obmann der »Großdeutschen Volkspartei« für einen Anschluss Österreichs an Deutschland plädierte, konnten Geli ebenso wenig für die aktuelle Politik begeistern wie die zeitgenössischen nationalen Schriften, die der Lehrer seinen Schülern aufzwang.

Gelis Lieblingslektüre waren illustrierte Zeitungen, deren Fortsetzungsromane sie verschlang. In ihrer Freizeit beschäftigte sie sich am liebsten mit Tieren. Sie verfügte über eine schöne Altstimme, sang gern, liebte Musik und spielte gern Tennis. In Gesellschaft blühte sie auf.[34] Mit ihrem Jugendfreund Maleta unternahm sie Spaziergänge und Ausflüge in der Linzer Umgebung. »Sie war … ein sehr romantischer Schwarm von mir. Ja, romantisch ist wohl die richtige Bezeichnung für unsere Beziehung …«, erinnerte sich der Präsident des österreichischen Nationalrats.[35] Vergessen konnte er Geli nicht. Noch Jahrzehnte später kam er – einer Auskunft seiner Mitarbeiterin zufolge – häufig auf sie zu sprechen.[36]

Geli Raubal wurde auch noch von anderen Klassenkameraden verehrt. Einer davon war Alfred Klimesch, der ihr Nachhilfestunden in Altgriechisch gab. Klimesch studierte später Elektrotechnik in Wien, arbeitete dann bei der RAVAG, dem Vorläufer des heutigen ORF, und brachte es bis zum Sendeleiter. Als vehementer Gegner der Nazis verweigerte Klimesch beim »Anschluß« Österreichs an das Deutsche Reich die geforderte Reportage »Hitler am Grab seiner Eltern«. Dies zog die fristlose Entlassung des RAVAG-Chefs nach sich. Wie Maleta, so erinnerte sich auch Dipl.-Ing. Klimesch, der ein hohes Alter erreichte, gerne an Geli. »Sie war in der Klasse ein umschwärmter Star, sie hatte eine ganz besondere Ausstrahlung«, meinte er knapp vor seinem Tod im September 2000.[37]

Ein weiterer Mitschüler, der dem Charme Gelis erlag, war der spätere Präsident der katholischen Hilfsorganisation Caritas, Hermann Pfeiffer.

Gelis Verehrer, der Linzer Maler Hans Pollack (1891–1968)

Viel mehr als die schwärmerische Verehrung Gleichaltriger wog für Geli jedoch, dass ihr auch der um 17 Jahre ältere Hans Pollack den Hof machte. Der 1891 geborene Pollack stammte aus einer alten Linzer Kaufmannsfamilie. Nach der Matura verdiente er seinen Unterhalt als Sparkassenbeamter. In seiner Freizeit betrieb er kunstgeschichtliche Studien. Seine große Liebe galt der Malerei, die er als Autodidakt betrieb. Er unternahm mehrere große Reisen. 1912 hatte er, zusammen mit anderen Linzern, den Künstlerbund MAERZ gegründet. Geli, die selbst gut zeichnete und kunstgewerblich interessiert war, genoss – Aussagen von Zeitzeugen zufolge – die offensichtliche Bewunderung des gut aussehenden Mannes.[38]

Währenddessen litt Emil Maurice unter der Monotonie der Landsberger Haft. Obwohl er die gemeinsame Festungshaft mit dem »Führer«, der sein Zellennachbar war, und den Gedankenaustausch mit ihm als Bereicherung seines Lebens empfand, beklagte er doch das »ermüdende Gleichmaß der Tage, das unsere Tatkraft lahm legte«.[39] Er langweilte sich derart, dass er in forscher Weise an die Münchner Polizeidirektion schrieb und die Rückgabe seiner Pistole forderte, die man ihm bei einem vorangegangenen Gefängnisaufenthalt abgenommen hatte: »Ich hoffe nun auch, daß die Polizei der Ansicht ist, daß ich lange genug auf das Zurückgeben der Waffe gewartet habe …«[40]

Zur Unterbrechung des »ermüdenden« Gleichmaßes jedoch taten sich Hitlers engste Mitarbeiter – Kriebel, Hess, Frick, Feder, Himmler, Hoffmann und Eckart[41] – als »Stimmungsmacher« unter den politischen Häftlingen hervor. Die Laune der glühenden Antisemiten hob auch das von Maurice eigenhändig notierte Tischgebet, das man zum allgemeinen Gaudium vor den gemeinsamen Mahlzeiten sprach. Es lautete:

»Die Kuranstalt auf Staatskosten« –
Maurice im Kreis der Landsberger Häftlinge

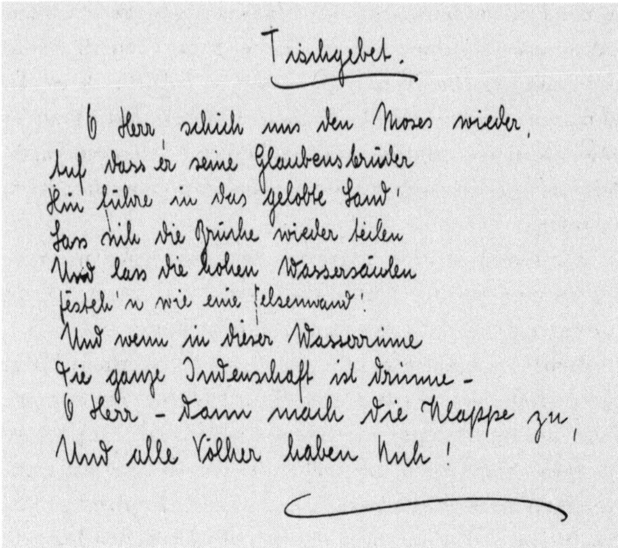

Tischgebet.

O Herr, schick uns den Moses wieder,
Auf dass er seine Glaubensbrüder
Hin führe in das gelobte Land!
Lass sich die Brücke wieder teilen
Und lass die hohen Wassersäulen
festeh'n wie eine Felsenwand!
Und wenn in dieser Wasserrinne
Die ganze Judenschaft ist drinne –
O Herr – dann mach die Klappe zu,
Und alle Völker haben Ruh!

Antisemitisches Tischgebet in Landsberg

»O Herr, schick uns den Moses wieder,
Auf dass er seine Glaubensbrüder
Hin führe in das gelobte Land!
Lass sich die Brücke wieder teilen
Und lass die hohen Wassersäulen
Fest [st]eh'n wie eine Felsenwand!

Und wenn in dieser Wasserrinne
Die ganze Judenschaft ist drinne[n] –
O Herr – dann mach die Klappe zu,
Und alle Völker haben Ruh!«[42]

In der Früh unterbrach – wie Maurice später zu Protokoll gab – nur das Klappern von Hitlers Schreibmaschine aus der Nachbarzelle Nummer sieben die Stille[43], denn der »Führer« brachte seine Gedanken, Visionen und Pläne für »Mein Kampf« teilweise selbst zu Papier.[44] Um diese Tageszeit fand er auch Gelegenheit, an Geli Raubal nach Linz zu schreiben.[45]

Im Spätherbst 1924 erfuhr Maurice, dass er Weihnachten bereits zum zweiten Mal im Gefängnis verbringen würde, während Hitler mit Entlassung rechnen konnte.

Maurice erinnerte sich: »Am 19. 12. 1924 erhielt Hitler plötzlich die überraschende Nachricht, daß er am anderen Tag, am 20. 12. 1924, entlassen werden würde. Wir packten bis spät in die Nacht die vielen Bücher und die außergewöhnlich große Korrespondenz ein. Etwas Kopfzerbrechen machte uns das Einpacken mit den beschriebenen Blättern für das spätere Buch ›Mein Kampf‹. Hitler wollte nicht, daß dieses Geschriebene durch die Zensur ging. Ich packte daher diese Blätter in das Holzgehäuse seines Grammophons, nachdem ich vorher das Laufwerk ausgebaut hatte …«[46]

Hitler selbst hat seine Haftentlassung später oft geschildert: »Wie ich Landsberg verlassen habe, sind allen die Tränen

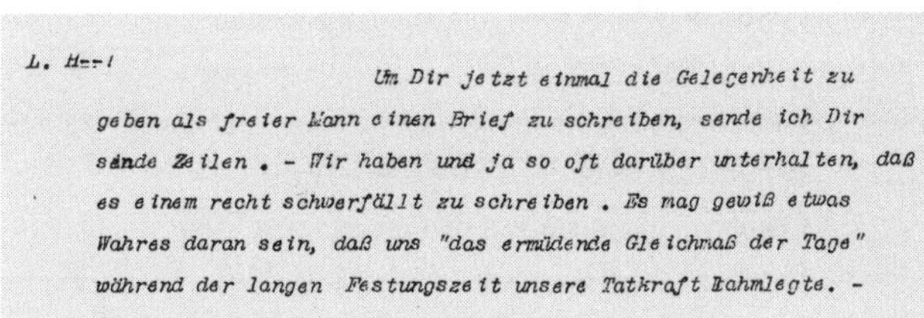

L. H--!

Um Dir jetzt einmal die Gelegenheit zu geben als freier Mann einen Brief zu schreiben, sende ich Dir sände Zeilen. – Wir haben und ja so oft darüber unterhalten, daß es einem recht schwerfällt zu schreiben. Es mag gewiß etwas Wahres daran sein, daß uns "das ermüdende Gleichmaß der Tage" während der langen Festungszeit unsere Tatkraft lahmlegte. –

Brief von Emil Maurice an Adolf Hitler, Januar 1925, noch in Landsberg herunter gelaufen, dem Mufti [Landsberger Gefängnisdirektor], dem Medizinal-Mufti [Gefängnisarzt], den Gefängniswärtern, nur mir nicht. Wir hatten sie alle [für den Nationalsozialismus] gewonnen!«[47]

In seiner bescheidenen Unterkunft in München wurde Hitler herzlich empfangen. »Vor meiner Wohnung … hatten sich … treue Familien eingefunden, oben hatten sie Girlanden angebracht und Lorbeerkränze, … Mein Hund hätte mich vor Freude fast die Treppe heruntergeworfen.«[48]

Emil Maurice hatte nicht vergessen, Grüße an des »Führers« Nichte und ihre Mutter aufzutragen. Und dank der Umsicht seines Freundes »Moritzl« hatte Hitler Landsberg nicht mit leeren Händen verlassen, sondern mit einem – im Wesentlichen – abgeschlossenen Manuskript. Bereits im Juli 1925 erschien »Mein Kampf« mit einer Startauflage von 10 000 Stück im Münchner Verlag Franz Eher Nachf. Das Buch war ein sofortiger Erfolg. Zum Dank für seine große Hilfe bekam Emil Maurice das zehnte Exemplar der in Pergament gebundenen und auf 500 Stück limitierten Prunkausgabe mit der Widmung Hitlers auf dem Vorsatzblatt: »Meinem treuen und braven Schildknappen Emil Maurice.«[49]

Weihnachten 1924 hat Geli Raubal mit ihrer Mutter sowie den Geschwistern Leo und Elfriede in Wien verbracht, wo sie von Ernst Hanfstaengl[50], dem nach Österreich geflohenen Auslandspressesprecher Hitlers, – eigenen Angaben zufolge – aufgesucht wurde. Hanfstaengl hat die Begegnung folgendermaßen beschrieben: »Ich nahm meinen unfreiwilligen Aufenthalt in Österreich zum Anlaß, Hitlers Familie in Wien aufzusuchen. Obwohl ich überzeugt war, daß seine Familie nicht den geringsten Einfluß auf ihn hatte, interessierte es mich, alles über seine Herkunft herauszufinden …

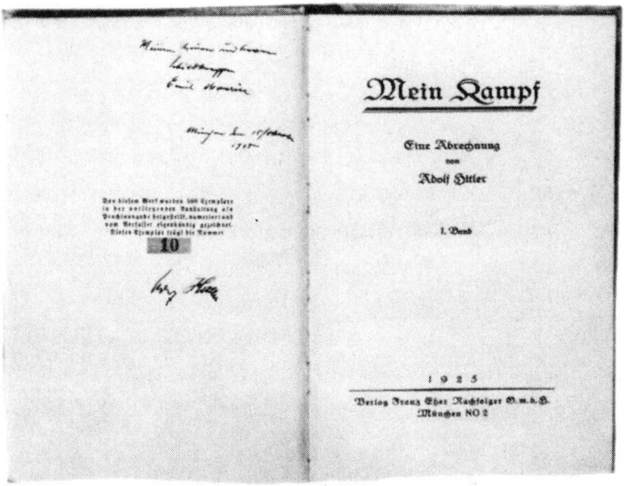
Mein Kampf

Eine Abrechnung

von

Adolf Hitler

1. Band

1925

Verlag Franz Eher Nachfolger G.m.b.H.

München NO 2

10

»Meinem treuen und braven Schildknappen.« –
Emil Maurice erhält von Adolf Hitler das 10. Exemplar von »Mein Kampf«. Mit freundlicher Genehmigung des Auktionshauses HERMANN HISTORICA

wahrscheinlich hätte ich mir die Mühe sparen können, denn als ich seine Halbschwester Frau Raubal endlich aufspürte, fand ich sie in schrecklicher Armut im dritten oder vierten Stock einer verfallenden Zinskaserne. Sie öffnete die Tür nur einen Spalt, da sie sich offensichtlich ihrer armseligen Umgebung schämte. Aber auch durch den Spalt konnte ich sehen, daß die Wohnung kahl und schmutzig war und auf dem Boden des Vorzimmers nichts als verrottete Strohmatratzen lagen. Sie akzeptierte meine Einladung in ein Kaffeehaus und brachte ihre nicht unattraktive blonde Tochter Geli mit, die damals wahrscheinlich 16 Jahre alt war. Mir kam es vor, als ob ich meine Aufräumefrau zu einer Mahlzeit eingeladen hätte. Die Mutter gab sich unsicher und ver-

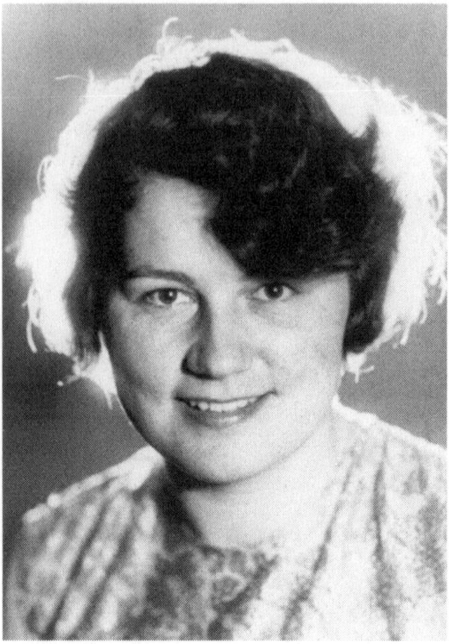

Porträt von Geli Raubal

wirrt, die Tochter wirkte frech und hübsch. Beide waren billig und gewöhnlich gekleidet, doch ich dachte, es wäre gut, sie für mich einzunehmen. Daher fragte ich Geli, ob sie mit mir in ein Musiktheater gehen wolle. Es war eine zweitklassige Operette … das war genau die Art von Unterhaltung, die Gelis mittelmäßiges Gemüt ansprach …«[51]

Falsche Berichte dieser Art haben schon früh das Bild von Hitlers Verwandten verfälscht. Tatsächlich hatte Geli nicht blonde, sondern schwarze Haare. Sie war auch kein »einfaches, derbes Bauernmädchen«, sondern eine Gymnasiastin mit humanistischer Bildung an der berühmtesten Linzer Schule, der »Kaderschmiede« des Landes Oberösterreich.

Auch ihre Mutter hatte die Matura abgelegt. Sie bekleidete damals einen verantwortungsvollen Posten als Küchenleiterin der großen jüdischen Studentenmensa an der Universität Wien.[52] Und im Gegensatz zu den von Hanfstaengl geschilderten ärmlich-verwahrlosten Verhältnissen bewohnte Gelis Mutter die schönste Vier-Zimmer-Wohnung im ersten Stock, der »Bel Etage«, eines gepflegten Mietshauses im bürgerlichen 4. Wiener Gemeindebezirk.[53]

Emil Maurice wiederum durfte sich am Heiligen Abend des Jahres 1924 über Hitlers Besuch freuen, der berichtete, dass »bei seiner Entlassung keinerlei Gepäckkontrolle stattgefunden hatte«[54], dem Freund Trost zusprach und ihm danach ein Geschenk schickte: »Mein lieber Hitler! Ich danke

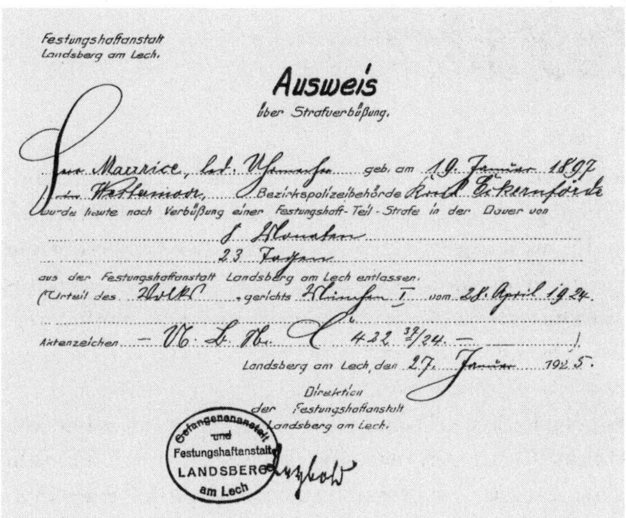
Festungshaftanstalt
Landsberg am Lech.

Ausweis
über Strafverbüßung.

[illegible] Maurice, [illegible] geb. am 19. Januar 1897
[illegible], Bezirkspolizeibehörde [illegible] Eckernförde
wurde heute nach Verbüßung einer Festungshaft-Teil-Strafe in der Dauer von
8 Monaten
23 Tagen
aus der Festungshaftanstalt Landsberg am Lech entlassen.
(Urteil des [illegible] -gerichts [illegible] I vom 28. April 1924.
Aktenzeichen – [illegible] 422 37/24. –).
Landsberg am Lech, den 27. Januar 1925.
Direktion
der Festungshaftanstalt
Landsberg am Lech.
Gefangenenanstalt und Festungshaftanstalt LANDSBERG am Lech
[illegible]

Entlassung – Ausweis über Strafverbüßung in Landsberg am Lech

Dir recht vielmals für das heute empfangene Paket. Leider habe ich mit meiner Annahme Recht behalten, dass ich noch bis zum 23. [Januar 1925] hier bleiben muß ...[55] Damit habe ich mich nun abgefunden, bin gesund und sehr munter. – Ich treibe noch meine halbe Stunde Sport jeden Morgen und denke häufig, ob Du auch noch dasselbe tust! ... Mein Telegramm als Erwiderung für Deinen Neujahrswunsch hast Du wohl erhalten. Den Abend verbrachten wir bis halb 1 Uhr durch Punschtrinken, ... ich wüßte Dir noch viel mitzuteilen, aber ich weiß von unserem 8 monatlichem Zusammenleben, dass Du keine langen Briefe liebst, und sehe mich daher, wohl oder übel, gezwungen (!) den letzten Punkt zu machen. Mit vielen herzlichen Grüßen bin ich Dein Emil«[56]

Gleichzeitig mit oder unmittelbar nach Hitler erlangten sukzessive alle NS-Häftlinge ihre Freiheit. Während sich der Trakt für die politischen Gefangenen leerte, wurde Maurice die Zeit lang. Er gab sich besinnlichen Gedanken hin und teilte diese dem Gesprächspartner der vorangegangenen Monate mit. »L. H!«, heißt es in seinem Brief, in einem sonderbar geschraubten, umständlichen Stil, der an die vorangegangenen langen Diskussionen mit Hitler anknüpft und interessante Einblicke in die von den Freunden erörterten Themen gibt. »Um Dir einmal die Gelegenheit zu geben als freier Mann einen Brief zu schreiben, sende ich Dir diese Zeilen. – Wir haben uns ja so oft darüber unterhalten, daß es einem recht schwerfällt zu schreiben. Es mag gewiß etwas Wahres daran sein, daß uns das ›ermüdende Gleichmaß der Tage‹ während der langen Festungshaft unsere Tatkraft lahm legte. – Aber, wenn ich mir dann sage ›l'etat c'est moi‹ oder auf gut Deutsch: ›Ich schalte meine Gedanken ein und aus, wie ich will. Ich bin völlig Herr meiner selbst‹ – so muß ich wohl zugeben, daß ich, oder da ich einmal in der Mehrzahl spreche, wir, in solchen Stunden, in denen die Schwäche über uns kam, wir mehr Sklave als Herr waren. In diesen Stunden haben wir nicht die Gedanken ausgeschaltet, die uns ohne unseren Willen zu beherrschen versuchten. ... Aber wenn wir nur ernstlich wollten, wäre es doch gegangen; denn der Wille ist der Grundstein aller Fähigkeiten und darunter fällt auch die des Briefschreibens. – Und wenn Du nun nicht den freudigen Willen hast mir zu antworten, wird es Dir genau so schwer fallen als freier Mann zu schreiben und Du wirst erkennen, daß Du für jede Tat als erstes immer die Kraft Deines Willens brauchst und die kannst Du auch ohne Hilfstruppen erlangen ...«[57]

Comeback und SS-Gründung

Kurz bevor sich auch für ihn die Tore der Feste von Landsberg öffneten, zog Emil Maurice Bilanz. Seine tief schürfenden Gedankengänge hat er seinem besten Freund Hitler nicht vorenthalten:

»Lieber Hitler! Da ich nun am Ende meiner Festungszeit angelangt bin, mache ich mir oft Gedanken darüber, was sie mir gebracht hat. Ich komme dann immer zu dem Entschluß – nur Gutes. Um mich deutlicher auszudrücken, will ich sagen, ich habe viel gelernt. Diese Zeit war für mich wohl die beste zum Studium der Menschen. Damit [dem Studium der Menschen] habe ich mich schon früher befaßt, aber ich muß sagen, ohne daß ich dies eigentlich wollte. Ich weiß nun selber nicht, warum ich hier [im Gefängnis von Landsberg] für so viel übrig habe, da diese Frage doch weit von dem Mittelpunkt meines Berufes entfernt liegt. Den größten Nutzen aus diesen Betrachtungen habe ich wohl dadurch gezogen, dass ich meiner Selbsterkenntnis näher gekommen bin.«[1]

Sofort, als Emil Maurice das genaue Datum seiner Entlassung erfuhr, wandte er sich abermals an Hitler. Diesmal nicht mit einer psychologischen Abhandlung, sondern mit genauen, praktischen Anweisungen. Der Brief ist ein beredtes Zeugnis für das vertrauliche Verhältnis, das zwischen dem Uhrmachergesellen und dem ansonsten sehr auf Distanz bedachten NS-Politiker geherrscht hat.

»Mein lieber Hitler!

Soeben wurde mir kund und zu wissen, daß ich am Dienstag, den 27. mittags 12,35 [27. Januar 1925} entlassen werde. Auf diese Nachricht habe ich ja lange gewartet und bin deshalb außerordentlich froh, sie nun endlich erhalten zu haben. Ich will Dir nun nicht meine jetzige Stimmung schildern, die Du Dir sicherlich aus eigener Erfahrung noch vorzustellen vermagst, sondern möchte Dich bitten, wie versprochen, mich an diesem Tage abzuholen. – Durch Dr. Weber, der hoffentlich nicht [als Gefangener] wiederkommt, habe ich Dir schon sagen lassen, Du möchtest eine Autobrille mitbringen, daran bitte ich Dich zu denken. Mäntel oder Decken brauchst Du keine mitzubringen, da ich mich warm genug anziehen kann. – Ich habe sehr viel Gepäck und wir tun besser, dieses nicht auf einmal mitzunehmen, da sich ja doch noch die Gelegenheit bietet wieder nach hier zu kommen. – Den Sprechapparat[2] habe ich auch eingepackt und werde ihn mitnehmen, auch Deine beiden großen Bilder. Ich muß nun Schluß machen, damit Du den Brief noch zur rechten Zeit empfängst. – Von meinem Geburtstag werde ich Dir mündlich berichten. – Triffst Du in Landsberg später ein, so findest Du mich im Herzogsstüberl. Ich denke aber, daß Du Pöhner[3] noch einen guten Tag sagen wirst. Auf ein frohes Wiedersehn in der Freiheit freut sich Dein E. M.«[4]

Der mit der mühsamen Reorganisation seiner Partei überaus beschäftigte Hitler erfüllte den Wunsch seines Freundes und eilte nach Landsberg. Zur Erinnerung an die gemeinsame Haft schenkte er ihm sein Porträt mit der Widmung »Meinem lieben Emil Maurice«. Er überließ ihm auch jene Schreibmaschine vom Typ »Remington Portable« mit der

Seriennummer »NK 430224«, auf der der Chef mit zwei Fingern das Manuskript von »Mein Kampf« getippt hatte.

Ende Februar wurde dann jener 26 000 RM teure Luxuswagen geliefert, den Maurice – auf Kredit – noch vom Landsberger Gefängnis aus bestellt hatte. »Ich hatte mir den Mercedes-Kompressor als erstes gekauft, nachdem ich am 20. Dezember 1924 aus der Festung [Haft] entlassen war. Selbst gefahren bin ich nie, aber ich war ein Autonarr. Richtig verliebt war ich in den Wagen«, erinnerte sich Hitler Jahre später.[5] Wie schon in den Jahren davor, wurde

Ein kostbares Souvenir – Hitler schenkte seinem Duzfreund jene Remington-Schreibmaschine, auf der er einen Teil von »Mein Kampf« schrieb. Mit freundlicher Genehmigung des Auktionshauses HERMANN HISTORICA

Maurice mit dem Chauffieren des edlen Gefährts beauftragt – ein zeitgenössisches Foto zeigt ihn am Steuer von Hitlers Wagen. Viel verdient hat er damit nicht. Aus den Steuerakten des Führers der Nationalsozialisten geht hervor, dass Maurice für seine Dienste mit mageren 160 RM pro Monat entlohnt wurde[6], obwohl er – für Hitler privat und als Parteiaktivist – ständig im Einsatz stand.

Eine der ersten Fahrten mit dem neuen Gefährt führte die Freunde wieder nach Berchtesgaden. »Moritzl« saß am Steuer. In einer Zeit, wo sich nur sehr Wohlhabende ein eigenes Auto leisten konnten, erregte die Luxuslimousine beträchtliches Aufsehen. In der Pension »Moritz«, wo sie schon vor ihrer Landsberger Haft gewohnt hatten, wurden sie von den Besitzern (Ehepaar Büchner) als alte Bekannte freudig begrüßt. »1925 – eine meiner ersten Fahrten – bin ich wieder zu Büchners«, erinnerte sich Hitler viel später voll Nostalgie.[7] In der Abgeschiedenheit der herrlichen Bergwelt konnte er sich erholen und ungestört eine Strategie für die neue NSDAP entwickeln. Hitler liebte die Gegend, die ihm zur Heimat werden sollte, und er kam – stets in Begleitung von Maurice – immer wieder. »Für mich war der Obersalzberg etwas ganz Herrliches geworden. Ich habe mich ganz verliebt in die Landschaft«, meinte er, »… wenn ich ein bissel Zeit hatte, bin ich herausgerutscht. Wir haben dann Ausflüge gemacht.«[8] In seinem Refugium, das zuerst aus einem Pensions- und dann lange aus einem Hotelzimmer bestand, setzte er die Arbeit an seinem Buch fort – in der Berchtesgadener Gegend entstand der zweite Teil von »Mein Kampf« mit einer Darstellung der nationalsozialistischen Bewegung. Hitler hat in seinem ideologischen Werk bewusst auf die namentliche Erwähnung der meisten »alten Kämpfer« verzichtet. Eine Ausnahme machte er nur bei Emil Maurice, dem er mit der »Schlacht im Hofbräuhaus« ein Denkmal setzt. Als er seinem Freund dann das fünfte Exemplar seines neuen Buches überreichte, schrieb Hitler in der Widmung: »Meinem lieben und braven Maurice zur immerwährenden Erinnerung an die Kampfzeit seines Lebens für die Freiheit unseres Volkes und an meine Freundschaft herzlichst zugeeignet.«[9]

Wie aus den Briefentwürfen des »Moritzl« ersichtlich, schlug er sich für Hitler 1925 manchmal sogar mit dem Finanzamt herum. Dieses hatte den NS-Politiker schon während der Festungshaft im Visier, legte fürsorglich einen Vormerkungsbogen mit dem Vermerk »Hitler Adolf – Schriftsteller, z. Zt. Gefangenenanstalt Landsberg« an und harrte auf seine Entlassung.[10] Das Schreiben, in dem man Auskünfte über den Wagen des mittellosen »politischen

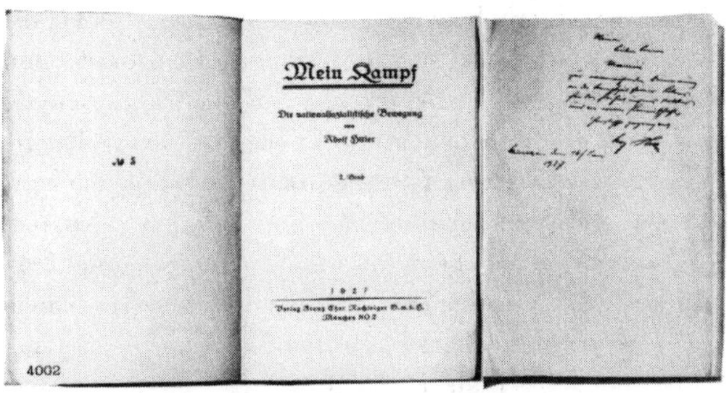

»Meinem lieben braven Maurice zur immerwährenden Erinnerung an die Kampfzeit seines Lebens für die Freiheit unseres Volkes und an meine Freundschaft herzlichst zugeeignet.« – Hitler schenkt Maurice das 5. Exemplar von »Mein Kampf«, Teil 2. Mit freundlicher Genehmigung des Auktionshauses HERMANN HISTORICA

Schriftstellers« forderte, übergab Hitler seinem Freund zur Beantwortung. Es lautete: »Nach Kenntnis des Finanzamtes haben Sie im Februar 1925 den Kraftwagen II A 6629 um 20000 RM [tatsächlich sogar 26000 RM] erworben. Sie werden ersucht, bald gefälligst mitzuteilen, woher die Mittel zum Ankauf des Personenwagens stammen ...«[11] Die Finanzierung der teuren Anschaffung wurde mit der Aufnahme eines Bankkredits in der Höhe von 45000 RM, dessen Haftung der reiche Klavierfabrikant Edwin Bechstein übernommen hatte, plausibel erklärt:[12] »Ich konnte mir nach meiner Entlassung aus der Festung mein Leben nur ermöglichen durch die Aufnahme eines Bankdarlehens ... auch der Kraftwagen ist für mich nur Mittel zum Zweck. Er allein macht mir heute die Bewältigung meiner Arbeit überhaupt möglich«, erklärte Hitler den Finanzbehörden.[13] Die für ihn fremden Steuersachen überforderten Maurice, der davon nichts verstand und noch dazu oft Hitler auf Reisen begleiten musste. Er versäumte die Frist zur Abgabe der Steuervoranmeldung, sein Chef musste Strafe zahlen. »Gegen die Strafverfügung vom 8. IX. erhebe ich Widerspruch mit dem Ersuchen, diese Verfügung aufzuheben. Ich war jetzt monatelang von München abwesend und habe bei einem kurzen Hiersein vor einem Monat unter den Bergen von Post die Aufforderung des Finanzamtes nicht vorgelegt erhalten«, heißt es – mit Seitenhieb auf den säumigen Maurice – in einem von Hitler gezeichneten Schreiben.

Ab Ende 1925 wurden sowohl die Steuerangelegenheiten als auch die Korrespondenz des Vorsitzenden der NSDAP ausschließlich von der »Kanzlei Adolf Hitler« wahrgenommen. Unter dieser hochtrabenden Bezeichnung verbarg sich Rudolf Hess, der in einem bescheidenen, von der NSDAP angemieteten Raum im Hinterhof des Hauses Schellingstraße 50 – der Parteizentrale der NSDAP – amtierte.[14] Viele der von dem »Privatsekretär R. Hess« an das Münchner Finanzamt III gerichteten Schreiben enthalten Gesuche um Zahlungsaufschub: »Herr Hitler lässt um Stundung bitten.«[15]

Während Maurice und Hess im Hintergrund den alltäglichen Kleinkram besorgten, verhandelte Hitler über die Neugründung von NSDAP und SA. An diese schwierige Zeit Anfang 1925 erinnerte er sich später zurück: »Die ersten drei, vier Wochen [nach meiner Entlassung] bin ich ganz ruhig gewesen, das war für mich lange Zeit. Ich habe mir nur alles angesehen und die streitenden Brüder versöhnt. Es war ein solches Glück für mich, daß ich mich vorher von der ganzen Parteiarbeit losgesagt hatte. Wie soll man, wenn man nicht selber tätig sein kann, eine Verantwortung für das, was geschieht, auf sich nehmen? Am 27. Januar [tatsächlich 27. Februar] habe ich dann die Partei wieder gegründet.«[16] Maurice trat der neuen NSDAP bei und erhielt die Nummer 39, um die ihn viele später glühend beneiden sollten.

Am 27. Februar 1925, 8 Uhr abends, fand die als »Massenversammlung« angekündigte Feier zur »Wiederbegründung der Nationalsozialistischen Deutschen Arbeiterpartei« statt. Sehr bewusst wählte man dafür das Münchner Bürgerbräu, den Schauplatz von Hitlers fehlgeschlagenem Umsturzversuch. Der Neubeginn sollte dort anknüpfen, wo man im November 1923 gescheitert war! 3000 Personen besuchten die Veranstaltung, auf der Maurice, ganz wie in alten Zeiten, mit Kampfgefährten Ordnerdienste versah. In der an die Adresse seiner zerstrittenen und zersplitterten Anhängerschaft gerichteten Rede verkündete der Gründer der neuen NSDAP seinen absoluten Führungsanspruch und forderte bedingungslose Unterordnung: »Ich habe mich neun Monate jedes Wortes enthalten; nun führe ich die Bewegung, und Bedingungen stellt mir niemand; denn wenn die Herren kommen, und mir der eine sagen sollte, ich stelle die Bedingung, und der andere, ich stelle jene, so habe ich nur eine Antwort zu geben: Freund, warte erst, welche Be-

»Juden haben keinen Zutritt«. Veranstaltungsplakat zur Wiedergründung der NSDAP am 27. Februar 1925

dingungen ich stelle.«[17] Anschließend gab er seine Parolen aus: »Kampf der Teufelsmacht, die Deutschland in dieses Elend stürzte, Kampf dem Marxismus, vor allem jedoch: Kampf dem geistigen Träger der Weltpest, dem Juden. Und in dem Kampf gebe es nur zwei drastische Möglichkeiten: Entweder der Feind geht über unsere Leiche, oder wir über die seine!«

Der loyale Maurice hat Hitlers Rückkehr in die Politik von Herzen begrüßt und ohne Vorbehalte akzeptiert. Er leistete einen der damals bereits üblichen bombastischen Schwüre, nach dem Muster: »Wir geloben, unserem Führer, hier an dieser Stelle, unentwegte Treue, mag kommen, was will. Sterben oder Sieg!« Viele Genossen, die sich während des Verbots der NSDAP der »Großdeutschen Gemeinschaft« oder dem »Völkischen Block« angeschlossen hatten, kehrten jedoch erst allmählich zu Hitler zurück. Manche aus der alten NSDAP blieben überhaupt fern.[18] Ihnen galt der Hass der Hitler-Treuen. Die äußerst brutale Bekämpfung der Dissidenten war eine der ersten Aufgaben, an denen sich Maurice nach seiner Haftentlassung beteiligte. Prügeleien und die Sprengung gegnerischer Versammlungen verstärkten den Ruf der NSDAP als Sammelbecken rechtsradikaler Extremisten.

Unmittelbar nach der Neugründung seiner Partei ging Hitler daran, seine 1923 verbotene Leibwache, den »Stoßtrupp Hitler«, wieder zu beleben.

»Als ich aus Landsberg herauskam, hatte sich alles [in diesem Fall der »Stoßtrupp Adolf Hitler«] in streitende Haufen aufgelöst. Ich sagte mir, ich brauche eine Garde, die ganz klein sein kann, wobei aber jeder sich verpflichtet, ohne Widerspruch zu tun, was ihm befohlen ist, und wäre es, daß er gegen seinen eigenen Bruder antritt. Lieber zwanzig Mann, die nichts kennen, als Treue und Gehorsam in einer Stadt, als einen Haufen, auf den letztlich kein Verlaß ist. Da ist Maurice gekommen, Schreck, Heiden.[19] In München sollten sie eine kleine Staffel aufstellen aus Leuten, die bedingungslos tun würden, was befohlen wird. So ist die Schutz-Staffel [SS] entstanden.«[20]

Tatsächlich bestand die wieder erstandene Hitler-Garde zum persönlichen Schutz des »Führers« am Anfang nur aus acht Männern. Und sie nannte sich nicht mehr »Stoßtrupp«, sondern »Stabswache«, ein harmloser Name, der vielen nicht

Nur für den Dienstgebrauch!

Dienstaltersliste der Schutzstaffel der NSDAP.

(SS-Oberst-Gruppenführer — SS-Standartenführer)

| 524 | Maurice Emil, II M.d.R. | | b. Stab Ab. I | 39 | 2 | 19. 1.97 | Oblt. d. R.

»Nur für den Dienstgebrauch!«
Emil Maurice wird als NSDAP-Mitglied Nr. 39
und SS-Mitglied Nr. 2 geführt.

abschreckend genug klang. Schon bald (9. November 1925) wählte man daher auch offiziell die klangvollere Bezeichnung »Schutzstaffel(n)« (SS) – die Keimzelle der später von Heinrich Himmler zum gefürchteten »Totenkopforden« entwickelten SS war entstanden.

Als die beiden Gründer der SS fungierten Julius Schreck, der »SS-Mann Nr. 1«, und sein langjähriger guter Bekannter, der Hitler-Freund Emil Maurice, der »SS-Mann Nr. 2«.

»... er hatte eine Büffelkraft und war eiskalt; mit dem Wagen ist er auf Kommunisten los«, waren jene hervorstechenden Merkmale, die Adolf Hitler an Schreck lobte.[21] Der am 13. Juli 1898 in München als Sohn eines Geschäftsreisenden geborene Julius Schreck stieß im Oktober 1921 zur NSDAP. Zu diesem Zeitpunkt war er bereits mehrmals wegen Diebstahls und Betrügereien verurteilt worden. Im Dienste der Nazis schwoll sein Vorstrafenregister weiter an. Die neuen Einträge bezogen sich auf: Vandalismus, Schlägereien, Überfälle, Körperverletzungen und Mordanschläge. Mit Maurice war Schreck noch aus der ersten Zeit des NS-Saalschutzes gut befreundet. Gemeinsam hatte man an unzähligen Schlägereien teilgenommen, in Coburg randaliert, antisemitische Klebezettel und Plakate verteilt und dem »Stoßtrupp Hitler« angehört. In die Landsberger Haft hat Schreck – im Gegensatz zu Maurice war er dem Gefängnis entgangen – seinem Freund aufmunternde Botschaften, aber auch jammervolle Berichte über die Auflösung der Partei geschickt.[22]

Die ihnen aufgetragene Gründung der SS und die Auswahl geeigneter Mitglieder hat das Duo Schreck/Maurice mit Feuereifer und in bestem Einvernehmen betrieben. Manche Späße seines derben, antisemitischen Kollegen gingen dem ebenfalls antisemitischen Uhrmachergesellen jedoch zu weit. Er fand sie geschmacklos, bösartig und überdies falsch. Julius Schreck verdächtigte ihn nämlich, jüdischer Herkunft zu sein, und brachte dies auch öfters ungeniert zum Ausdruck. So titulierte er ihn in einem Brief einmal sogar scherzhaft mit »Lieber Moischi«.[23] Maurice kränkte sich. Die Zusammenarbeit beim Aufbau der SS beeinträchtigte der auch von anderen Parteigenossen geteilte und manchmal offen erwähnte Verdacht jedoch nicht.

Bereits im September 1925 schickten die Anführer Schreck und Maurice einen Rundbrief an alle Partei-Ortsgruppen mit dem Ersuchen, in allen Ortsgruppen Schutzstaffeln zu bilden. Diese bestanden jeweils aus »einem Führer und 10 Mann«, alle im Alter zwischen 23 und 35. Sie trugen Braunhemden mit schwarzen Krawatten, am linken Arm schwarz umrandete Hakenkreuzbinden, schwarze Stiefelhosen, Koppel und Schulterriemen, Marschstiefel und schwarze Mützen mit Totenkopfinsignien und Hoheitsabzeichen. Nach der Einführung der schwarzen SS-Uniform wurde diese Bekleidung zur »Traditionsuniform«, die nur noch bei bestimmten Anlässen getragen wurde.

Mit ihrer ursprünglichen Aufgabe – dem Schutz Hitlers und anderer Parteigrößen – war die der SA unterstellte kleine SS nicht ausgelastet. Man benutzte sie daher auch, um für die NSDAP und die Parteizeitung »Der Völkische Beobachter« Werbung zu betreiben. Ganz im Gegensatz zu ihrer späteren Rolle verkauften die ersten SS-Männer hauptsächlich Zeitungen und Abonnements, warben neue Parteimitglieder an und klebten Plakate. Trotzdem fühlten sie sich als Elitetruppe der Partei. Den Ausschlag dafür gaben die von Anfang an herrschenden strengen – körperlichen und ideologischen – Aufnahmekriterien, die besonderen Schutzaufgaben und die straffe Disziplin. SS-Männer waren bei allen »Sprechabenden« der Ortsgruppen anwesend, beteiligten sich jedoch nie an den Diskussionen, rauchten nie und verließen Versammlungsorte als Letzte. Sie waren fanatische Nazis, überaus schlagkräftig und zeichneten sich bei »Sonderaufgaben« durch besondere Brutalität aus. Ihr martialisches Auftreten und ihre unheimlichen schwarzen Mützen mit Totenköpfen und gekreuzten Gebeinen verliehen ihnen bald eine Aura des Unheimlichen.

Maurice war mit der Aufstellung einer Eliteschlägertruppe, der Abwehr lästiger Hitler-Verehrerinnen, dem Ausfüllen von Formularen für das Finanzamt, der Bewachung Hitlers und dem Chauffieren mehr als beschäftigt. Trotzdem zog ihn der »Führer« zu jenen speziellen Aufgaben heran, die er nur seinem besten, in die geheimsten Angelegenheiten der NSDAP eingeweihten Freund anvertrauen konnte und wollte. Eine dieser heiklen Missionen sollte ihn zu den Klavierfabrikanten Bechstein nach Berlin führen. Emil Maurice kannte das reiche Unternehmerehepaar, das sich die Förderung der NSDAP zum Ziel gesetzt hatte, sehr gut. Von Landsberg aus hatte er im Auftrag Hitlers mit Helene Bechstein korrespondiert und ihren Besuch in der Haftanstalt arrangiert. Mit Luise Charlotte und Edwin, den Kindern des Ehepaars, verband ihn eine herzliche Freundschaft.[24] Vor und nach 1923 weilte Maurice häufig als Gast in dem prunkvollen Berliner Haus der Fabrikanten in der Johannisstraße, von dem eine zeitgenössische Beschreibung existiert:[25] »... so zogen wir [Hitler, Hess, Maurice] in das wundervolle alte Haus ... mitten im Zentrum ... doch so ruhig, dass man meinen könnte, auf dem Land zu sein ... innen riesige, repräsentative Räume, kostbare Teppiche, alte Originale ...« Einem dieser Originale, einem wertvollen Bild von Jan Breughel dem Jüngeren, das Frau Bechstein Hitler überlassen wollte, galt die Berliner Reise des Emil Maurice vom September 1925. Hitler, der sich zu der Zeit in Berchtesgaden befand, gab dem Freund genaueste Instruktionen mit auf den Weg:[26]

»Lieber Maurice! Du fährst nach Erhalt dieses Briefes sofort nach Berlin und begibst Dich in die Johannisstr. 6 [Haus der Familie Bechstein]. Du sollst von dort ein Bild nach München bringen. Das Objekt ist von unendlichem Werte, und Du trägst die persönliche Verantwortung für die tadellose Ausführung dieses Auftrages. Du darfst von Berlin nach München nicht in der Nacht fahren, auf keinen Fall schlafen und Dich keine Minute von dem Objekt entfernen, also nicht in den Speisewagen gehen und das Bild stehen lassen unter gefl. [gefälliger] Beaufsichtigung eines unbekannten Dritten. Du musst mich durch Telegramm von der Stunde der Abreise in Berlin verständigen, und zwar Tag, Stunde und Zug, so daß ich bei Ankunft des Zuges wenn möglich schon in München sein kann. Auf alle Fälle darf auch in München das Bild nicht frei in Deiner Wohnung stehen bleiben, sondern Du mußt, falls ich noch nicht dort sein sollte, noch einmal sofort in Berchtesgaden anrufen und das Objekt unterdes in meine Wohnung bringen. Du hast meiner Quartierfrau dabei zu erklären, daß es sich um eine Sache von großem Wert handelt, die niemand außer mir selbst ausgehändigt werden darf, und sie zu verständigen, daß ich jede Stunde persönlich eintreffen kann. Das Bild selber ist so zu verpacken, daß es versiegelt werden kann und eine Öffnung ohne mich ausgeschlossen erscheint. Selbstverständlich ist diese Verpackung so vorzunehmen, daß jede Beschädigung als ausgeschlossen gelten darf, also nicht etwa in Packpapier einwickeln! Es muß jede Möglichkeit eines Durchstoßens der Umhüllung vollständig ausgeschlossen sein. Wenn irgend möglich, eine Kiste nehmen! Den eingelegten Brief gibst Du an Frau Bechstein persönlich. Zur

Reise holst Du Dir von Herrn Pickl [aus der Parteizentrale] 150 M. Nun mach Deine Sache gut und sei bestens gegrüßt. Dein alter Freund Adolf Hitler.«

Das Bild gelangte unbeschädigt nach München, wo es von Hitler – mit größter Wahrscheinlichkeit – zur Sicherung eines Darlehens benutzt wurde.

Zum Dank für seine wertvollen Dienste hat Hitler seinem »Moritzl« das Buch mit dem beziehungsvollen Titel »Helden der Arbeit« geschenkt.[27]

Eine andere Aufgabe, die Emil Maurice für Hitler zu beider Zufriedenheit erledigte, bestand in der Anbahnung von Kontakten zum weiblichen Geschlecht. Eine dieser Bekanntschaften war, wie eine Sekretärin des »Führers« angibt, Ada Klein.[28] Das hübsche Mädchen hatte am 27. Februar 1925 die »Parteigründungsfeier« im Bürgerbräukeller besucht. Um besser sehen und hören zu können, stieg sie auf einen Sessel. Hitler wurde auf sie aufmerksam und schickte seinen treuen Maurice, der sie ansprechen sollte – ein Unterfangen, das sich im Menschengewühl als undurchführbar erwies. Wenig später fand die NS-Sympathisantin eine Stelle in der Redaktion des »Völkischen Beobachters«, wo sie – auch ohne Zutun von Maurice – Hitler persönlich kennen lernte. Man traf sich dann öfters nach Versammlungen. Im Gegensatz zu Hitler besaß Emil Maurice damals eine Zwei-Zimmer-Wohnung. Diese stellte er dem Paar zur Verfügung, bevor er sich diskret verabschiedete. »Deli«, wie er das Mädchen nannte, war zwei Jahre lang mit Hitler befreundet.

Ein weiteres Verhältnis des Vorsitzenden der NSDAP, das Maurice hautnah miterlebte, spielte auf dem Land. Maria »Mizzi« Reiter stammte aus Berchtesgaden, wo sie Hitler im Alter von 16 Jahren traf. Das junge Mädchen verliebte sich in den um fast 20 Jahre älteren Mann und hoffte auf Heirat. »Moritzl«, der die beiden durch die Gegend chauffierte, erlebte alle Phasen der anfangs harmlosen Liebschaft: Hitlers intensives Werben um das blonde Mädchen, dessen Augen ihn an seine Mutter erinnerten, die Treffen im »Hotel Deutsches Haus«, die Spaziergänge des ungleichen Paares durch Berchtesgaden. Es war Maurice, der Hitler zu Weihnachten 1926 trotz schlechter Straßenverhältnisse in das tief verschneite Berchtesgaden brachte, wo man Weihnachten im Hause von »Mizzis« Schwester feierte. Wenn Hitler mit seiner »Waldfee« flirtete, musste Maurice geduldig im Auto warten. In München wiederum ging er mit Hitler und Maria Reiter in eine Aufführung der »Zirkusprinzessin« und arrangierte die Betreuung des jungen Mädchens durch eine seiner Bekannten. Die Beziehung Hitlers zu der jungen Berchtesgadnerin fand jedoch im Sommer 1927 ihr vorläufiges Ende, nachdem der Vorsitzende der NSDAP mittels anonymer Briefe der Unzucht mit einer Minderjährigen bezichtigt worden war. Auch dies blieb Maurice nicht verborgen. Verborgen blieb ihm allerdings, dass Hitler und »Mizzi« Jahre später ihre Beziehung wieder aufnahmen und ausreichend intensivierten.[29]

Nach dem Ende des Dritten Reichs lag es nahe, den Gefährten aus der »Kampfzeit der Bewegung« nach Hitlers Beziehung zu Frauen zu befragen. Und Maurice, der Hitler jahrelang aus nächster Nähe beobachtet hatte, gab 1945 an: »Zur Beantwortung der sexuellen Frage glaube ich bestimmt sagen zu können, daß es bei keinem der verschiedenen kürzeren oder längeren Liebschaften Hitlers zu einem intimen Verkehr gekommen ist. Er fürchtete wohl zu Recht, ein geschlechtlicher Verkehr hätte ihn nur an die Frau oder das Mädchen gebunden. In diesem Sinne sprach er oft. Er, der die Abwechslung liebte, wollte frei sein.«[30] Die Gerüchte, wonach Hitler homosexuell war, hat er vehement zurückgewiesen: »Wenn man Hitler zu meiner oder sonst einer Zeit des § 175 [Homosexuellenparagraf] verdächtigte, so scheint mir das als geradezu widersinnig, denn ihm waren die so veranlagten Männer widerliche Kreaturen.«[31]

Ende Dezember 1925 umfassten die kleinen, im Lande verteilten Schutzstaffeln ca. 100 Mann. Zu diesem Zeitpunkt begleitete Emil Maurice als Lenker »des Kraftwagen des Führers« (Kennzeichen II A-6629) Hitler durch ganz Deutschland. Gleichzeitig befehligte er die als Saalschutz eingesetzten örtlichen Schutzstaffeln. Seine von Hitler unterzeichnete Legitimation lautete: »... Demselben ist der Zutritt für jede öffentliche oder geschlossene Versammlung der N.S.D.A.P. zu gewähren. Seine Anordnungen zum Schutze der Versammlungen sind unbedingt zu befolgen.«[32] Doch im April 1926 zogen sich sowohl Julius Schreck als auch Emil Maurice aus der Führung der SS zurück. Einem Wunsch Hitlers zufolge überließen sie die Leitung dem aus dem österreichischen Exil heimgekehrten Parteigenossen Josef Berchtold, der schon 1923 den »Stoßtrupp Hitler« befehligt hatte. Damit endete die Pioniertätigkeit des Emil Maurice für die SS – so, wie bei der SA – im Anfangsstadium. Als gefürchteter »1. Inspektor der SS« übte er jedoch weiterhin im Auftrag Hitlers eine Machtposition aus.

Am 4. Juli 1926 zeichnete Hitler die SS durch die Verleihung der »Blutfahne« aus. Der feierliche Akt fand auf dem 1. Reichsparteitag der neuen NSDAP statt, der am 3./4. Juli in Weimar abgehalten wurde – im Gegensatz zu anderen deutschen Ländern hatte Thüringen den Vorsitzenden der NSDAP nicht mit Redeverbot belegt. Hitler lud seine Halbschwester Angela Raubal und ihre Kinder dazu nach Wei-

Im Kreis der Bonzen – Maurice neben Goebbels, einer Hitler-Rede lauschend.

mar ein – sie sollten seine triumphale Rückkehr in die Politik miterleben! Joseph Goebbels schrieb dazu: »... Hitler spricht. Von Politik, Idee und Organisation. Tief und mystisch. Fast wie im Evangelium. Schaudernd geht man mit ihm an den Abgründen des Seins vorbei. Das Letzte wird gesagt. Ich danke dem Schicksal, daß es uns diesen Mann gab! Umzug! ... Unter endlosem Jubel der dichtgestauten Menschenmassen. Der Zug kommt. ... Die ganze Führermannschaft, Hitler als erster, marschiert vorne. Durch ganz Weimar. Auf dem Marktplatz. 15 000 S.A. marschieren an uns vorbei. Das dritte Reich zieht auf.«[33] Bei dem NS-Spektakel kam es auch zu einem Treffen zwischen Maurice und Geli Raubal, das jedoch – wenn man die Aufzeichnungen von Goebbels darauf bezieht – nicht ganz im Sinne des Hitler-Freundes verlaufen sein dürfte. Denn wenig später hat Maurice Goebbels sein Leid geklagt: »Maurice ... ist da. Er erzählt mir von seiner unglücklichen Liebe.«[34] Es ist jedoch durchaus möglich, dass Maurice, der viele Bekanntschaften hatte, damals von einem anderen Mädchen – etwa Anni Rehborn – sprach.

Die nächste Begegnung zwischen Geli und Maurice fand erst wieder 1927 in München statt.

Die enge Vertraulichkeit zwischen Hitlers Chauffeur und Joseph Goebbels, die Maurice zu seinen Enthüllungen bewog, datierte aus der Zeit nach dem Weimarer Parteitag. Goebbels, ein relativer Parteineuling, hatte Hitler erst im Februar 1926 persönlich getroffen und war sofort seiner rhetorischen Suggestion verfallen. Als ihm der »Führer« huldvoll zur Erholung riet, Berchtesgaden vorschlug und dabei seine eigene Anwesenheit in Aussicht stellte, sagte er sofort zu. Goebbels harrte dann tagelang bei strömendem Regen allein in einer kleinen Pension aus und beobachtete die Einheimischen: »Gestern abend tanzten die Bauernburschen Schuhplattler. Ein prächtiger Menschenschlag. Braungebrannt, keck, stolz, aufrecht …« Er stellte auch Selbstbetrachtungen an: »Was treibe ich hier? Faulenzen! …und dabei habe ich die ganzen Tage noch mit keinem Menschen … gesprochen. … Man will sich erholen. Erhole Dich also auch, altes, dummes Schaf. … Jedes Weib reizt mich bis aufs Blut …«[35] Als er bereits jede Hoffnung aufgegeben hatte, erschien Hitler. »Um 12 h klopft's an meine Türe: Maurice. … Der Chef [Hitler] ist da! … Schon liegt er zu Bett, aber ich werde ihn am anderen Morgen sehen«, notierte Goebbels am 18. Juli 1926 in sein Tagbuch.[36] »Mit Maurice und dem edlen Bohémien Hoffmann [dem Fotografen Heinrich Hoffmann] noch bis tief in die Nacht hinein bei einer Flasche Malaga.«

»Fahrlehrer und Schüler« – Maurice gibt Goebbels 1926 Fahrunterricht.

Am darauf folgenden Morgen fuhr die aus Hitler, Maurice, Hess, Ilse Pröhl (die Verlobte von Rudolf Hess), Hoffmann und Goebbels bestehende Gesellschaft zu einem Picknick an den Königssee. Dann wanderte man auf den Obersalzberg. Fünf Tage später kam es zur Verbrüderung: »Mit Maurice sitze ich den ganzen Abend bis tief in die Nacht und er erzählt mir vom 9. November 1923. Maurice ist ein ordentlicher disziplinierter Mensch«, meinte Goebbels, der damals erstmals im innersten Kreis des »Führers« verkehren durfte.[37] Bei einem Fahrkurs verfestigte sich die Freundschaft: »Am anderen Morgen lehrt er mich das Autofahren. Ich kann's bald und dann sause ich mit meinem Lehrer Maurice los bis bald an Salzburg heran. … O, Ihr schönen, schönen Berge! Vor dem Hochlenzer liegen wir in der prallen Sonne …«[38]

Geli in München

Am 24. Juni 1927 konnte Angela Raubal ihrer Tochter voll Erleichterung zur bestandenen Matura gratulieren, die sie auch als krönenden Erfolg ihrer eigenen jahrelangen Bemühungen ansah. In dem Bestreben, der Tochter einen erstklassigen Start ins Berufsleben zu ermöglichen, hatte die berufstätige, allein erziehende Steueroffizialswitwe weder Kosten noch Mühen gescheut. Mit Unterstützung ihrer Schwägerin war die intelligente, aber unwillige und lernfaule Geli trotz schlechter Noten Jahr um Jahr und Klasse um Klasse durch das Linzer Akademische Gymnasium gequält worden.[1] Mit vereinten Kräften bewältigte man auch die damals vom Unterrichtsministerium neu eingeführte Maturahausarbeit. Sie sollte nachweisen, dass sich die Jugendlichen im Laufe der Schulzeit nicht nur Wissen, son-

Gelis Maturafoto

dern auch selbstständiges Denken angeeignet hatten. Gelis Arbeit mit dem Titel »Drei Gnaden gab uns Gott in dieser Welt der Not: Ideal, Liebe und Tod« war allerdings verglichen mit der ihres Klassenfreundes eine magere Angelegenheit. Alfred Maleta lieferte 120 eng beschriebene Seiten über die »Völkerbundidee in der Neuzeit«.

Als sich das Mädchen zu den ersten weiblichen Absolventen der Linzer Eliteschule zählen durfte, schien sich der unermüdliche, mit eisernem Willen gepaarte mütterliche Einsatz trotzdem gelohnt zu haben. Auch Onkel Adolf Hitler beglückwünschte die Maturantin, überreichte eine goldene Uhr und erneuerte eine schon lange geplante Einladung von Gelis Klasse nach München.

Die für eine Woche anberaumte Maturareise fand Anfang Juli 1927 statt.

Gelis Schulfreund Alfred Maleta berichtete: »Das Treffen sollte im Palais Bruckmann stattfinden[2], dessen Besitzern der gleichnamige bekannte Münchner Kunstverlag gehörte ... Das Palais spielte im Leben Adolf Hitlers eine ganz besondere Rolle, denn es war ihm von den Besitzern als Gästehaus für Begegnungen mit für ihn interessanten Persönlichkeiten zur Verfügung gestellt worden. Es bot einen geradezu luxuriösen und hochherrschaftlichen Rahmen. Die Dame des Hauses, eine kultivierte und hochgebildete Frau, war eine geborene Prinzessin Cantacuzene. Foppa [der Geschichtslehrer] und die Klassenkameraden wurden in verschiedenen Hotels einquartiert, während Geli und ich als persönliche Gäste gemeinsam im Palais Bruckmann wohnten ...«[3]

Um Hitler vorgestellt zu werden, lud man die Linzer Jugendlichen und ihre Lehrer[4] eines Nachmittags in das Palais ein.

»In höchster Spannung erwartete alles die Begegnung mit Adolf Hitler. Sie fand im Rahmen eines Nachmittagstees statt. Unter den Gästen befanden sich viele prominente Mitarbeiter Hitlers. ... So waren wir denn versammelt. Spannungsgeladene Atmosphäre ... wir warteten auf ihn, warteten ... da plötzlich gingen die Flügeltüren auf, ein livrierter Diener trat ein und kündigte Hitler mit den Worten an: ›Der Chef!‹ ... Da war er schon mitten unter uns, in Braun-Hemd, Breeches-Hosen, gräßlichen Stiefeln, den sogenannten Knobelbechern. In der Hand hielt er eine Reitpeitsche, vielleicht war es auch nur eine Hundepeitsche, mit der er auf die Stiefelschäfte trommelte. Wir standen in Reih' und Glied vor ihm; er begrüßte jeden einzelnen mit festem Händedruck, knallendem Hakenschlag und einem tiefen Blick aus seinen wasserblauen Augen, der offensichtlich faszinierend wirken sollte ... In der Mitte des Salons stand ein großer, ovaler Tisch mit einem drehbaren Speisenaufsatz aus schwerem Silber. Das Tischgespräch ... es war ein Monolog ... des ›Chefs‹, der mit lauter, donnernder Stimme, wie in einer Massenversammlung, seiner Empörung über eine soeben gemeldete Keilerei zwischen SA-Leuten und Kommunisten Luft machte. Ich habe davon nur mehr die Worte ›Rotfront‹ und ›Reaktion‹ – in bezug auf verräterische Konservative – in Erinnerung, die er ständig wiederholte«, erinnerte sich Maleta nach dem Krieg an die Begegnung mit dem Führer der Nationalsozialisten.[5]

Kurz vor der Rückreise nach Linz vermittelte Geli ihrem politisch interessierten Schulfreund und Verehrer noch ein persönliches Gespräch mit dem Onkel. Dieses fand im »Café Heck« statt. Das Lokal galt als Parteicafé der Nationalsozialisten, deren Chef dort allabendlich seine engsten Parteifunktionäre zu Instruktion, Indoktrination und Geselligkeit um sich scharte. Das gemütliche Beisammensein im Kreis der »alten Parteikämpfer« dauerte bis zum Morgengrauen und war ein Vorgeschmack auf das Leben, das Geli schon wenig später führen sollte.

Tagsüber durchstreifte Gelis Klasse unter der Führung von Geschichts- und Deutschlehrer die Stadt an der Isar, man erkundete Sehenswürdigkeiten, ging in Museen. Der Aufenthalt in München hat Geli ganz außerordentlich gefallen. Das lag vor allem an Hitler, der seiner Nichte, wie

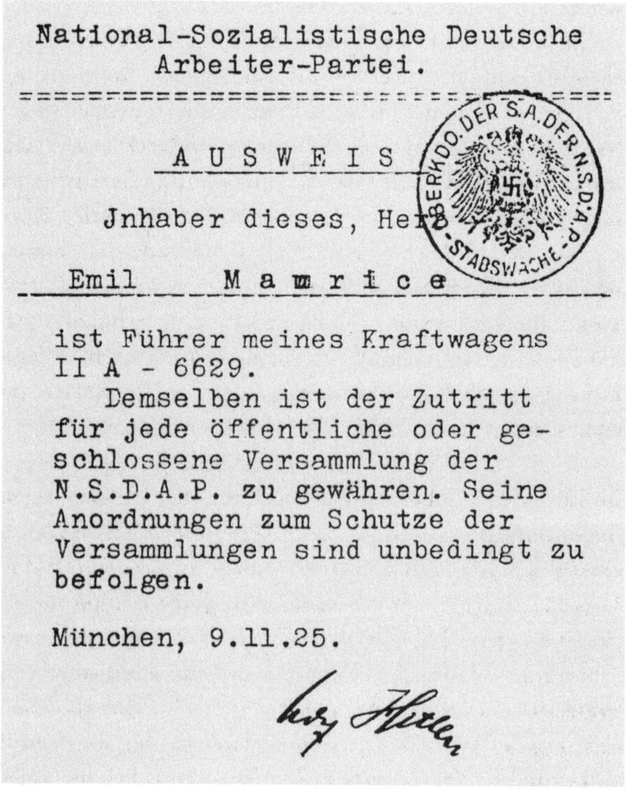

National-Sozialistische Deutsche
Arbeiter-Partei.

A U S W E I S

Jnhaber dieses, Herr

Emil M a u r i c e

ist Führer meines Kraftwagens
II A - 6629.
Demselben ist der Zutritt
für jede öffentliche oder geschlossene Versammlung der
N.S.D.A.P. zu gewähren. Seine
Anordnungen zum Schutze der
Versammlungen sind unbedingt zu
befolgen.

München, 9.11.25.

Als 1. Inspektor der SS – der Dienstausweis von Emil Maurice die Mitschüler rasch merkten, große Zuneigung entgegenbrachte. Auch die freundliche Aufnahme im opulenten Hause Bruckmann spielte eine Rolle. Darüber hinaus schien ihr in der bayerischen Großstadt mit dem gemütlichen Flair, in der Obhut eines, wie es schien, viel beschäftigten, jedoch großzügigen Onkels und fern von Mutter und Tante, die ersehnte Freiheit zu winken. Das beengte Leben in Linz – Geli hatte, wie übrigens auch ihr Freund Maleta, selbst im Maturajahr nur einmal im Monat abends Ausgang gehabt – würde fortan der Vergangenheit angehören.

Ob bei diesen Überlegungen auch das Wiedersehen mit Hitlers Schatten, Emil Maurice, eine gewisse Rolle spielte, lässt sich anhand der derzeit zur Verfügung stehenden Quellen nicht klären. Auf jeden Fall muss Geli Maurice, der sich ständig in Gesellschaft ihres Onkels befand, öfters gesehen haben. Emil Maurice übte damals bereits die Funktion eines »1. Inspektors der SS« aus. Nach dem Ende des Dritten Reichs hat er über diese Tätigkeit, die ihn fast das Leben kosten sollte, berichtet: »... als Inspektor der Schutzstaffeln habe ich ... Himmler [Heinrich Himmler] durch meinen Freund, den SS-Führer Heiden, absetzen lassen, weil ich ihn antraf, als er gegen den Führerbefehl exerzierte.«[6]

Im Herbst 1927 bat Geli den Onkel, ihr die Übersiedlung in die bayerische Hauptstadt zu ermöglichen. Als Grund gab sie ein geplantes Medizinstudium an. Der prestigeträchtige Vorschlag hat auch Mutter und Tante, beide Kämpferinnen für eine höhere Frauenbildung, begeistert. Die großen und erbitterten öffentlichen Debatten um die Zulassung von Studentinnen an den Hochschulen gehörten damals schon der Vergangenheit an. Die Universitäten hatten, wenn auch widerstrebend und zögerlich, ihre Tore allmählich für weibliche Hörer geöffnet – in Österreich 1897, in Bayern und

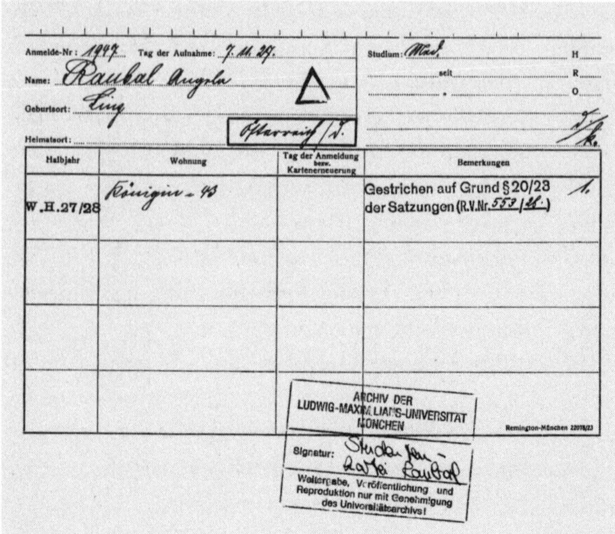

Anmelde-Nr: 1997 Tag der Aufnahme: 7. XI. 27.
Name: Raubal Angela
Geburtsort: Linz
Heimatsort: Österreich / D.
Studium: Med. H R O

Halbjahr	Wohnung	Tag der Anmeldung bezw. Kartenerneuerung	Bemerkungen
W.H.27/28	Königin-43		Gestrichen auf Grund § 20/23 der Satzungen (R.V.Nr. 553/28.)

Remington-München 22078/23

ARCHIV DER LUDWIG-MAXIMILIANS-UNIVERSITÄT MÜNCHEN
Signatur: Studentenkartei Raubal
Weitergabe, Veröffentlichung und Reproduktion nur mit Genehmigung des Universitätsarchivs!

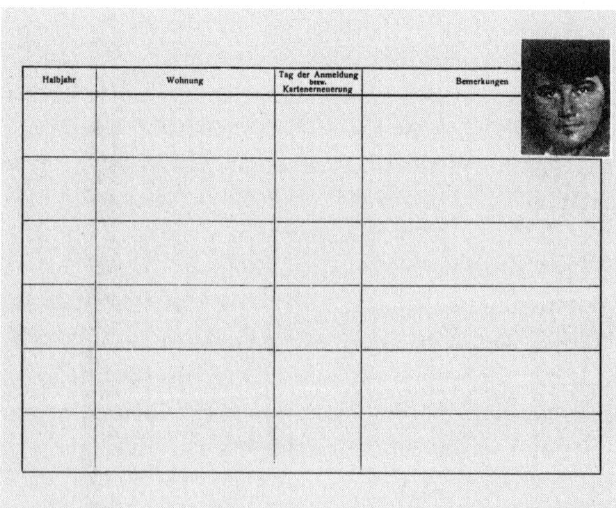

Halbjahr	Wohnung	Tag der Anmeldung bezw. Kartenerneuerung	Bemerkungen

Geli als Medizinstudentin. Karteikarte der Ludwig-Maximilians-Universität, München. Foto auf der Rückseite

Preußen erst 1901 bzw. 1918. Die wenig liberale Allgemeinheit blieb in der Frage des Studiums für Frauen jedoch weiterhin ablehnend. Hitler teilte diese Haltung nicht. Gelis geringer Lerneifer stimmte ihn zwar skeptisch, im Prinzip hatte er aber gegen ihre Berufspläne nichts einzuwenden. Seine Haltung ist umso erstaunlicher, als die von ihm geleitete NSDAP den Wirkungsbereich der Frauen auf »Haus und Herd« reduzieren wollte. Im Familienkreis vertrat Hitler jedoch in diesem Punkt modernere Ansichten. Seine Nichte wäre – bei erfolgreichem Studium – das erste akademisch gebildete Mitglied des Hitler-Clans gewesen.

Den Sommer nach der Maturareise verbrachte Geli dann in Linz und Wien mit genüsslichem Nichtstun. Jeden Sonntag fand sie sich mit Freunden im großen Saal des alten Volksgartens in Linz ein, wo eine Militärkapelle altösterreichische Weisen wie den Radetzkymarsch und den Prinz-Eugen-Marsch schmetterte. Mit ihrem Bruder Leo unternahm sie Wanderungen in die Linzer Umgebung. Sie besuchte auch die Mutter in Wien. Als diese – sie war damals als »Küchenleiterin« tätig – Urlaub bekam, folgte man der Einladung »Onkel Alfs« zum 3. Reichsparteitag der NSDAP, der vom 19. bis 21. August 1927 in Nürnberg stattfand. Geli brachte auch eine Schulfreundin mit. Wie sich zum damaligen Zeitpunkt ihr Verhältnis zu Hitlers Freund gestaltete, ist unklar. Von Maurice jedoch hat sich eine Einladung erhalten, die er an die bekannte deutsche Meisterschwimmerin Anni Rehborn sandte. Ob dies im Auftrag Hitlers geschah oder ihm selbst ein Anliegen war, bleibt unklar.

»Liebes Fräulein Anni!«, heißt es in dem Schreiben vom 12. August 1927.[7] »Ich und auch mein Freund Hitler würde[n] sich [sic!] sehr freuen, wenn wir Sie mit ihrem Herrn Vater und Hanni [die Schwester von Anni Rehborn] in

Nürnberg begrüßen könnten. – Es wird dort ein Riesen-Aufmarsch unserer Bewegung sein, dem Sie unbedingt beiwohnen müssen. Ich will Ihnen nun nicht lange schildern wie schön dort alles werden wird, sondern will Sie nur recht herzlich bitten zu kommen. … In Nürnberg hole ich Sie dann alle drei am Zuge ab und führe sie in die Quartiere. Für gute Unterkunft, gutes Essen und für den Besuch der verschiedenen Veranstaltungen habe ich gesorgt; sie sind also unsere Gäste … «

Seine Verwandten ließ Hitler in Nürnberg durch Rudolf Hess betreuen, der im Anschluss an den Parteitag auch zum Fremdenführer bestimmt wurde. »Seit dem Ende des Parteitages ziehe ich nunmehr durch die deutschen Lande«, schrieb Hess seinen Eltern. »Erst nur für ein paar Tage, um dem Tribunen [Hitler] einen Gefallen zu tun, der mich um Begleitung bat, damit er mit dem Weibervolk nicht allein ist – er zeigt seiner Wiener Schwester [Angela Raubal], seinem Nichtchen und deren Freundin Deutschland.«[8] Die einwöchige Rundreise führte von Nürnberg über Bayreuth und Weimar nach Berlin und Hamburg, endete in München und sollte der Maturantin die Schönheiten Deutschlands näher bringen.

Anschließend verbrachte Geli noch ein paar Wochen als Gast im Haus des Verlegers Bruckmann. Hitlers Parteifreunden ist die Anwesenheit von Hitlers Nichte nicht lange verborgen geblieben. »Eine richtige Wienerin, fesch, lebhaft, dunkel, stets fidel und völlig unbekümmert«, erinnerte sich Otto Wagener, ein Bekannter und Mitstreiter des »Führers« aus der NS-Kampfzeit.[9]

Von Anfang an bewegte sich Geli in München ausschließlich im NS-Milieu. »Er [Hitler] ging gern mit ihr aus«, erinnerte sich Emil Maurice noch Jahrzehnte später. »Er liebte

Porträt von Geli Raubal

es, sie überall herumzuzeigen, und war stolz darauf, mit dieser bezaubernden Person gesehen zu werden. Hitler war überzeugt davon, seinen Parteikameraden mit Geli zu imponieren, denn er mochte deren Frauen und Freundinnen, mit wenigen Ausnahmen, nicht.«[10] Und der Fotograf Hoffmann wunderte sich:

»Es kam ein Mädchen in den Kreis, das in seiner burschikosen, ungezwungenen Art alle in seinen Bann zog: Geli Raubal, Hitlers Nichte. War Geli am Tisch, drehte sich alles um sie, und Hitler versuchte niemals, das Gespräch an sich zu reißen. Geli war eine Zauberin. In ihrer natürlichen Art, die frei war von aller Koketterie, versetzte sie durch ihre bloße Anwesenheit die ganze Stammtischrunde in beste Stimmung. Alle schwärmten für sie.«[11] Und besonders schwärmte natürlich Emil Maurice.

Alle, die das Mädchen in München kennen lernte, standen in mehr oder weniger engen Beziehungen zu Hitler. Selbst ihren Tennisschläger bezog die begeisterte Sportlerin von Wilhelm Brückner, dem hünenhaften Adjutanten Hitlers, der sich – soweit es sein Dienst für den »Führer« erlaubte – als Vertreter für Sportartikel betätigte.

Geli befreundete sich auch mit Heinrich Hoffmann, den ihr Onkel fast täglich besuchte, scherzhaft mit »Heil Hoffmann!« begrüßte und um Neuigkeiten aus der Pressewelt bat. Wie Hitler, so genoss auch seine Nichte die zwanglose, gastfreundliche Atmosphäre im Haus des trinkfesten Fotografen, der als witziger Plauderer seine NS-Freunde mit derben Späßen amüsierte und für sie lustige Feste arrangierte. Darüber hinaus verlor der intelligente und gebildete Heinrich Hoffmann jedoch keineswegs seine Karriere aus den Augen. Im Dienste der NSDAP erweiterte der angesehene, mehrfach ausgezeichnete Fotokünstler[12], ein Parteigenosse der ersten Stunde, sein kleines Fotogeschäft mit angeschlossenem Atelier zu einem riesigen Medienkonzern. Als »Reichsbildberichterstatter« sollte Professor Hoffmann nach der Machtübernahme der Nationalsozialisten ein Monopol ausüben, das ihn zum Millionär machte. Seine Fotoreportagen trugen entscheidend zur Propaganda im Dritten Reich bei. Als Kunstkenner und Gemälde-

Porträt von Geli Raubal

sammler beriet er Hitler persönlich bei der Auswahl und beim Ankauf von Kunstwerken.

Geli Raubal ließ sich von Hoffmann in die Kunst des Fotografierens, das bald zu ihrem Hobby wurde, einweihen – der Onkel steuerte eine Leica-Kamera bei. Sie schloss auch Freundschaft mit Henriette, der damals 14-jährigen, stets zu Streichen aufgelegten, munteren Tochter von Hitlers Leibfotografen, die sich später an die erste Begegnung erinnerte: »Als ich Geli kennenlernte, war ich ein Kind, aber ich würde ihre Stimme wiedererkennen, und während ich dies schreibe, sehe ich sie, wie sie mit verführerischem Lachen die Arme um Hitlers Hals legt und sagt: ›Onkel Alf, fahren wir doch zum Picknick an den Chiemsee!‹«[13] Die große Ausstrahlung von Hitlers Nichte blieb der Jüngeren nicht verborgen: »Das Mädchen war groß, heiter und selbstbewußt. Ihr Reiz war nicht fotografierbar, keines der Bilder, die mein Vater von ihr gemacht hat, gab ihn wieder.«[14] Hitler liebte die unbefangene Gesellschaft der beiden Mädchen.

»Ich kann neben jungen Frauen sitzen, die mich völlig kalt lassen, die ich gar nicht empfinde, ja die mich sogar stören. Und dann wieder so ein Mädel, z. B. die kleine Hoffmann [Henriette, die Tochter des Fotografen Heinrich Hoffmann] oder die Geli, bei denen werde ich froh und heiter, und wenn ich ihre vielleicht törichten Plaudereien eine Stunde lang angehört habe, – oder sie brauchen überhaupt nur neben mir zu sitzen – dann ist alle Müdigkeit und Unlust weg und ich kann mich wieder erneut auf die Arbeit stürzen.«[15]

Genau wie Geli war auch Emil Maurice, der damalige »Inspektor der SS« und persönliche Chauffeur des »Führers«, stets in der Begleitung Hitlers zu finden. Auf Ausflügen, die der Parteivorsitzende zu seiner Entspannung im Kreis seiner Getreuen unternahm, lenkte Emil Maurice den schwarzen, offenen Mercedes-Kompressor. Neben ihm saß Hitler. Wie zeitgenössische Fotos zeigen, trugen beide Lederhosen, weiße Leinenhemden und hellblaue Leinenjanker mit Hirschhornknöpfen. Auf den mittleren Autositzen, die man herausklappen konnte, nahmen oft der als Spaßmacher geschätzte Fotograf Heinrich Hoffmann und Wilhelm Brückner, Hitlers Adjutant, Platz. Die unbequemen Rücksitze waren der Weiblichkeit vorbehalten, die meist aus Geli, Hitlers Sekretärin Christa Schröder, Hoffmanns Tochter Henriette und manchmal auch der Meisterschwimmerin Anni Rehborn bestand. Zum Schutz gegen den Wind trug die Reisegesellschaft die damals üblichen eng anliegenden Autokappen, die sie wie Mitglieder einer Expedition wirken ließen.

Die Kappen wurden von Hitler persönlich verwahrt und nach Bedarf ausgegeben. In dem dafür vorgesehenen Handschuhkasten des Armaturenbretts bewahrte er außerdem noch Pfefferminz, saure Drops und Bahlsenkekse auf, die er großmütig an die Fahrtgenossen verteilte.

Am Chiemsee

Hitler benutzte die Fahrten zu Geschichtslektionen. So belehrte er seine Begleitung, dass die Straße entlang des Chiemsees schon seit uralten Zeiten benützt würde. Auf ihr hätten die Kelten schon vor Jahrtausenden Salz aus den Bergwerken des Landes Salzburg nach dem Norden transportiert. Er erzählte auch von den römischen Legionen, ließ die großen Schlachten des römischen Imperiums wiederaufleben, schwärmte von der Kultur des Mittelmeerraums. Im Gasthaus von Lambach machte man Pause und kehrte ein. Hitler war damals schon sehr bekannt. Neugierige fanden sich ein, um den politischen Agitator aus nächster Nähe sehen zu können.

Am Ufer des Chiemsees wurde immer derselbe versteckte, zwischen Wald und See gelegene Picknickplatz aufgesucht. Dienstfertig breiteten Adjutant und Chauffeur dann karierte Wolldecken und eine weiße Tischdecke aus. Hitlers Vermieterin – später seine Haushälterin Frau Winter – gab fürsorglich alles mit, was zu einem Picknick benötigt wurde.[16]

Auch am Seeufer gab sich Hitler seinen endlosen Monologen hin. Er erzählte, dass er, wenn er an der Macht sein werde, sofort den Bau der Autobahn München–Salzburg in Angriff nehmen werde. »Eine Autobahn erschließt dem Menschen auch im dichtbesiedelten Raum die Weite der Landschaft«, war Hitlers Ansicht.[17] Erlassen hat er das »Gesetz über die Errichtung eines Unternehmens Reichsautobahnen« dann kurz nach der »Machtergreifung« der Nationalsozialisten.[18] Die »Straßen des Führers« entstanden unter der Leitung von Fritz Todt. Sie wurden – auch im Ausland – zum viel bewunderten Symbol für den Aufstieg und den technischen Fortschritt Deutschlands.[19]

In Gedanken baute Hitler schon 1927 ein großes, komfortables Rasthaus an der Autobahn München–Salzburg,

Onkel und Nichte

für deren Teilstrecke München–Landesgrenze er am 21. März 1934 [in Unterhaching] den ersten Spatenstich leisten sollte. Damals hielt er auch seine berühmte Rede zur »Zweiten Arbeitsschlacht«[20], die er Jahre davor auf den Badeausflügen zum Chiemsee ausformuliert hatte: »Die Autobahnen werden ja nicht gebaut, damit die wenigen Menschen, deren Zeit ein kostbarer Gegenstand ist, mit 180-Kilometer-Stunden der nächsten Konferenz entgegenrasen … die Autobahnen werden mehr sein: Straßen des deutschen Volkes, und jeder Deutsche soll in einer nicht fernen Zeit in der Lage sein, bequem, wirtschaftlich und sicher die Schönheit Deutschlands für sich zu entdecken …«[21]

Weitere Pläne Hitlers für die Region wurden allerdings nicht realisiert. Seinen Vorstellungen zufolge sollte am Ufer des Chiemsees, mitten im idyllischen Grün, nach dem Vorbild englischer und amerikanischer Universitäten eine moderne Hochschule samt ausgedehnten Freizeitanlagen entstehen. Die Baupläne der gesamten Anlage hatte Hitler bereits fix und fertig im Kopf. Zur Illustration ritzte er sie für seine Begleitung in den Sand: die Hörsäle, das geheizte Schwimmbad, die Segelschule, die großen Sportanlagen.

Manchmal war Ernst »Putzi« Hanfstaengl, der Auslandspressechef der NSDAP, mit von der Partie. Im Gepäck hatte er die großen, internationalen Zeitungen. Dann scharten sich alle um ihn, während er die wichtigsten Artikel für Hitler übersetzte.

Gab sich die kleine Gruppe dem Badevergnügen hin, zog Hitler nur Schuhe und Strümpfe aus und spazierte am seichten Ufer entlang. Meist jedoch lag er lesend im Gras. Er schwamm nie. Selbst in diesem kleinen Kreis war er ängstlich auf sein Image als »Führer« und künftiger Staatsmann bedacht. Er glaubte den Respekt seiner Anhänger zu verlieren, wenn ihn jemand in Badehosen sehen oder gar fotografieren würde. »Ich erinnere mich«, dozierte er, »an ein Titelbild der Berliner Illustrierten, das den damaligen Reichspräsidenten Ebert und den Kriegsminister Noske in Badehosen zeigte.« Auch Mussolini setze sich, wie Hitler meinte, oft der Lächerlichkeit aus. »Ich ärgere mich jedes Mal, wenn ich in Illustrierten sehe, daß er sich am Lido im Kreis seiner Familie wieder einmal in Badehosen fotografieren läßt. Das macht ein großer Staatsmann nicht! Wo bliebe die Ehrfurcht vor einem Napoleon, wenn uns solche Bilder von ihm überliefert worden wären? Darum bade ich nie im Freien! Dergleichen ist der Popularität eines Politikers ungemein abträglich!«[22]

Nach den Schilderungen Henriette von Schirachs suchten die Mädchen meist einen entfernten, hinter Büschen versteckten Badeplatz auf. »Wir schwammen nackt und ließen uns von der Sonne trocknen; wir hatten den Ehrgeiz, ganz braun zu werden. Einmal setzte sich ein Schwarm von Schmetterlingen auf die nackte Geli. Wir machten uns Kränze aus Erdbeerblättern.«[23]

Oft bastelte Maurice einen Grill, kaufte von Hobbyanglern Fische und briet sie. Nach dem Essen sorgte Emil Maurice, der im NS-Alltag den Schutz von NS-Veranstaltungen und die Kontrolle der SS besorgte und sich bei Überfällen auf politische Gegner als rabiater Schläger hervortat, für gemütsvolle Musik.[24] Er holte seine Mandoline aus dem Kofferraum, setzte sich auf den Waldboden und gab, angelehnt an einen Baumstamm, sentimentale irische Balladen zum Besten. Zog sich das Picknick bis in die späten Nachmittagsstunden hin, so war es Maurice, der ein Lagerfeuer entfachte, bei dessen Schein er ebenfalls Lieder vortrug.

Gesungen wurde auch auf der abendlichen Heimfahrt. Meist geschah dies einem Wunsch Hitlers zufolge, um Maurice am Einschlafen zu hindern. Dann erklangen von den Rücksitzen die verschiedensten Melodien: moderne Schlager, alte Volkslieder. Geli bevorzugte Wiener Komödienlieder aus der Biedermeierzeit. Und es dauerte nicht lange, bis sie sich ernsthaft in den gut aussehenden Chauffeur ihres Onkels verliebte, der ihr verständnisvoll zuhörte und heftig den Hof machte. »Kein Wunder«, meinte ihre Freundin Henriette später, denn »er [Maurice] war ein sensibler Mensch, kein ehrgeiziger Kämpfer, seine Freundschaft war verhüllte Zärtlichkeit«.[25]

Im Allgemeinen bevorzugte Hitler ein überaus gemächliches Fahrtempo. Man beobachtete Hasen und Rehe, achtete auf Igel, die die Straße überquerten. War eine Nachtigall zu hören, blieb man stehen, um zu lauschen. Später, während des Zweiten Weltkriegs, als 300 000 Soldaten im Kessel von Stalingrad dem Tod entgegensahen, hob der Diktator in einem seiner nächtlichen Selbstgespräche sein Zartgefühl

Nostalgische Gefängniserinnerungen – Hitler besucht im September 1934 mit seinem einstigen Mithäftling Maurice die Landsberger Haftanstalt.

im Straßenverkehr hervor: »Ich bin zweieinhalb Millionen Kilometer im Wagen gefahren, ohne daß ich je einen Menschen verletzt habe! Maurice … habe ich darauf gedrungen, daß stets in einem Tempo gefahren wird, das gestattet, den Wagen in Sichtweite zum Stehen zu bringen. Wenn einer meiner Fahrer ein Kind überfährt und er beruft sich darauf, er habe ja gehupt, so sage ich ihm: Was fällt Ihnen ein! Ein Kind denkt nicht, Sie müssen denken! Unleidlich finde ich es, wenn ein Wagen, während Menschen am Weg stehen, durch Pfützen fährt, so dass es spritzt; besonders gemein ist es, wenn es Bauersleute in ihrem Sonntagsstaat trifft!«[26] Auf Fahrten im Dienst der NSDAP ging es jedoch meist anders zu. »Wir waren, eine stürmische Nacht, auf der Fahrt durchs Fichtelgebirge nach Bayreuth«, erinnerte sich Hitler an eine

Episode aus der »Frühzeit der Bewegung«.[27] »Ich sage zu Maurice: Vorsicht, die Kurve! Stürzt da ein Riesenhund mit Gebell auf unseren Wagen los, wird weit zur Seite geschleudert und heult uns nach! Maurice sagte nur: War das nicht unheimlich?« Ein anderer Fahrer [Kilian] stieg unter den wohlwollenden Blicken Hitlers aus, schlug einen Passanten, der ihn provoziert hatte, nieder und brauste dann weiter.

Ende September 1927 fuhr Geli Raubal kurz nach Linz. Sie holte ihre Sachen, um dann im Oktober 1927, versehen mit ein paar Habseligkeiten, für immer nach München zu übersiedeln. Hitlers Adjutant Wilhelm Brückner besorgte ihr ein Zimmer in der Pension Klein in der Königinstraße[28], die hauptsächlich Studentinnen aufnahm und einen guten Ruf hatte. Es war eine bescheidene Unterkunft in der Nähe der Universität, nicht weit von der kleinen Wohnung des Onkels.

»Nachdem das Nichtchen das Abitur in einer Knabenschule gemacht hat, will es der Onkel in Deutschland studieren lassen. Er ist freilich überzeugt, dass es kaum über das zweite Semester hinauskommt, sondern vorher heiratet. Andere, einschließlich des Nichtchens sind der gleichen Meinung ...«, notierte sich der Stellvertreter des »Führers«.[29]

Für das Wintersemester 1927/28 hat sich Geli Raubal an der Münchner Ludwig-Maximilians-Universität für Medizin eingeschrieben[30], ohne jedoch ein ernsthaftes Studium zu betreiben. Vorlesungen hörte sie nur selten. Vielmehr amüsierte sie sich im Rahmen des für sie neuen NS-Gesellschaftslebens. Das ungewohnt häufige Ausgehen genoss sie ungemein.

An der Seite des Onkels besuchte sie alle Kaffeehäuser Schwabings. Seinen Stammtisch hatte Hitler jedoch im »Café Heck«, wo die Männer dominierten. »Nur von Fall zu Fall kam es vor, daß in diesen Kreis eine Frau eingeführt wurde«, berichtete Heinrich Hoffmann.[31] »Sie war jedoch niemals Mittelpunkt, sondern nur stille Zuhörerin. Hitler ließ es zwar an Komplimenten und galanten Aufmerksamkeiten nicht fehlen, aber den Gepflogenheiten der Stammtischrunde hatte sich jede anzupassen. Mit Geli änderte sich das. Sie stand im Mittelpunkt. Witzig und schlagfertig, jedoch nie verletzend, dominierte sie die Unterhaltung.«

Gelis Interesse für den Nationalsozialismus konnte allerdings weder durch ihren Onkel noch durch Maurice geweckt werden. Damit stellte die Nichte des Parteichefs eine rare Ausnahme im Kreis der Frauen um Hitler dar. Trotz häufiger obligatorischer Besuche blieb sie von den Parteiveranstaltungen der NSDAP völlig unbeeindruckt. Dabei richtete sich die in »Mein Kampf« mit großer Intuition beschriebene Propaganda bewusst nicht an den Verstand, sondern zielte auf die emotionale Eroberung der Masse, der Hitler »weibliche« Eigenschaften zuschrieb. In Gesellschaft von Frau Bruckmann und Henriette Hoffmann war Geli auch bei den legendären NS-Kundgebungen im Zirkus Krone anwesend, von denen Parteigenossen noch Jahre später schwärmten und der nüchterne Polizeibericht meinte: »Unter der tosenden Begrüßung der Zuschauer marschieren nun Braunhemden in Reih und Glied herein, voran zwei Reihen Trommler, dann die Fahne. Die Leute grüßen nach Faschistenart mit ausgestreckten Armen. Das Publikum jubelt ihnen zu. Auf der Bühne hat Hitler in gleicher Weise den Arm zum Gruß gestreckt. Die Musik rauscht. Fahnen ziehen vorüber, blitzende Standarten mit den Hakenkreuzen im Kranz und den Adlern, den altrömischen Feldzeichen nachgebildet.«[32]

Das kultische Gepräge und die martialischen Rituale beeindruckten Hitlers Nichte nicht, sondern entlockten ihr nur ironische Bemerkungen.

Geli im Atelier Hoffmann

So ging sie auch am 9. November 1927 zum »Treffen der alten Kämpfer« im historischen Bürgerbräukeller, bei dem Emil Maurice Ordnerdienste besorgte, nur aus Höflichkeit gegenüber Onkel und Freund. Diese große Veranstaltung bildete den Auftakt zu einer Reihe von Traditionsfeiern, die nach der ersehnten Machtergreifung der Nationalsozialisten das NS-Jahr gliedern und die verachteten Feste der Kirche ablösen sollten. Schon Wochen davor schwärmten eifrige Parteifunktionäre durch die Straßen Münchens und verteilten Handzettel, auf denen zu lesen stand: »Adolf Hitler spricht über ›Die Toten des 9. November‹.«[33] Hitlers Rednerpult stand im Bürgerbräukeller dann an der Stelle, wo er am 8. November 1923 seinen Versuch zum Sturz der bayerischen Regierung mit einem Pistolenschuss eingeleitet hatte. Ein aufgemaltes Hakenkreuz markierte das Einschussloch in der Decke und stilisierte es damit bewusst zu einer der großen Gedenkstätten der Geschichte des Nationalsozialismus.

Mit Einbruch der schlechten Jahreszeit war Hitlers engster Kreis häufig in der Gastwirtschaft »Osteria Bavaria« in der Schellingstraße anzutreffen, in unmittelbarer Nähe des – lange Zeit – in einem Hinterhof untergebrachten Parteilokals und der Redaktion des Parteiorgans »Der Völkische Beobachter«. Für die NS-Runde reservierte man stets einen langen Ecktisch im Hinterzimmer. Alle außer Hitler tranken den Wein des Hauses für 33 Pfennig und bezeichneten sich daher launig als »Klub der 33«. Im November 1927 traf man sich dort nach einem der häufigen Kinobesuche, die Geli ebenso liebte wie ihr Onkel. Diskutiert wurde über die Schauspieler eines Westernfilms. Der Hauptdarsteller hatte, im Gegensatz zu allen anderen, Hitlers Nichte missfallen, was zu einer Debatte über attraktive Männer führte. »Wie soll der Mann aussehen, der dir gefällt?«, fragte der Onkel neugierig. Er ließ sich von seinem Adjutanten Brückner Bleistift und Zettel reichen, denn schon damals trug er nach der Manier führender Staatsmänner oder gekrönter Häupter weder Geld noch Ausweis oder Schreibutensilien bei sich. Dann zeichnete er zum Gaudium der Anwesenden ein Profil nach dem anderen. Geli hätte Hitlers Neugier durch einen einfachen Verweis auf Maurice leicht befriedigen können, tat es jedoch nicht. Schließlich fragte der Onkel: »Wie soll er denn ausschauen, den du möchtest?« Worauf Geli unbekümmert log: »Das ist doch das Wunderbare, daß man nicht weiß, wie er ausschauen wird, den man liebt!«[34] Wenig später haben sich Emil Maurice und Geli Raubal dann heimlich verlobt.

Die Enthüllung

Am 20. Dezember 1927 gab es ein in NSDAP-Kreisen viel beachtetes gesellschaftliches Ereignis, hatte sich doch der damalige Privatsekretär des »Führers«, Rudolf Hess, nach langem Zögern und einer Verlobungszeit von sieben Jahren entschlossen, endlich zu heiraten. Geli Raubal und Emil Maurice befanden sich unter den Hochzeitsgästen, Letzterer auch in seiner Funktion als Hitlers Chauffeur. In der Schilderung des Bräutigams heißt es: »... also morgens 1/2 12 fuhr des Tribunen [Hitlers] Mercedes mit Maurice am Steuer und den beiden Trauzeugen – Adolf Hitler und Professor Haushofer[1] – ... vor ... dann ging's zum Standesamt im alten Rathaus. Ein Diener empfing uns ... er strahlte, als er den Tribunen sah ... dem Standesbeamten verschlug es offensichtlich die Sprache – angesichts des Tribuns unterließ er die gewohnte Ansprache, stellte nur die Personalien fest, forderte und erhielt die ›Ja‹ ... der Tribun zitternd und blaß vor Aufregung ...«[2]

Die, wie üblich, ganz auf Hitlers Zeitplan abgestimmte große Hochzeitsfeier fand am Abend statt. Arrangiert wurde sie von Elsa Bruckmann (geb. Prinzessin Cantacuzene), der rührigen, nationalsozialistisch-antisemitischen Frau des reichen Münchner Verlegers. Ihr politisch-literarischer Salon am Karolinenplatz Nr. 5 war ein berühmter Treffpunkt der Münchner Gesellschaft. Sie selbst zählte zum Kreis der »Gönnerinnen« um Hitler. Obwohl man das Festessen auf den Geschmack des »Führers« ausgerichtet hatte (Forelle, gebackene Schwarzwurzeln auf Spinat, Lende, Fürst-Pückler-Eis), rührte dieser fast nichts an. »Aus Aufregung«, wie der Bräutigam vermutete. Auf jeden Fall verließ Hitler, während seine Nichte, die sich gut unterhielt, noch sitzen blieb, mit Maurice frühzeitig die Tafel im Palais Bruckmann. Er suchte mit seinem Freund ein einfaches Gasthaus auf, um mit ihm zu plaudern und eine Kleinigkeit zu essen.

Voll Genugtuung ließ Hitler, der sich auch diesmal – wie schon oft davor – als erfolgreicher Heiratsvermittler betätigt hatte, die Stationen der Hess'schen Verlobung Revue passieren. Er erinnerte Maurice, wie er dem Zaudernden mit den listig an seine Verlobte gerichteten Worten: »Liebes Fräulein Pröhl, ist es Ihnen denn noch nie in den Sinn gekommen, diesen Mann zu heiraten?«, einen Antrag entlockt hatte.[3] Dann kam er auf eines seiner Lieblingsthemen, die Ehelosigkeit des damals bereits 30-jährigen »Moritzl« zu sprechen. Jovial und drängend zugleich riet er ihm, dem Beispiel von Hess zu folgen: »Ich komme jeden Tag zu euch zum Essen, wenn du heiratest!«, meinte er.[4] Froh, den lang gehegten Wunsch seines besten Freundes erfüllen zu können, ergriff Emil Maurice die Gelegenheit und enthüllte dem »Führer« seine bis dahin streng gehüteten Gefühle. Freudig berichtete er ihm als Erstem von seiner kürzlich stattgefundenen heimlichen Verlobung. »Ich folgte schließlich seinem Wunsch und bat Geli – nur sie kam für mich in Frage –, meine Frau zu werden. Wie alle war auch ich wahnsinnig verliebt in sie – und sie nahm freudig an«, erzählte Maurice viele Jahrzehnte später.[5] Um den Konventionen zu entsprechen, hielt er gleich im Gasthaus bei Hitler förmlich um die Hand seiner Nichte an.

Die unerwartet heftige Reaktion des »Führers« traf den arglosen Maurice wie ein Keulenschlag. Mit verzerrtem Gesicht und außer sich vor Wut sprang Hitler auf und beschimpfte den verblüfften Verlobten seiner Nichte. Der idyllische Abend endete mit einem Schreiduell. Zornbebend verließ der »Führer« das Lokal. Zurück blieb Maurice, der nicht wusste, was er falsch gemacht hatte, und für den eine Welt zusammenbrach.

Fortgesetzt wurde die stürmische Unterredung dann am nächsten Tag in Anwesenheit Gelis in Hitlers Wohnung. Geli erkannte »Onkel Alf«, der ihren Emil mit seinem Revolver bedrohte und die sofortige Trennung des Paares forderte, kaum wieder. In überaus herrischer Weise verlangte Hitler von den jungen Leuten Rechenschaft, warf ihnen Vertrauensbruch und grobe Undankbarkeit vor. Die Bitten der weinenden Nichte nach einer Erklärung beantwortete er ausweichend und mit wenig überzeugenden, fast absurden Argumenten. So meinte er, dass Maurice, immerhin ein gelernter Uhrmacher, den die NSDAP ganz offiziell als Chauffeur beschäftigte, keinen ordentlichen Beruf hätte. Die zahlreichen Gefängnisaufenthalte samt Vorstrafen, die sich Gelis Verlobter im Laufe der »Kampfzeit der Bewegung« eingehandelt hatte, blieben unerwähnt. Handelte es sich doch um kriminelle Delikte, im politischen Auftrag des sich als Moralapostel gebärdenden Onkels. Ein weiteres Argument lautete, dass Geli für eine Heirat noch viel zu jung sei und sich daher vorerst ernsthaft mit ihrem soeben begonnenen Medizinstudium beschäftigen solle.

Hitler setzte seine massiven Rede- und Überzeugungskünste ein. Doch schon bald musste der über so viel ungewohnten Widerstand erboste Onkel feststellen, dass man seinen Befehlen nicht gehorchte. Das Paar wollte sich nicht trennen! Schließlich jagte er Maurice aus seiner Wohnung.

»Weihnachten 1927 gab es zwischen mir und H. einen großen Krach. Ich hatte mich mit seiner Nichte Geli Raubal verlobt. Aus mir damals im Moment noch unbekannten

Gründen forderte H. mich auf, von der Verlobung zurückzutreten …«, erinnerte sich Maurice Jahrzehnte später.[6]

Die Vorgänge der nächsten zwei Tage erinnern an ein Melodram des 19. Jahrhunderts. Zuerst hat Hitler, ganz strenger Vormund, seine Nichte der Obhut der frisch vermählten Frau Hess anvertraut, die dafür sogar ihre Hochzeitsreise aufschob. Damit unterband er jegliche Treffen. Emil Maurice schrieb seiner Verlobten kurz hintereinander drei leidenschaftliche Briefe. Diese antwortete heimlich und Ilse Hess fungierte – in Missachtung ihrer Aufpasserrolle – als Botin. »Ich habe … so viel gelitten wie nie bisher. Aber es mußte so kommen und es war bestimmt gut für uns beide. Ich habe jetzt das Gefühl, daß uns diese Tage verbunden haben für immer …«, schrieb Geli damals.[7]

Nach zahllosen erregten Auftritten formulierte Hitler seine endgültigen Bedingungen: eine Verlobungszeit von mindestens zwei Jahren. Begegnungen nur in größerem Kreis, vor allem aber – strengste Geheimhaltung der Beziehung. Nach Hitlers Drohung, Geli andernfalls zu ihrer Mutter nach Wien zu schicken, akzeptierten die Verlobten widerstrebend. Daraufhin durften sie den Heiligen Abend, zwar in gespannter Atmosphäre und beaufsichtigt vom Onkel, doch mit Geschenken und Weihnachtsbaum feiern.[8]

Gelis Mutter, Angela Raubal, die ganz unter dem dominierenden Einfluss ihres Bruders stand, von dem sie finanziell abhängig war, fand Maurice recht sympathisch und hätte ihn als Schwiegersohn gerne akzeptiert. Hitlers heftige Reaktion schrieb sie der altmodischen Art eines überfürsorglichen Onkels zu. Auch sie war gegen eine baldige Heirat und plädierte für eine längere Verlobungszeit. Warum man aber diese Verbindung wie ein Staatsgeheimnis behandeln sollte, verstand sie ebenso wenig wie die sehr kleine Schar von Eingeweihten aus dem Umkreis des Führers der NSDAP, wo bald die Gerüchteküche kochte. »Es war so etwas wie Vaterliebe«, meinte Hitlers langjährige Wirtschafterin Anni Winter. »Er wollte nur ihr bestes. Geli war ein leichtsinniges Mädchen.«[9] Aus – wie sich erst viel später herausstellte – wohl überlegtem Kalkül sah Hitler davon ab, diese Vermutungen zu entkräften. Gerüchte dieser Art zog er solchen über die Ahnentafel seines Duzfreundes Maurice vor. Und er heizte sie mit wohl dosierten Bemerkungen noch an. »Wissen Sie, Hoffmann«, teilte er seinem Fotografen vertraulich mit, »Gelis Zukunft liegt mir so am Herzen, daß ich mich verpflichtet fühle, über sie zu wachen … ich will verhindern, dass sie einem Unwürdigen in die Hände fällt.«[10]

Die erste Hälfte 1928 war für die Verlobten eine schwere Zeit. »Hitler versuchte mit allen Mitteln Geli von mir abspenstig zu machen. In den folgenden Wochen und Monaten unterließ er kein Mittel, uns zu entfremden«, gab Maurice an,[11] der von Hitler fortan gemieden wurde. Im März 1928 machte der »Führer« mit einigen Bekannten, unter denen sich die Meisterschwimmerin Rehborn mit ihrer Schwester befand, eine kleine Reise. Die lustige Runde wunderte sich über die Abwesenheit von Maurice. Man schickte ihm eine Postkarte mit Grüßen und Fragen: »Lieber Herr Maurice! Sie werden sehr vermisst! Warum sind Sie nicht mitgekommen? Wir haben den Kaffee ohne Sie trinken müssen«, schrieb Anni Rehborn. Andere fügten hinzu: »Sie werden uns ganz treulos! Warum kommen Sie gar nicht mehr mit?« Alle Ausflügler unterschrieben. Hitler, der seine Begleiter hätte aufklären können, setzte seinen Namen dazu und schwieg.[12]

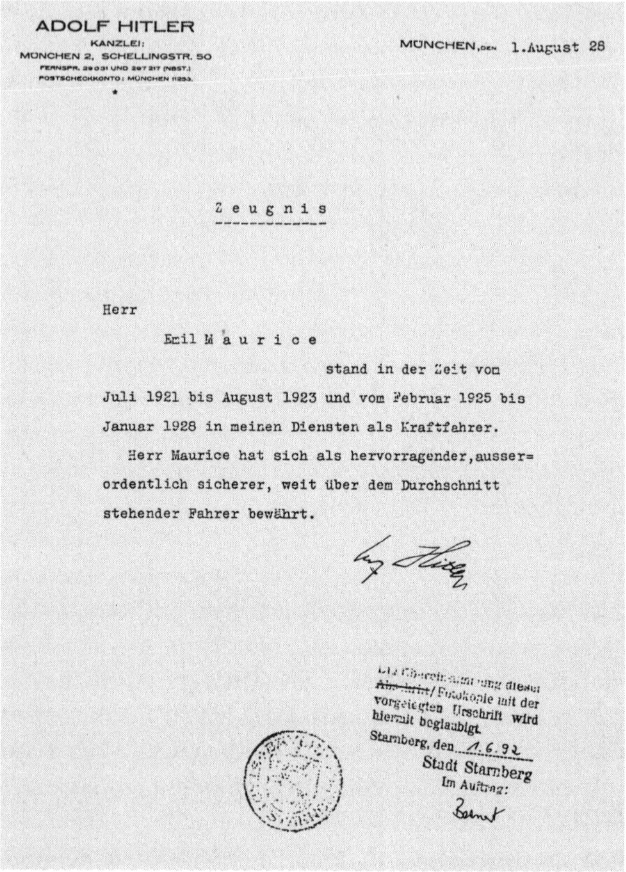

ADOLF HITLER
KANZLEI:
MÜNCHEN 2, SCHELLINGSTR. 50
FERNSPR. 29031 UND 297 217 (NBST.)
POSTSCHECKKONTO: MÜNCHEN 11253.

MÜNCHEN, DEN 1. August 28

Zeugnis

Herr

Emil M a u r i c e

stand in der Zeit vom Juli 1921 bis August 1923 und vom Februar 1925 bis Januar 1928 in meinen Diensten als Kraftfahrer.

Herr Maurice hat sich als hervorragender, ausser=ordentlich sicherer, weit über dem Durchschnitt stehender Fahrer bewährt.

Adolf Hitler

Die Übereinstimmung dieser ~~Abschrift~~/Fotokopie mit der vorgelegten Urschrift wird hiermit beglaubigt.
Starnberg, den 1.6.92
Stadt Starnberg
Im Auftrag:

Dienstzeugnis – Hitler bescheinigt seinem Duzfreund und Chauffeur Emil Maurice hervorragende Fahrkenntnisse.

Es half auch nichts, dass sich Gelis Verlobter bei den Vorbereitungen für die Reichs- und Landtagswahl (20. Mai 1928) durch seinen besonderen Einsatz hervortat. Er wurde fristlos entlassen, obwohl Hitler betonte, wie schwer es ihm falle, sich von seinem – wie er selbst meinte – besten Fahrer, geschickten Mechaniker und engagierten Parteigenossen – zu trennen. Hitler stellte seinem Duzfreund bei dieser Gelegenheit ein Zeugnis aus, das zwar positiv war, den von Maurice jahrelang geleisteten Diensten aber kaum gerecht wird. Es lautet: »Herr Emil Maurice stand in der Zeit vom Juli 1921 bis August 1923 und vom Februar 1925 bis Januar 1928 in meinen Diensten als Kraftfahrer. Herr Maurice hat sich als hervorragender, außerordentlich sicherer, weit über dem Durchschnitt stehender Fahrer bewährt.«[13] Emil Maurice empfand es als Affront, dass ausgerechnet Julius Schreck, mit dem er eng befreundet war und mit dem er gemeinsam die SS gegründet hatte, zu Hitlers neuem Fahrer bestimmt wurde.

Die Verlobung von Geli und Emil hielt den Schachzügen Hitlers nicht lange stand. »Im Sommer 1928 kam dann auf Druck Hitlers unsere Entlobung zustande. Hitler hatte Geli gedroht, die finanzielle Unterstützung nicht nur ihr, sondern auch ihrer Mutter, ihrer Schwester & ihrem Bruder zu entziehen«, schilderte Maurice die Situation.[14]

Geli Raubal fügte sich. Mitte Juli reiste sie mit Onkel Adolf und Mutter nach Berlin. Hitler wollte Streitigkeiten in der Berliner SA-Leitung schlichten und einer Sitzung des Reichstags (10. Juli 1928) beiwohnen, in der Goebbels zum ersten Mal das Wort ergreifen sollte. »Unter endlosem Lärm diesen Schweinen die Meinung gegeigt, daß ihnen Hören und Sehen verging«, notierte sich Dr. Goebbels nach seinem stürmischen Auftritt.[15] Zehn Tage später fand Hitler Zeit für eine kleine Erholungsreise, mit der die Nichte für ihren Gehorsam belohnt werden sollte. Auch Goebbels war mit dabei. »Montag [20. Juli] fahre ich mit ihm, seiner Schwester und Nichte nach Helgoland. Darauf freue ich mich.«[16]

In München versuchte sich der gekränkte und gedemütigte Maurice zu wehren: »Die Empörung über die gemeine Handlungsweise Hitlers mir gegenüber veranlasste mich, ihn im August 1928 beim Arbeitsgericht in München wegen der fristlosen Entlassung zu verklagen.«[17] In Anbetracht der gewaltbereiten Atmosphäre von SA und SS ein tollkühner Entschluss! Auf jeden Fall herrschte in Parteikreisen helle Empörung über den mit großen Vollmachten ausgestatteten »1. Inspektor der SS«, der zum Verräter geworden war.

Bei dem Prozess vor dem Münchner Arbeitsgericht erschien der beklagte Hitler nicht persönlich. Vielmehr schickte er Max Amann, den Geschäftsführer der NSDAP, seinen ehemaligen Vorgesetzten im Ersten Weltkrieg.[18] »Hitler, der sich durch Amann bei Gericht vertreten ließ, mußte nach dem Urteilsspruch 800 Mark an mich zahlen«, berichtete Emil Maurice. Der Entscheid sorgte neuerlich für Aufregung, da sich die Finanzen der NSDAP in höchst desolatem Zustand befanden. Die Einnahmen deckten kaum die Ausgaben. Für das Geschäftsjahr 1926 konnte Parteischatzmeister Schwarz nur einen Überschuss in Höhe von 534 RM verbuchen. Das Vorgehen von Maurice wurde als Griff in die notleidende Parteikasse angesehen.

Nach dem Prozess war sich Maurice bewusst, dass ihm Gefahr drohte: »Durch das gerichtliche Vorgehen gegen Hitler hatte ich mir viele Feinde in der Partei geschaffen.«[19] Aber auch Hitler fürchtete damals Racheakte oder zumindest Enthüllungen seines langjährigen Wegbegleiters, Freundes und »alten Kämpfers«, der wie kein anderer die innere Struktur der Partei, aber auch das Privatleben des »Führers« kannte.

Hitler ergriff daher seine Maßnahmen. Sie sollten Maurice, wenn schon nicht tot, so doch mit Sicherheit mundtot machen. Zu diesem Zweck bediente sich der »Führer« einer jener nützlichen kleinen Dossiers, die er von all seinen engen Mitarbeitern besaß.[20] Sie enthielten genaue, detaillierte Angaben über Herkunft, Familie und Werdegang vor dem Eintritt in die NSDAP sowie etwaige dunkle Flecken aus der Vergangenheit der Betreffenden. Auch über Maurice lagen brisante Hintergrundinformationen vor, sodass er mit dem Parteimitglied Nr. 39[21] leichtes Spiel hatte. Einzelheiten gelangten bis heute nie an die Öffentlichkeit, alles blieb geheim. Wie sich erst viel später herauskristallisierte, bat Hitler jedoch im August 1928 Charles Maurice, den Vater von »Moritzl«, zusammen mit Walter Buch, dem obersten Parteirichter der NSDAP,[22] zu einer vertraulichen Aussprache unter sechs Augen. Buch las aus dem Geheimdossier vor und Charles Maurice musste zugeben, dass sein Großvater tatsächlich Jude war. Hitler deutete an, dass sich Emil Maurice den Beitritt zur antisemitischen NSDAP unter falschen Voraussetzungen erschlichen hätte. Buch drohte mit parteiinternen Konsequenzen. Kurz darauf informierte der Vater seinen Sohn, der später angab, »eine vertrauliche Nachricht meines Vaters, den Hitler anläßlich meines Konfliktes 1928 durch den Parteirichter Buch nach München holen ließ«, erhalten zu haben.[23]

Die Enthüllungen vom August 1928 trafen Emil Maurice als antisemitischen Nationalsozialisten sehr hart. Bis dahin hatte er alle Gedanken an seine Vorfahren verdrängt. Immerhin hatte er im Kreis gleich gesinnter Genossen Hasstiraden wie »Schlagt tot den Walther Rathenau, die gottverdammte Judensau!«[24] gebrüllt und Plakate für Hitlers Vortrag »Warum sind wir Antisemiten?« an Münchner Hauswände geklebt.[25] Das Buch »Die jüdische Weltpest.

Kann ein Jude Staatsbürger sein?«[26] seines Freundes Hermann Esser gehörte zu seiner Lieblingslektüre und das rabiat antisemitische Blatt »Auf gut deutsch!« von Dietrich Eckart hatte ihm stets Vergnügen bereitet. Nun sollte er selbst, der in Diskussionen stets den »Rassenkampf« predigte und die »Reinheit der Rasse« forderte, »jüdisch versippt« sein?[27]

Die Enthüllung seiner Herkunft schlug eine tiefe Bresche in das Weltbild des Emil Maurice, der damals zum ersten Mal von seinen jüdischen Vorfahren gehört haben will. Glauben wollte Maurice die vom eigenen Vater bestätigte Familiengeschichte allerdings nicht. Er verdrängte die von ihm als Schande empfundene Wahrheit und blieb bei der bequemen Annahme, dass alles nur ein Teil von Hitlers gemeiner Kampagne zur Auflösung seiner Verlobung sei. In späteren Jahren hat er diese Angelegenheit nie mehr erwähnt. Laut Ansicht seines Sohnes ist es jedoch sehr unwahrscheinlich, dass Emil Maurice nie von seinem überaus prominenten jüdischen Urgroßvater gehört hatte.[28]

Der Hinweis auf die jüdischen Ahnen des »Moritzl« genügte, um das Schweigen des Emil Maurice zu sichern, ihn von etwaigen geplanten oder auch nur vermuteten Indiskretionen abzuhalten. Sie sind auch die – von Hitler niemals ausgesprochene – Erklärung der »Affäre Raubal«. Nicht Eifersucht oder die romantische Liebe zu Geli Raubal bewog Hitler, das Verlöbnis seiner Halbnichte mit seinem besten Freund zu lösen. Vielmehr waren es ganz nüchterne politische Überlegungen, die den Vorsitzenden der NSDAP zu diesem Schritt veranlasst hatten. Mit der Enthüllung des Geheimnisses um die Herkunft von Maurice – Gerüchte kursierten bereits – musste jederzeit gerechnet werden. Damit stellte Gelis nichtarischer Verlobter eine Bedrohung der

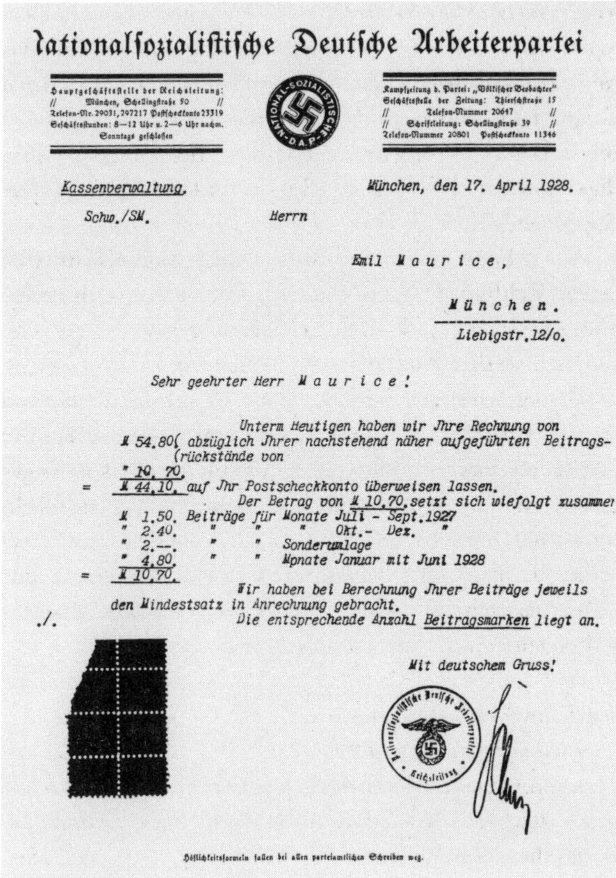

Nationalsozialistische Deutsche Arbeiterpartei

Hauptgeschäftsstelle der Reichsleitung:
München, Schellingstraße 50
Telefon-Nr. 29031, 297217 Postscheckkonto 23319
Geschäftsstunden: 8–12 Uhr u. 2–6 Uhr nachm.
Sonntags geschlossen

Kampfzeitung d. Partei: „Völkischer Beobachter"
Geschäftsstelle der Zeitung: Thierschstraße 15
Telefon-Nummer 20647
Schriftleitung: Schellingstraße 39
Telefon-Nummer 20801 Postscheckkonto 11346

Kassenverwaltung. München, den 17. April 1928.

Schw./SM.

Herrn

Emil Maurice,

München.

Liebigstr. 12/o.

Sehr geehrter Herr Maurice!

Unterm Heutigen haben wir Jhre Rechnung von
M 54.80 (abzüglich Jhrer nachstehend näher aufgeführten Beitrags-
(rückstände von
" 10.70.
= M 44.10. auf Jhr Postscheckkonto überweisen lassen.
Der Betrag von M 10.70. setzt sich wiefolgt zusammen
M 1.50. Beiträge für Monate Juli – Sept. 1927
" 2.40. " " " Okt.- Dez. "
" 2.--. " " Sonderumlage
" 4.80. " " Mpnate Januar mit Juni 1928
= M 10.70.
Wir haben bei Berechnung Jhrer Beiträge jeweils
den Mindestsatz in Anrechnung gebracht.
./. Die entsprechende Anzahl Beitragsmarken liegt an.

Mit deutschem Gruss!

Höflichkeitsformeln fallen bei allen parteiamtlichen Schreiben weg.

Gekündigt! – Die Kassenverwaltung der NSDAP rechnet mit Emil Maurice ab.

kleinen Splitterpartei dar, denn Antisemitismus war ein Eckpfeiler des Parteiprogramms. Abgesehen davon, dass der »Führer« persönlich die Einheirat eines »Nichtgermanen« in seine Familie ablehnte, fürchtete er um die Glaubwürdigkeit seiner vehement betriebenen Judenhetze. Er sah auch seine mühsame, jahrelange Aufbauarbeit gefährdet, die er seit 1925 mit der Neugründung der Partei und der allmählichen Sammlung rivalisierender völkischer Gruppen in der NSDAP geleistet hatte. Noch dazu stand es mit den Nationalsozialisten 1928 nicht zum Besten – sie drohten in Bedeutungslosigkeit zu versinken. Die Mitgliederzahlen stagnierten und die observierende bayerische Polizei bemerkte voll Genugtuung: »… die von Hitler immer wieder behaupteten Fortschritte der nationalsozialistischen Bewegung treffen insbesondere für Bayern nicht zu. In Wirklichkeit ist das Interesse an der Bewegung sowohl auf dem Lande als auch in München im Abflauen begriffen. Sektionsversammlungen, an denen im Jahre 1926 300 bis 400 Personen teilnahmen, sind nur mehr von höchstens 60–80 Mitgliedern besucht.«[29]

Bei den Reichstagswahlen im Mai 1928 sollte das kleine Häufchen nationalsozialistischer Wähler dann von mageren 3 Prozent auf 2,6 Prozent schrumpfen. Hitler galt als ungefährlich und viele Länder hoben das gegen ihn verhängte Redeverbot auf.

Abgesehen von dem Trumpf, den er selbst seinen politischen Gegnern in die Hände gab, hätte Hitler in dieser für ihn misslichen Situation mit seiner politischen Karriere hasardiert, wäre seine Nichte tatsächlich eine Ehe mit jemandem eingegangen, dessen »Rassereinheit« nicht hundertprozentig war.

Sofort nach dem Prozess vor dem Arbeitsgericht nahm Rudolf Hess, der Privatsekretär des »Führers« und nunmehrige Exfreund von Maurice, diesem seinen SS-Ausweis ab. Damit schloss er ihn offiziell von der Schutzstaffel aus. Als einfaches Parteimitglied blieb Maurice auch weiterhin registriert. Viel Spielraum für seine Rachegelüste gab es jedoch nicht mehr. Verbittert über die ihm widerfahrene schmähliche Behandlung, ist er dann jahrelang seine Mitgliedsbeiträge schuldig geblieben.

Nach 1928 gingen Hitler und »Moritzl« lange Zeit getrennte Wege. Maurice machte sich selbstständig. »Mit dem Geld [aus dem Prozess] begann ich unter bescheidenen Umständen mein Geschäft aufzubauen, das ich heute noch als Fachgeschäft für elektrische Uhren & Apparate inne habe ...«, schrieb er viel später.[30] Hitler hingegen setzte seine politische Laufbahn fort. Verbunden blieben die Feinde allerdings durch das beiderseits streng gehütete Geheimnis. Ohne Absprache zu pflegen, verfolgten sie zur Ablenkung die gleiche Linie. So meinte Maurice im Bekanntenkreis: »Ich ahnte und erkannte ... nicht, ... dass er mit großer Liebe an Geli hing ... ich glaubte irrtümlich, dass er in dem hübschen und burschikosen Mädchen die Frau sah, die er ständig und ohne dass böse Nachreden entstanden, ständig um sich haben konnte.«[31]

Eines Tages hat Emil Maurice seine Exverlobte in München zufällig auf der Straße getroffen. Wie er später schilderte, sei es zu einem kurzen Gespräch gekommen. Geli klagte, dass sie sich bei Onkel Adolf wie in einem »goldenen Käfig« fühle.[32] Der Traum von den Münchner Jahren der Freiheit lag weit zurück.

Im Schatten des Onkels

»Wahnwitzige Dinge vom Chef [Hitler]. Er und seine Nichte Geli und Maurice. Die Tragödie Frau. Soll man denn verzweifeln? Warum müssen wir alle so an der Frau leiden? Ich glaube fest an Hitler. Ich verstehe alles. Wahres und Unwahres«,[1] notierte sich Dr. Joseph Goebbels, der damalige Propagandaleiter der NSDAP und Parteivorsitzende von Berlin, nachdem er Mitte Oktober 1928 einen Intimus aus Hitlers Umgebung ausgehorcht hatte. Leider ließ er sich nicht näher über das »Wahre« aus!

Obwohl Hitler die »Affäre Maurice« geheim zu halten suchte und es nur wenige Eingeweihte gab, schlug der Skandal hohe Wellen und bildete – angeheizt durch wilde Gerüchte – in den höchsten Parteikreisen das Thema Nummer eins. Adolf Hitler reagierte verärgert auf diesen Zwischenfall, der unerwünschte Einblicke in seine Privatsphäre bot und an seinem Image kratzte. Er schadete auch seiner Politik, deren Chancen durch die allmähliche Rückkehr der Weimarer Republik zu einem geordneten Wirtschaftsleben, wie es sich um 1928 abzuzeichnen schien, ohnehin erheblich reduziert waren.

Die Vorkehrungen, die Onkel Adolf dann traf, sollten seine Nichte vor weiteren unerwünschten Liebesaffären schützen. Streng wie ein altmodischer Vormund überwachte Hitler persönlich den Lebenswandel seiner Nichte, hielt junge Männer von ihr fern und reduzierte damit die Gefahr missliebiger Kontakte auf ein Minimum. Alles, wie er betonte, in

Geli Raubal und Adolf Hitler

ihrem eigenen Interesse. Das junge Mädchen konnte sich dann nur noch selten frei bewegen, wusste jedoch die wenigen Gelegenheiten zu nutzen. So reiste sie am 5. Juli 1928 zur Verlängerung ihres österreichischen Reisepasses nach Linz und blieb gleich einen ganzen Monat.[2]

Schließlich kamen Hitler seine geänderten Privatverhältnisse zu Hilfe. Der Politiker verließ nämlich sein bescheidenes Zimmer in der Thierschstraße, das bis dahin den Ansprüchen des aufstrebenden Politikers vollkommen genügt hatte. Im Herbst 1929 jedoch erhörte er, vielleicht im Hinblick auf seine Nichte, die Bitten seiner Verehrer, die ihr Idol in einem standesgemäßen Domizil zu sehen wünschten. Am 1. Oktober 1929 bezog er eine repräsentative, aus insgesamt neun Zimmern samt Nebenräumen bestehende Doppelwohnung, die ganze Etage eines großbürgerlichen Zinshauses in der Prinzregentenstraße, nahe dem Prinzregententheater. Es war das reiche Verlegerehepaar Bruckmann, das dem »Führer« eine neue Bleibe gesucht, den Umzug organisiert und die Möbel bezahlt hatte. Die Bruckmanns hafteten dann dem Vermieter gegenüber für etwaige Mietrückstände und beglichen auch gerne die hohen Kosten der Luxuswohnung, die sich immerhin auf jährliche 4176 RM beliefen.[3]

Auf jeden Fall konnte Hitler seine Nichte bequem zu sich und damit unter seine Fittiche nehmen. Diese gab ihr kleines Pensionszimmer auf,[4] zog zum Onkel und lieferte sich damit ganz seinem Regime aus. Es war ein goldener Käfig. Bald führte Geli ein luxuriöses, sorgenfreies und völlig der Kontrolle des Onkels unterworfenes Dasein – die damit verbundene Unfreiheit merkte das junge Mädchen erst später.

Für sein neues Privatleben im großen Stil leistete sich Hitler trotz der wirtschaftlich bewegten Zeit, als die Vorboten der großen Weltwirtschaftskrise schon Deutschland erreichten, mehrere Hilfskräfte. Hitler brachte vier dienstbare Geister in sein teures Heim mit. Eine davon war Maria Reichert, seine frühere Vermieterin, die ihn schon in der Thierschstraße umsorgt hatte. Als Gegenleistung für Putzarbeiten bot ihr Hitler – und zwar gleich zusammen mit ihrem Mann[5], zeitweise ihrem Sohn (Toni) und ihrer Mutter

(Karoline Reichert) – Unterkunft in seinem großen Quartier. Für gröbere Arbeiten war die »Zugeherin« Anna Kirmair zuständig. Außerdem engagierte Hitler ein Dienerehepaar.[6] Georg Winter war ein ehemaliger Unteroffizier, dessen Empfehlung darin bestand, dass er nach dem Ende des Ersten Weltkriegs im Haushalt jenes bayerischen Generals Franz Ritter von Epp gearbeitet hatte, der wesentlich an der Niederschlagung der kommunistischen Räteregierung beteiligt gewesen war. Winters Frau Anna, ehemals Zofe einer Gräfin Törring, übernahm die Leitung des Haushalts. Sie kochte, ihr Mann servierte. So wurden auch größere Gesellschaften mühelos bewältigt. Selbst das historische Frühstück mit Daladier, Chamberlain und Mussolini anlässlich des Münchner Abkommens im Herbst 1938 konnte in Hitlers Privatwohnung stattfinden.

Analog zu dem Verhältnis von Hitlers engsten politischen Mitarbeitern, die einander ausnahmslos hassten, herrschte auch unter den Hausgenossen der Prinzregentenstraße feindselige Stimmung und erbitterte Rivalität. In eigenartig gereizter Atmosphäre spielten sich Eifersuchtsdramen um die Gunst des geliebten »Chefs« ab. Die – meist unterbeschäftigten – Bediensteten schwärzten einander beim Arbeitgeber an und versuchten sich gegenseitig auszustechen. Im Buhlen um Hitlers Gunst war jedes Mittel recht. Daneben beobachtete insbesondere Anna Winter mit scharfem Auge, wer wann in Hitlers Wohnung verkehrte.

Einigkeit herrschte nur in der Ablehnung der – als Untermieterin der Untermieterin Reichert angemeldeten – jungen Hitler-Nichte,[7] die dem Hauspersonal von Anfang an suspekt und wenig sympathisch war. Man brachte dem als Störfaktor empfundenen Mädchen, das sich selbstbewusst dem Müßiggang ergab, kein Verständnis entgegen – Gelis oft erwähnter Charme wirkte auf die Frauen im Hitler'schen

Haushalt nicht. Man neidete ihr das leichte und bequeme Leben, das sie in München an Hitlers Seite führte, stieß sich an ihrem Linzer Dialekt und spottete heimlich über ihre studentischen Aspirationen. Ebenso wenig billigten die allesamt überzeugten NSDAP-Anhängerinnen den hautnahen Umgang »der Raubal« mit der Parteispitze. Schien doch das frivole Mädchen den Wert dieses Privilegs weder zu begreifen noch zu schätzen. Mit kaum verhüllter Feindseligkeit wurde auch die, wie man meinte, übertriebene Zuneigung, Gutmütigkeit und Großzügigkeit eines von seiner jungen Verwandten ausgenützten, ahnungslosen und weltfremden »Chefs« registriert. Die dienstbaren Geister rächten sich auf subtile Weise und erschwerten Geli das Leben, wo sie nur konnten. Selbst als das junge Mädchen zwei Jahre später unter schrecklichen Umständen starb, milderten Hitlers häusliche Verehrerinnen ihr harsches Urteil nicht. »Geli war ein leichtsinniges Mädchen und probierte an jedem ihre Verführungskünste aus. Hitler wollte sie nur vor schlechten Einflüssen schützen«, meinte Frau Winter ohne jede Regung von Mitleid.[8]

Hitlers prächtige Wohnung, sein erstes anspruchsvolles Domizil seit dem Verlassen der elterlichen Wohnung in Linz, wirkte bürgerlich-konservativ. Die riesigen, düsteren und hohen Räume gefielen ihm, der lange Jahre in beengten Verhältnissen gelebt hatte, sehr. »Der Mensch braucht Platz, um sich zu entfalten«, meinte er und stellte einen beziehungsvollen Vergleich an. »Man stelle sich nur Cäsar in einer engen, muffigen Stube vor. Lächerlich!«[9]

Die Einrichtung hatte der von Hitler überaus geschätzte Architekt Paul Ludwig Troost entworfen, dem er 1930 auch das »Braune Haus« anvertrauen sollte. Die Vereinigten Münchener Werkstätten fertigten die schweren Art-déco-

Möbel nach Maß an. Große Stehlampen mit seidenbespannten Lampenschirmen schmückten die Räume, im düsteren Vorzimmer hingen Kupferstiche romantischer Ruinen nach Piranesi und Palladio. In den Zimmern herrschte die von Hitler geschätzte »Münchner Schule«. Moderne abstrakte Kunst lehnte Hitler vehement ab, sein konventioneller Geschmack war ganz im 19. Jahrhundert verhaftet.

Geli Raubal erhielt das schönste Eckzimmer und durfte es nach eigenem Gutdünken gestalten. Auf Kosten der Mäzene Bruckmann wählte sie wertvolle antike Bauernmöbel aus Salzburg – bemalte Kästen, eine Wäschetruhe und eine Kommode – und kombinierte sie mit hellgrünen Tapeten, um die Wirkung des Mobiliars zu erhöhen. Dazu gab es nach Angaben von Zeitzeugen noch einen schönen alten Schreibtisch und ein bequemes Schlafsofa. An der Wand hing als Geschenk des Onkels ein Aquarell, das er während

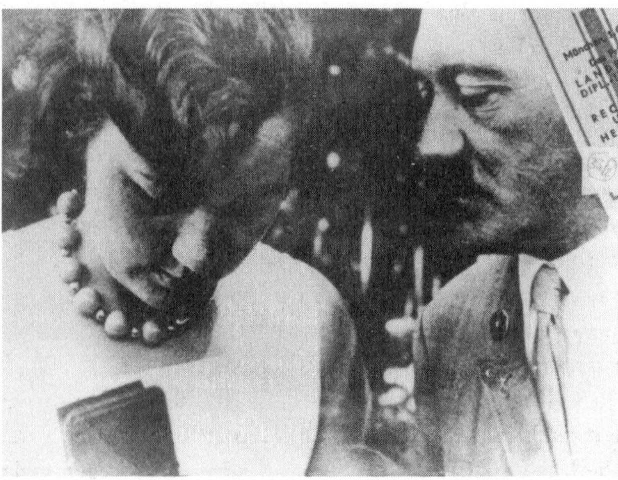

Im Schatten des Onkels

des Ersten Weltkriegs in Belgien selbst gemalt hatte. Geli liebte ihr neues Zuhause und hielt sich gern in ihrem Zimmer auf.[10] Sie schaffte sich ein blaues Koffergrammophon an, dazu viele Schallplatten mit klassischer Musik, aber auch mit der von Onkel Adolf als Negergetöse verachteten modernen Jazzmusik.[11]

Bei ihrer Übersiedlung in die Prinzregentenstraße hat Hitler seine junge Verwandte über die Gefahren aufgeklärt, die einen Vorsitzenden der NSDAP bedrohten. »Wenn du bei einem Politiker wohnst, mußt du mit Anschlägen rechnen«, meinte Hitler ohne Illusionen.[12] Er selbst trug damals auf der Straße ständig eine Waffe bei sich, und er wünschte, dass seine Nichte auf einem Schießplatz in der Nähe Münchens den Gebrauch von Pistolen lernte. Bald hatte Geli große Übung im Umgang mit Hitlers Walther 6,35, die für Notfälle stets griffbereit im Vorzimmer der Wohnung lag. Das Mädchen konnte die Waffe zerlegen und zusammensetzen, sie putzen, laden und entsichern.

Wie später Hitlers Geliebte Eva Braun, so lernte auch Geli ausgezeichnet schießen. Und die Warnungen des Onkels vor Attentaten prägten sich ihr nachhaltig ein. Schon im darauf folgenden Jahr hat sie den Politiker resolut auf mögliche Gefahren hingewiesen, als Hitler seine Parteispitze zur Abhaltung eines politischen Seminars auf eine Schiffsreise einladen wollte: »… und wenn einer eine Höllenmaschine an Bord bringt, und du fliegst mit allen deinen Männern in die Luft, dann ist deine ganze Idee ausgelöscht!« Hitler hat das Projekt dann nicht weiterverfolgt.[13]

Als Geli zu ihrem Onkel zog, war nicht nur ihre Verlobung mit Emil Maurice gescheitert. Sie gab auch ihr Studium auf. Die Universitätsbehörden exmatrikulierten sie wegen nicht entrichteter Studiengebühren.[14] Sie hatte kaum Vorlesungen besucht, und es war offenkundig geworden, dass ihr das Studium der Medizin nicht lag.

In einem ernsten Gespräch mit dem Onkel kristallisierte sich dann ein anderes Berufsziel heraus: Geli wollte zur Sängerin ausgebildet werden. Tatsächlich besaß das Mädchen eine schöne Stimme. Nichts lag daher näher, als den Musik liebenden Onkel, der in seiner Jugend selbst komponiert hatte, jede Gelegenheit zu Opernbesuchen nutzte und beste Verbindungen zu Familie Wagner pflegte, zur Bezahlung einer Gesangsausbildung zu überreden. Hitler hatte sich dann in NSDAP-Kreisen umgehört und Kapellmeister Vogl als Privatlehrer engagiert. Adolf Vogl war Komponist, Schriftsteller, Wagner-Experte sowie Altparteigenosse und kannte seinen Namensvetter Adolf Hitler, dessen Gunst er durch die Vertonung von Liedern des Hitler-Mentors Dietrich Eckart erworben hatte, schon seit 1919. Hitler und Geli waren oft bei ihm zu Gast, wenn er für ein ausgewähltes Publikum – manchmal referierte er vor 60 Zuhörern – Vorträge über Kunst, Philosophie und Musik hielt.[15] Zusätzlich erhielt Geli in dem Münchner Gesangsstudio Streck Unterricht.

Hitlers Wohnung war wie geschaffen für eine übende Sängerin. Die Mauern waren dick und niemand konnte gestört werden. »Willst du wirklich Sängerin werden?«, fragte Henriette Hoffmann, als die Freundin ihre Gesangsstunden aufnahm. »So auf der Bühne stehen, jede Note auswendig können und dann so tun, als ob man stirbt, und wenn dann der Vorhang fällt, wieder herauskommen und sich verbeugen, wenn die Leute klatschen?« »Sicher«, erwiderte Geli den Angaben ihrer Freundin zufolge, »das ist doch wunderbar, wenn man so viele Leben leben kann, man kann Salome sein und den Kopf des Johannes fordern … oder man kann Walküre sein, auf dem brennenden Felsen, oder Isolde, die aus Liebe stirbt.«[16]

Porträt von Geli Raubal

Hitler, der damals, wie seine emsige Korrespondenz mit dem Finanzamt München-Ost zeigt,[17] aus seiner Tätigkeit als Schriftsteller ein hohes Einkommen bezog – die Einkünfte betrugen 1930 48 475 Reichsmark (zum Vergleich: Maurice hatte er 160 RM im Monat, also 1920 DM jährlich, gezahlt) –, erfüllte seiner Nichte als Kompensation für die zahlreich ausgesprochenen Verbote viele Wünsche. Welche Luxusartikel Hitler für Geli kaufte, ist anhand von Rechnungen, die nach dem Krieg in den USA aufgetaucht sind, ersichtlich. »1 Pr. Schlangenlederschuhe für Fräulein Raubal für 33 RM«, lautet eine auf Hitler ausgestellte Rechnung.[18] In dem Bestreben, seine Nichte nicht aus den Augen zu lassen, ging der viel beschäftigte Politiker allerdings, soweit es seine Zeit erlaubte, beim Einkaufen mit. Hitler begleitete Geli, was seine Parteigenossen in höchstes Erstaunen versetzte, wie »ein Lamm« von Geschäft zu Geschäft.

Er folgte ihr in Hutläden und sah geduldig zu, wie sie alle Hüte durchprobierte, bevor sie sich zum Kauf entschied. Er langweilte sich, wenn Geli in Parfümerien und Drogerien lang nach dem für sie richtigen Duft suchte, wich ihr dabei aber nicht von der Seite. Er nahm sie auch mit, wenn er selbst bei Schneidermeister Popp in der Schleißheimerstraße seine Garderobe bestellte.

Nur zum Kauf eines Pelzmantels konnte der Tierfreund Hitler nicht überredet werden. Seiner Meinung nach fielen ganze Wildarten der Geldgier der Händler zum Opfer. Außerdem vertrage seine empfindliche Nase den Geruch von Pelzmänteln nicht. Schließlich ging man einen Kompromiss ein, und das junge Mädchen bekam eine Stola aus Silberfuchs, die sie – wie ein Foto zeigt – gern zur Schau stellte.

Geli wurde, wie alle Getreuen des »Führers« bemerkten, ein Teil seines Lebens. Während er den Verkehr mit Maria »Mizzi« Reiter, Eva Braun sowie anderen jungen Mädchen streng geheim hielt, zeigte sich Hitler[19] mit seiner jungen Nichte gern in der Öffentlichkeit. Die Pflege seiner verwandtschaftlichen Beziehungen verletzte keine der damals noch prüden Gesellschaftsnormen und das für seine weiblichen Verehrerinnen geschaffene, wohl kalkulierte Bild des einsamen, nur Deutschland verpflichteten »Führers«, der manchmal pathetisch ausrief: »Meine Frau wird die Germania sein«, erlitt keinen Schaden.[20] »Onkel Alf« hat seine Nichte den Familien Bechstein, Bruckmann und Wagner vorgestellt, sie ihnen manchmal sogar mit besorgten Worten für die Zeit seiner Abwesenheit anvertraut. Gemeinsam fuhr man – wie im Juli 1930 mit den Bechsteins – zu den Festspielen nach Bayreuth, den Passionsspielen in Oberammergau, besuchte man in München und Berlin regelmäßig Opern, Konzerte und Theater. Umworben von jungen und hofiert von alten Parteigenossen, die sich – im Umweg über

In großer Robe!

Geli mit Frau Bechstein bei den Bayreuther Festspielen 1930

seine Nichte – Vorteile beim »Führer« erhofften, fühlte sich das Mädchen an der Seite des Onkels anfangs sehr wohl. Es war eine atemberaubende Mischung: Fahrten in Hitlers großer Limousine zu den gewaltstrotzenden, von ihr respektlos als »Spektakel« verhöhnten, aber notgedrungen in Kauf genommenen Parteiveranstaltungen wechselten mit abendlichen Besuchen in Luxusrestaurants. All das vermittelte dem jungen Mädchen aus der österreichischen Provinz das Gefühl, im Mittelpunkt aufregender Ereignisse zu stehen.

Niemand nahm Anstoß daran, dass sich der ledige Onkel gerne mit seiner jungen, unterhaltsamen Nichte zeigte. Dass um Adolf Hitler und Geli Raubal trotzdem bald die abenteuerlichsten Gerüchte kursierten, ging auf das Konto des noch unter den Nachwirkungen der »Affäre Maurice« leidenden »Führers« zurück. Hitlers Hofstaat hat die vertraulichen Indiskretionen begierig aufgesogen – sie machten die

Runde und wurden sehr verschieden interpretiert. »Geli hat er geliebt«, fasste Albert Speer, Hitlers späterer Freund, Architekt und Rüstungsminister, die umherschwirrenden Gerüchte zusammen.[21]

Seriöse Angaben zur Reaktion von Geli Raubal, der die Reden über den Onkel zu Ohren gekommen sein müssen, liegen nicht vor. Die Haushälterin Anna Winter, die alle

In der Wohnung des Onkels

Frauen um Hitler hasste, interpretierte die Vorgänge von ihrer Warte aus: »Geli liebte Hitler«, meinte Frau Winter. »Sie war ständig hinter ihm her. Natürlich wollte sie einmal ›Frau Hitler‹ werden. Er war ja eine glänzende Partie …«[22] »Geli wußte, daß Hitler sie liebte, doch sie hatte keine Ahnung, wie groß diese Liebe war, wie tief und egoistisch …«, war wiederum die Ansicht des Fotografen Hoffmann.[23]

Viele jener Parteigenossen, die damals über den Vorsitzenden der NSDAP und die schöne Geli munkelten, wussten über den Grad der Verwandtschaft des »Führers« zu der allgemein als »Nichte« bezeichneten Person nicht genau Bescheid. Manche vermuteten skandalöse inzestuöse Zustände. Andere suchten vorsichtig zu eruieren, welche genealogischen Bande die Hitlers mit den Raubals verbanden. Tatsächlich war Geli als Tochter von Angela Raubal, Hitlers Halbschwester, nur eine entfernte Verwandte. Einer Heirat zwischen ihr und dem »Halbonkel« wäre nichts im Wege gestanden – sie wäre ohne den für nahe Blutsverwandte notwendigen Dispens erlaubt und daher leicht möglich gewesen. Doch Hitler, dessen Gedanken und Taten nur um seine politische Mission kreisten, der alles vom Standpunkt seiner Karriere aus betrachtete, dachte nicht an Heirat – nicht mit einer seiner Verehrerinnen und schon gar nicht mit der in der eigenen Wohnung einquartierten Nichte.

Onkel und Nichte hatten viele gemeinsame Wesenszüge. Auffällig ist, welche große Wirkung beide auf ihre Mitmenschen, die sie meisterhaft einzuschätzen wussten, ausübten. Hitlers Ausstrahlung konnten sich nur wenige entziehen und von Gelis Charme schwärmten ihre Mitschüler noch bis ins hohe Alter.[24] Beide verfügten über angenehme, wohlklingende Stimmen, waren von großer Beredsamkeit und ebensolcher Schlagfertigkeit. Sie sahen sich primär als Künstler, gingen leidenschaftlich gern ins Theater und liebten Musik. Der Wagner-Fan Hitler hat in seiner Jugend Opern geschrieben, seine Nichte ließ sich zur Sängerin ausbilden. Sowohl Adolf Hitler als auch Geli Raubal besaßen zeichnerisches Talent – bei ihr kamen noch kunstgewerbliche Fähigkeiten dazu. Sie lehnten Astrologie ab, glaubten jedoch an den Einfluss der Gestirne auf die Geschicke der Menschen. Musste etwas entschieden werden, dann spielten sie im Zweifelsfall »Kopf oder Adler«.

Die Gemeinsamkeiten endeten bei Fragen der Politik. Geli war und blieb ihr kurzes Leben lang an Politik völlig desinteressiert. Und was man an ihr als sympathisches Selbstbewusstsein und sicheres Auftreten schätzte, steigerte sich bei ihrem Onkel zur maßlosen, keinen Widerspruch duldenden Tyrannei.

Als sich im November 1928 im Zuge der Reichstagsdebatte um den Ankauf eines Panzerkreuzers[25] die Aussicht auf den Sturz der Regierung ergab, reiste Geli mit Hitler nach Berlin. »Der Chef ist da«, freute sich Goebbels. »Mit seiner schönen Nichte, in die man sich fast verlieben möchte.« Am Abend ging man in die Oper. »Mit Heß, seiner Frau, Geli und Amann bei ihm in Rheingold. Viel gelacht.«[26] Auch bei der Rede ihres Onkels im Berliner Sportpalast, zwei Tage später (17. November 1928), fehlte Geli nicht. »Um 8 Uhr wird der Sportpalast polizeilich gesperrt. 16 000 Menschen«, berichtete Goebbels voll Begeisterung,[27] um dann fortzufahren: »8.20 kommt Hitler. Unendlicher Jubel. Musik. Die Fahnen marschieren ein. Dann spricht Hitler. 1 1/2 Stunden. Eine wunderbare Rede. Immer wieder von Beifallstürmen unterbrochen. Zum Schluß ein Orkan. Alle stehen auf. Deutschland über alles.«

Danach folgte für Hitlers Nichte noch ein langer Abend mit Naziprominenz. »Wir sitzen bis tief in die Nacht noch alle zusammen, der Chef [Hitler], ... Heß, seine Frau, die Geli und ich. Der Chef ist ganz glücklich.«[28]

Auch gegen Ende der Zwanzigerjahre hielt Adolf Hitler noch immer unbeirrt an jener gemäßigten politischen Linie fest, die er seit dem gescheiterten Putsch des Jahres 1923 vertrat: Akzeptierung der »Weimarer Republik« und ihrer demokratischen Institutionen, die er durch Opposition von innen her auszuhöhlen, lahm zu legen und nach der Machtübernahme zu beseitigen gedachte. Dies brachte ihn auf Kollision mit den revolutionären, linksgerichteten und ungeduldigen Elementen seiner Partei. Vornehmlich die Brüder Otto und Gregor Strasser, die in Norddeutschland eine radikale nationale und soziale Ausrichtung der NSDAP forderten, bildeten eine Gefahr – wochenlange, aufreibende, mit taktischen Manövern verbundene Touren Hitlers durch ganz Deutschland wurden zur Abwehr der Spaltung seiner Partei notwendig.[29]

Bei solchen Anlässen blieb Geli, wohl behütet von Vertrauten des Onkels, in München zurück, verbrachte ihre Zeit mit Musikhören und Lesen und veranlasste damit Hitler – einem Bekannten gegenüber – zu folgenden Bemerkungen: »Friseur, Kleider, Tanzen und Theater kann sie [Geli] von jeder ernsteren Beschäftigung abbringen. Nur Zeitschriften und Romane liest sie noch gerne. Und dabei kann Geli in 12 Zeitschriften und Zeitungen gleichzeitig die Fortsetzungsromane lesen, alle Tage ein, zwei verschiedene Fortsetzungen, und sie weiß immer, was zusammengehört, und merkt sogar, wenn einmal eine Fortsetzung fehlt.«[30]

Schon seit dem 15. Oktober 1928 stand Adolf Hitler das vom reichen Klavierfabrikanten Bechstein finanzierte Landhaus Wachenfeld auf dem Obersalzberg zur Verfügung.[31] Da er jedoch größten Wert auf seinen Nimbus als anspruchsloser Idealist legte, ließ er den Mietvertrag auf seine Schwester Angela Raubal ausstellen. Er selbst war ihr Untermieter.

Neben seinem Luxusauto sollte das kleine, jedoch reizvoll gelegene Anwesen, das Hitler wenig später kaufte, der erste materielle Besitz des damals bereits 39-Jährigen werden. »Das alte, kleine Landhaus Wachenfeld«, berichtete der

Auf dem Obersalzberg

spätere Chef des persönlichen Dienstes bei Hitler (Heinz Linge), »war klein und primitiv ... der Wintergarten, in dem die Mahlzeiten eingenommen wurden, so klein, daß die Gäste das Geschirr nach dem Essen selbst zusammenstellen mußten ...«[32]

Hitler konnte Gelis Mutter dazu überreden, ihre Stelle in Wien zu kündigen und als seine Wirtschafterin und »Hausdame« in das hoch über Berchtesgaden gelegene Landhaus zu ziehen. »Gleich habe ich meiner Schwester nach Wien telefoniert: Ich hab' ein Haus gemietet, magst Du mir die Wirtschaft führen? Sie ist gekommen, und wir sind sofort eingezogen. Es war so wunderbar! ... Ich hab' ihr, da sie ganz allein war, gleich zwei Hunde angeschafft, ein Mädel [Dienstmädchen] hatte sie auch. Es ist ihr nie etwas passiert, im Gegenteil.«[33]

Weihnachten 1928 verbrachte Hitler bereits mit Geli, Goebbels und Freunden auf dem Land. »Das erste Weihnachten war herrlich da oben!«, schwärmte Hitler noch Jahre später.[34] Wenn Hitler samt Geli und einem Wagen voller Gäste für das Wochenende auf den Obersalzberg fuhr, kündigte er dies an und seine Halbschwester hatte alles parat – bei seiner Ankunft stand das Essen schon auf dem Tisch. Oft unternahm Hitler auch Ausflüge im engsten Familienkreis. So ging es am 4. Februar 1929 zum Königssee. Mit von der Partie waren nur Hitlers Halbschwester und ihre Töchter Geli und Friedl.

Die Nachricht vom Domizil des NS-Politikers auf dem Obersalzberg verbreitete sich sehr rasch. Schon 1929 erschienen kleine Gruppen von Hitler-Anhängern auf dem Obersalzberg, um den »Führer« in »kurzer Wichs«, aus nächster Nähe, inmitten der freien Natur zu bewundern. Anfangs nahmen Hitler und die Raubals das Interesse der NS-Sympathisanten wohlwollend zur Kenntnis. Der Strom

Haus Wachenfeld – das »Hitler-Haus« vor 1933

von Schaulustigen hörte jedoch nicht auf, sondern schwoll ständig an. Obwohl ihre Zahl bei weitem nicht die späteren Dimensionen – bis zu 5000 täglich – erreichte, empfand man die ungebetenen Gäste bald als Last. Das aufgestellte Schild: »Haus Wachenfeld. Eintritt verboten! Scharfe Hunde!« zog mehr an, als es abschreckte. Auf Hitlers Hunde bezog sich auch eine Postkarte, die Geli schrieb: »Wolf [Hitlers Hund] fühlt sich hier sehr wohl, wir haben ihn nicht angebunden, sondern er läuft frei herum. Nur seine Eigenschaften als Haushund sind sehr schlecht. Er hat sich das Bellen überhaupt abgewöhnt. Grüße, deine kleine Nichte Geli«[35]

Geli fühlte sich durch die vielen Neugierigen gestört, wenn sie in Abwesenheit des Onkels längere Zeit im Haus Wachenfeld zubrachte. Noch dazu hatte sie die endlosen Klagen der resoluten Mutter über das ungesunde Klima in den bayerischen Bergen zu ertragen. Angela Raubal nahm dies alles, wie sie oft betonte, nur ihrem Bruder zuliebe auf sich. Beendet wurden Gelis Landaufenthalte meist durch ein Telefonat Hitlers, der seine Nichte, wenn er eine Reise beendete, höflich, aber bestimmt in die Prinzregentenstraße zurückbeorderte.

Dort schrieb Hitler zwischen 1928–1930 für den »Illustrierten Beobachter« regelmäßig seine »Die Politik der Woche« genannte Kolumne. Die Beiträge fasste er meist nachmittags ab, was für das Mädchen Anwesenheitspflicht bedeutete. Der Onkel legte nämlich gleichermaßen Wert auf Gesellschaft und Ruhe und verlangte, dass sich seine Nichte – still lesend oder Kreuzworträtsel lösend – in seiner Nähe aufhielt.

Adolf Hitler erwartete von Geli auch, dass sie, gleichsam als Maskottchen, vielen offiziellen Parteifeiern beiwohnte. Eine davon war die Parteigründungsfeier am 24. Februar 1929, bei der sich Hitlers Nichte, wie die übrigen anwesenden Frauen, allerdings im Hintergrund zu halten hatte.

Der »Führer« pflegte sich selbst mittels endloser Monologe zu regenerieren. Geli Raubal war als Zuhörerin ausersehen. Da er jedoch Frauen nicht für intelligent genug hielt, um politischen Erörterungen zu folgen, räsonierte er in ihrer Gegenwart vor allem über den Stand der Ehe, die Probleme berufstätiger Frauen sowie die geplanten familienpolitischen Maßnahmen der NSDAP nach der Machtergreifung:

»Die Industrialisierung, der Profitsinn, der Schrei nach Mehrproduktion«, meinte er, »haben letzten Endes auch die Ehe zerstört, ihr Sinn und Inhalt genommen und das paarweise Zusammenleben der Menschen zur ausschließlichen Befriedigung der körperlichen Bedürfnisse im weitesten Sinn … herabgewürdigt. … oder wenn ich mir die Frauenarbeit vor Augen führe, auch 8 bis 10 Stunden, von der die

Frau nach Hause kommt zu noch ungemachten Betten, kein Feuer im Herd, das Geschirr vom Abend vorher noch nicht aufgeräumt, mit dem in Zeitungspapier notdürftig eingewickelten Brot und der Wurst im Arm … dann empfinde ich so richtig die verderblichen Folgen dieser industrialisierten Wirtschaft.«[36]

Auch seine Visionen breitete der Onkel vor Geli aus: »Wenn wir erst einmal wieder die Vollbeschäftigung durchgeführt und Deutschland von den Hemmungen der Feindmaßnahmen, die uns planmäßig auferlegt wurden, damit wir ersticken und verrecken sollten – [befreit haben], dann wird für uns die Möglichkeit, aber auch die Pflicht kommen, der Ehe wieder ihren gottgewollten Sinn und Inhalt zu verleihen. … die Wiederherstellung der ehelichen Lebens- und Entwicklungsmöglichkeiten, ihrer Ethik und ihrer göttlichen Aufgabe. Schutz der Kinder und Jugendlichen, Schutz der Frauen, Einschränkung der Arbeitszeit auf 36 bis 40 Stunden in der Woche, Stiftung eines doppelten Sonn-

Gelis 21. Geburtstag – Das Fest auf dem Obersalzberg

Geli und ihre Dohle

tags – denn erst wenn man zwei Tage Zeit hat, kann man den einen genießen – und Sicherung eines Auskommens, das neben der reinen Ernährung auch die Pflege von Spiel und Unterhaltung, von Kunst und Wissen ermöglicht …«[37]

Im Juni 1929 wurde Gelis 21. Geburtstag im Landhaus Wachenfeld groß gefeiert. Zu den zahlreichen Gästen zählten nicht nur Hitler, Goebbels, Hess und Amann, sondern auch Gelis zahme Bergdohle. Sie saß in der Veranda auf dem festlich gedeckten Geburtstagstisch neben Linzertorte und Guglhupf und wurde von den Anwesenden mit Bröseln gefüttert. Hitlers Nichte hatte den Vogel verletzt gefunden, gepflegt und dressiert. Auf ihren Lockruf hin konnte er ein kleines rotes Tuch aus der Bücherwand herausziehen. Zum Gaudium der Anwesenden trug die Dohle das Stückchen

Geli als Tierfreundin

Stoff im Schnabel, flatterte auf den Tisch und legte es vor Geli nieder. Dann spitzte die Dresseurin den Mund und gab der Dohle einen Kuss. Die meiste Zeit saß der Vogel vertraulich auf Gelis Knie.

Onkel und Nichte waren große Tierfreunde. Gemeinsam beobachteten sie, wie zwei in der Bergwelt um Berchtesgaden beheimatete Königsadler ihre Kreise zogen. Man sah die Vögel oft, bis – einige Jahre nach Gelis Tod – nur noch einer erschien. Wenig später glaubte Hitler auf dem Rücksitz eines vorbeifahrenden Autos den toten König der Lüfte entdeckt zu haben. Er ordnete eine Untersuchung an und forderte die strenge Bestrafung der Wilderer. Bevor es dazu kam, wurde eine Trophäe in der Münchner Wohnung des »Führers« abgegeben. Der Marmorsockel, auf dem der Adler befestigt war, trug die Inschrift: »Unserem geliebten Führer aus seinen Bergen zum 20. April gewidmet. Mitglieder der Ortsgruppe der NSDAP Berchtesgaden.« Hitler verbot die Aufstellung seines Geburtstagsgeschenks, die Verfolgung der Jäger unterblieb jedoch.[38]

Die Raubals waren fromme, praktizierende Katholiken und Geli ging am Sonntag, gemeinsam mit Mutter und Schwester, in ländlichen Sonntagsstaat gekleidet, zur Messe in die Frauenkirche am Anger von Berchtesgaden. Gemäß Hitlers Überzeugung brauchten Frauen Religion. »Bei Frauen bin ich dagegen, daß man mit Gewalt [gegen die Kirche] eingreift: sie können ein anderes Leben nicht mehr führen, sie sind hilflos.«[39] Der Politiker behinderte daher die Religionsausübung seiner Verwandten nicht, sparte jedoch keinesfalls mit verächtlichen Bemerkungen über Kirche und Klerus. Nach Aussage von Zeitzeugen glichen sie aufs Haar denen, die Hitler, der bis zu seinem Tod der katholischen Kirche angehörte und auch pünktlich seine Kirchensteuer entrichtete, noch viel später von sich gab. »Der schwerste

Geli mit den zwei Hunden ihres Onkels

Schlag, der die Menschheit getroffen hat, ist das Christentum; der Bolschewismus ist der uneheliche Sohn des Christentums; beide sind eine Ausgeburt des Juden.«[40] Oder: »Diese Pfaffen! Wenn ich bloß so eine schwarze Minderwertigkeit daherkommen sehe! Das Hirn ist dem Menschen gegeben, um zu denken; wenn er denken will, wird er von so einer schwarzen Dreckwanze verbrannt!« Oder: »Wenn unsere Schweinepfaffen ein siebenjähriges Kind im Beichtstuhl nach Sünden ausfragen: dadurch wird das Kind erst darauf hingewiesen!«[41]

War der Aufenthalt auf dem Obersalzberg reines Vergnügen, so gestaltete sich die Teilnahme an den jährlichen Parteitagen für Hitlers Nichte zur selbstverständlichen Pflicht, der sie – meist unter Aufsicht der Mutter – nachkam. »Welch ein Trubel und Jubel. Geli Raubal. Schönes Kind. Mit ihr, der Mutter und dem Chef auf dem Zimmer zu abend gegessen. Wir haben viel gelacht. Um 2h zu Bett«, berichtete Goebbels von dem viertägigen Parteitag im Jahre 1929 (1.–5. August 1929), dem bisher größten in der Geschichte der NSDAP. 20 000 uniformierte SA-Anhänger marschierten damals an Hitler vorbei und stundenlange Reden bestimmten den Tagesablauf.[42]

Ende November hielt Dr. Goebbels einen Vortrag in München. Er notierte sich: »Pfeffer [Franz Pfeffer von Salomon, SA-Führer], Schneidhuber [August Schneidhuber, SA-Führer], Geli, Else Müller [Tochter des Druckereibesitzers Adolf Müller, der den ›Völkischen Beobachter‹ herausgab]. Ganz München. Vor allem viel, viel Studenten. Ich habe einen guten Abend, rede 1a … Es ist eine Freude und ein Hallo sondergleichen …«[43] Anschließend saß man noch lange beisammen. »Bis nachts 2h beim Chef zu Besuch. Er hat nun eine neue geräumige Wohnung. Das freut mich für ihn. Geli, Else Müller und Hoffmann sind auch da. Wir erzählen und lachen viel …«[44] Vor seiner Abreise am darauf folgenden Tag kam Goebbels nochmals in die Prinzregentenstraße, nahm mit Hitler und Geli das Mittagessen ein und wurde von ihnen zur Weihnachtsfeier auf den Obersalzberg geladen.

1930 ging es mit der NSDAP nach langen Jahren der Stagnation aufwärts. Grund dafür war die durch den New Yorker Börsenkrach vom 29. Oktober 1929, dem »Schwarzen Freitag«, ausgelöste Weltwirtschaftskrise. Ihre Auswirkungen trafen das von Krisen geschüttelte Deutschland, in dem sich gerade ein zaghafter Aufschwung einstellte, in besonderem Maß, denn der »Young-Plan«, der ab 1930 die Reparationszahlungen in einem für die Deutschen günstigen Sinn hätte regeln sollen, erwies sich nun als undurchführbar. Die 1928 mit einer Million bezifferten Arbeitslosenzahlen stiegen rasant an – 1932 sollte man vier Millionen Beschäftigungslose zählen. Vor dem Hintergrund dieser Krise größten Ausmaßes errang die NSDAP bei den Reichstagswahlen 1930 beträchtliche Zuwächse – breite Wählerschichten sahen nur noch die NSDAP unter ihrem »Führer« als rettenden Ausweg.

Als sichtbares Zeichen von Erfolg und gestiegener Bedeutung leistete sich die nationalsozialistische Partei im Juli 1930 mit dem ehemaligen Palais Barlow in der Münchner Briennerstraße ein eigenes, sehr repräsentatives Parteigebäude, das der Volksmund – nach der Farbe der Parteiuniformen – bald »Braunes Haus« nannte. Über dem Eingang prangte der Spruch »Deutschland erwache!« Der feierlichen Eröffnung (1. Januar 1931) der durch Professor Troost nach den Ideen Adolf Hitlers im klassizistischen, nationalsozialistischen Stil umgestalteten Räumlichkeiten wohnte Geli bei. An der Seite des Onkels lauschte sie den Erörterungen des Architekten, der die Ehrengäste selbst durch das Haus führte. Sie sah die »Fahnenhalle« im Erdgeschoss, in der neben der Büste Bismarcks Fahnen und Standarten aus den Anfangsjahren der NSDAP aufgestellt waren, durfte den »Standartensaal« und die Räume der SA sowie die Arbeits- und Empfangszimmer des Onkels bewundern.[45]

Der lange erhoffte Aufstieg der NSDAP und die Erfolge ihres Parteivorsitzenden konnten Geli Raubal, die damals bereits in einer tiefen persönlichen Krise steckte, nicht beeindrucken. Sie zweifelte an ihrer sängerischen Begabung. Sie vermisste den Kontakt zu Gleichaltrigen. Sie litt unter der finanziellen Abhängigkeit vom Onkel, dessen dominierende Persönlichkeit jede Eigenständigkeit erstickte. Das Leben in der Prinzregentenstraße empfand sie zunehmend als Zwang und Beschränkung und den immer gleich bleibenden Kreis von nationalsozialistischen »Kämpfern« als Qual.

In der Faschingssaison 1931 rebellierte Hitlers Nichte. Seit sie in München lebte, war es ihr sehnlichster Wunsch gewesen, eines der unkonventionellen Schwabinger Atelierfeste, von denen alle Welt schwärmte, zu erleben. Der um Erlaubnis gefragte Onkel lehnte brüsk ab. Geli insistierte. Schließlich willigte Hitler ein. Er gab seine Erlaubnis, aber nicht für eines der wilden Feste, auf denen es locker zuging, sondern für einen traditionellen Ball. Gleichzeitig wusste er dem Mädchen die Freude gründlich zu vergällen, denn er bauschte das triviale Vergnügen zu einer endlos diskutierten Affäre auf.

Auch das Skifahren hat der Onkel, der – eigenen Angaben zufolge – selbst in seiner Jugend mit Begeisterung auf dem Domberg bei Steyr Ski fuhr,[46] seiner Nichte streng verboten – ganz wie er nach der NS-Machtergreifung seinen Ministern alle gefährlichen Sportarten untersagen sollte! Neidvoll hörte Geli die Berichte ihrer Freundin Henriette: »Im Winter waren wir am Tegernsee und jagten am Sonntagabend auf windigen Brettln mit Haselnußstecken den Wallberg hinunter zwischen den Bäumen hindurch. Alles das durfte Geli nicht – Geli war eine Kostbarkeit.«[47]

Tatsächlich war alles unerwünscht, wodurch Geli sich für längere Zeit der Aufsicht des Onkels entzog. Im Sommer standen Wanderungen mit Jugendlichen, an denen das sportliche Mädchen zu gern teilgenommen hätte, auf seiner ungeschriebenen Verbotsliste.

»In diesem Sommer [1931] fuhr ich mit Studenten und Studentinnen nach Tirol«, erzählte Freundin Henriette nach ihrer Rückkehr[48]. »Wir machten unsere Bergtouren im Kaisergebirge, schliefen in den Berghütten und rechneten uns aus, wie viel vom Roten wir in Kufstein trinken dürften, damit das Geld noch zum Trambahnfahren vom Münchner Bahnhof aus langte.«

Hitlers Hofstaat zog daraus seine Schlüsse. Bald kristallisierte sich die Meinung heraus, dass der »Führer« selbst in seine schöne Nichte verliebt sei und es nicht ertrage, sie einem anderen zu überlassen.

Und Gelis Freundin Henriette fasste zusammen: »Für Hitler war Geli ein Bild von einer jungen Frau. Frisch, schön, wohlgestalt und unverdorben. Aber seine Fürsorge wurde Reglement und Zwang …«[49]

»Das muß MIR passieren«

Der Selbstmord im Hause Hitler

Den Ausklang des Sommers 1931 verbrachte Geli Raubal auf dem Obersalzberg. Am 8. September unternahm sie mit ihrem Bruder, dem Lehrer Leo, bei herrlichem Wetter eine schöne dreitägige Wanderung in der Bergwelt um Berchtesgaden. Sie wirkte gut gelaunt, fröhlich und heiter. »Meine Schwester zeigte keinerlei Anzeichen von Depression oder Verstimmung. Sie war wie immer«, gab Leo Raubal nach dem Krieg in einem Interview an.[1] Am 16. September 1931 kehrte Geli auf ausdrückliches Verlangen ihres Onkels, der damals den Zusammenschluss von NSDAP, Deutschnationalen und »Stahlhelm« zur »Harzberger Front« betrieb, nach München zurück. Auch die Angestellten in Hitlers Wohnung bemerkten keine Veränderung an Geli – die bevorstehende Tragödie warf keine Schatten voraus.

Nach den Angaben von Hitlers loyalen Hausgenossen, denen allerdings nur geringer Wert zukommt, verlief das gemeinsame Nachtmahl von Geli und Hitler am Abend des 17. ruhig und harmonisch. Anschließend sah der Onkel seine Post durch und traf Vorbereitungen für eine neuerliche Wahlreise, die ihn bereits am Tag darauf in den Norden Deutschlands führen sollte. Freitag, der 18. September 1931, war ein trüber Tag mit geringen Niederschlägen. Der schon am Vortag angekündigte Abbau des Hochdruckwetters setzte sich fort, und ein Wetterumschwung, der Bayern erstmals seit 100 Jahren Schnee zum Sommerende bescheren sollte, kündigte sich durch unangenehmen Föhn an. Gegen 15 Uhr brachen Adolf Hitler, sein Fahrer Julius Schreck

Geli mit Hund

und der Fotograf Hoffmann zur ersten Reiseetappe in Richtung Nürnberg auf. Über Hitlers Abschied von seiner Nichte gibt es nur die – sehr dubiose – Überlieferung aus der Feder des Adlaten Hoffmann, der während des NS-Regimes mit seiner Kamera das Bild des Dritten Reichs prägen sollte und nach dem Krieg in seinen Erinnerungen ein Idealbild des »Führers« zu schaffen suchte. Ihm zufolge soll Geli Raubal über das Stiegengeländer geschaut, gewinkt und fröhlich »Auf Wiedersehen, Onkel Alf! Auf Wiedersehen, Herr Hoffmann!« gerufen haben.[2]

Von den anschließenden Vorgängen im Hause Hitler gibt es mehrere unterschiedliche Berichte. So gab die Haushälterin kurz nach Kriegsende an: »Sie [Geli] telefonierte mit einer Freundin, und ich habe auch gesehen, daß sie Briefe geschrieben hat. Dann schloß sie sich ein.« Die Freundin konnte als Elfie Samthaber eruiert werden. Der Inhalt des Telefonats entpuppte sich als belanglose Plauderei über Kleidung und Theater. Ein anderes Mal sagte Frau Winter, dass Geli an diesem Schicksalstag zu ihr gesagt hätte: »Ich geh mit einer Freundin ins Kino. Sie brauchen mir kein Abendessen richten.« Später hat Frau Winter, die nach dem Krieg einen Handel mit Möbeln und NS-Devotionalien betrieb, ihre Angaben weiter variiert und den Erwartungshaltungen der jeweiligen Interviewer angepasst. »Geli erzählte mir, Onkel Alf hätte ihr den Kauf eines neuen Kleides verboten und eine dazu von ihr geplante Reise nach Wien nicht bezahlen wollen …«[3] Weiterhin meinte sie, dass Geli an diesem Tag beim Aufräumen von Hitlers Zimmer einen Brief von Eva Braun gefunden hätte und darüber erzürnt gewesen wäre. Dass der »Führer« die junge Assistentin Hoffmanns regelmäßig traf, war der Nichte allerdings eine schon seit Oktober 1929 bekannte Tatsache. Im Nachhinein wollte Frau Winter auch eine gewisse Depression an Geli bemerkt und sich insgeheim gefragt haben: »Fühlte sich das junge Mädchen im Hause Hitlers nicht mehr wohl?«

Fest steht nur, dass die Winters damals bereits über eine eigene Wohnung verfügt haben und nach Abschluss ihrer Tätigkeit nach Hause gegangen sind. Auch an diesem Freitag hat Frau Winter ihre Dienststätte vor 17 Uhr verlassen. Geli blieb mit der am Ende der Zimmerflucht einquartierten Frau Reichert allein zurück. Am Morgen des 19. September 1931 trat Anna Winter ihren Dienst wie gewöhnlich gegen 8 Uhr an. Da Geli Raubal nicht zum Frühstück erschien und aus ihrem Zimmer kein Laut drang, alarmierte sie schließlich ihren Mann. Umringt und versorgt mit Ratschlägen aller anwesenden Frauen, brach dieser nach einigem Zögern schließlich die Doppeltür zum Schlafzimmer von Hitlers Nichte auf. Den entsetzten Blicken der Anwesenden bot sich ein schreckliches Bild: Geli lag mit blau verfärbtem Gesicht auf dem Boden, die Pistole des Onkels neben sich. Dem Anschein nach war sie bereits seit geraumer Zeit tot. Georg Winter ergriff die Initiative. Er alarmierte weder einen Arzt noch die Polizei. Vielmehr verständigte er Hitlers Sekretär Rudolf Hess, der seinerseits die graue Eminenz der NSDAP, den Schatzmeister Franz Xaver Schwarz, zu Hilfe rief. Beide kamen sofort. Unter dem Gesichtspunkt der Wahrung der Interessen von Partei und »Führer« besprachen sie die Tragödie in Hitlers Wohnung mit dem Personal, mahnten zur Verschwiegenheit, gaben Instruktionen und legten für die Hausangestellten eine gemeinsame Linie fest.[4]

Anschließend eilte Rudolf Hess ins »Braune Haus«, die Parteizentrale der NSDAP, um seinen Chef zu verständigen. Erst dann hat sich Georg Winter um 10.15 Uhr »fernmündlich« an die Polizei gewandt. Als der Kriminaloberkommissar Sauer und sein Kollege Kriminalkommissar Forster in Begleitung des Polizeiarztes Dr. Müller wenig später eintrafen, wurden sie von Georg und Anna Winter, Maria Reichert, Anna Kirmair und dem NSDAP-Funktionär Schwarz empfangen.

Vom ersten Lokalaugenschein gibt es eine Aktennotiz, in der es heißt: »Die Leiche lag in dem Zimmer, das nur einen Eingang und Fenster auf den Prinzregentenplatz hat, mit dem Gesicht auf dem Boden vor dem Sofa, auf dem sich eine Waltherpistole 6,35 mm befand. Pol. Arzt Dr. Müller stellte fest, daß der Tod durch einen Lungenschuß, und zwar der Totenstarre nach schon vor vielen Stunden [17–18] eingetreten war. Es handelte sich um einen Nahschuß, der im Ausschnitt des Kleides unmittelbar auf der Haut angesetzt und oberhalb des jedenfalls nicht getroffenen Herzens eingedrungen war; das Geschoß war nicht aus dem Körper ausgetreten, aber auf der linken Rückenseite etwas über Hüfthöhe unter der Haut fühlbar. In dem Zimmer von Angela Raubal konnte kein Abschiedsbrief und auch kein sonstiges Schriftstück mit irgendeiner Angabe über ihre Selbstmordabsicht gefunden werden. Nur ein angefangener Brief an eine Wiener Freundin, in dem gar nichts von Lebensüberdruß enthalten war, lag auf dem Tisch.«[5]

Diese Darstellung ist Teil des offiziellen, an das Staatsministerium des Inneren weitergeleiteten Schlussberichts, den die beiden mit den Ermittlungen betrauten Kriminalkommissare und der Polizeiarzt erstellt haben. Er ist die einzige objektive Quelle zu der »Causa Raubal«. Die Angestellten wurden nacheinander angehört.[6] Am Beginn der Ermittlungen bat man Maria Reichert um allgemeine Auskünfte, worauf sich die Beamten notierten: »Mieter der Wohnung ist … Adolf Hitler, bei ihm wohnen die Eheleute Reichert in Untermiete und wieder bei diesen war Angela Raubal seit dem 5. 10. 1929 als Untermieterin. Raubal hatte sich zunächst als stud. med. gemeldet, später als Beruf eingetragen ›privat‹.«[7]

Dann gab Georg Winter an: »Ich bin bei Hitler als Hausverwalter angestellt. Heute früh um 9.30 Uhr verständigte mich meine Frau, daß mit Raubal etwas vorgefallen sein müßte, weil ihre Zimmertür abgesperrt und die Pistole Hitlers, welche im Nebenzimmer in einem offenen Schranke verwahrt war, nicht mehr da wäre. Ich klopfte daher wiederholt an der Zimmertüre, bekam aber keine Antwort. Als mir die Sache verdächtig vorkam, öffnete ich um 10 Uhr mit einem Schraubenzieher gewaltsam die verschlossene zweiflügelige Türe. Diese war von innen verschlossen und der Schlüssel steckte noch im Schlüsselloch. Als ich die Türe aufmachte, waren meine Frau, Frau Reichert und Anna Kirmair zugegen. Als ich die Tür geöffnet hatte, trat ich in das Zimmer und fand Raubal am Boden liegend als Leiche vor. Sie hatte sich erschossen. Irgendeinen Grund, warum sie sich erschossen hat, kann ich nicht angeben.«

Die anschließende Aussage der Maria Reichert lautete: »Am 18.9.1931 gegen 15 Uhr hörte ich, wie die Tür der Raubal zugeschlossen wurde. Ich war in einem anderen Zimmer und kann daher nicht angeben, ob sich Raubal selbst in ihr Zimmer eingeschlossen hat. Kurze Zeit darauf vernahm ich aus dem Zimmer der Raubal einen kleinen Krach, als ob etwas umgestoßen worden wäre. Ich schenkte dem keine besondere Bedeutung. Gegen 22 Uhr wollte ich das Bett der Raubal [Schlafsofa] herrichten, fand aber ihre Zimmertüre noch verschlossen vor. Auf Anklopfen erhielt ich keine Antwort und dachte, Raubal wäre ausgegangen. Heute früh um 9 Uhr klopfte ich wieder an der Türe und erhielt keine Antwort. Dies kam mir verdächtig vor und ich verständigte deshalb Frau Winter. Diese ließ ihren Mann kommen, der dann in unserem Beisein die von innen verschlossene Türe öffnete. Aus welchem Grunde sich Raubal das Leben genommen hat, kann ich nicht angeben. Sie war in letzter Zeit sehr aufgeregt. Aus welchem Grund sich Raubal das Leben genommen hat, kann ich nicht sagen.«

Nach den Angaben der Zeugin zu schließen, hatte Anna Winter angesichts der versperrten Tür sofort schlimmste Befürchtungen. Sie überlegte nicht, dass Geli, die beim Weggehen oft ihr Zimmer abschloss, das Haus am frühen Morgen verlassen haben könnte. Auch an Krankheit oder Unfall dachte sie nicht. Vielmehr forschte sie, die Möglichkeit eines Selbstmordes erwägend, nach dem Verbleib von Hitlers Pistole – eigenartige Gedankengänge, falls im Hitler'schen Haushalt tatsächlich die von ihr geschilderten ideal-harmonischen Zustände vorherrschten. Auffällig für die Stimmung im Hause Hitler ist auch die abschätzige – von sämtlichen Befragten verwendete – einheitliche Bezeichnung der Toten als »die Raubal«, die auf unterschwellige Animosität schließen lässt – üblich wäre in der damaligen Zeit die höfliche Anrede »Frl. Geli« oder »Frl. Raubal« gewesen.

Maria Reichert hat als einzige Zeugin von einem »kleinen Krach« gesprochen. Tatsächlich dürfte die Detonation der kleinkalibrigen, direkt auf den Körper angesetzten 6,35-mm-Pistole in dem von Frau Reichert und ihrem Mann bewohnten Raum am Ende einer langen und hohen Zimmerflucht nur noch gedämpft zu hören gewesen sein. Als um 22 Uhr Frau Reichert an ihre Türe klopfte, war Geli, nach dem Urteil des Polizeiarztes, schon längst ihren inneren Blutungen erlegen.

Die Aussage von Anna Winter, der Zeugin Nr. 3, lautete: »Am 18.9.1931 gegen 15 Uhr sah ich, wie Raubal stark aufgeregt in das Zimmer Hitlers ging und dann wieder in ihr Zimmer zurückeilte. Dies kam mir wunderbar vor. Ich nehme nun an, daß sie sich damals die Pistole aus dem Zimmer Hitlers geholt hat. Ich war zugegen, als mein Mann die Tür gewaltsam öffnete. Warum sich Raubal das Leben genommen hat, weiß ich nicht.« Anna Kirmair äußerte sich in ähnlicher Weise: »Als Winter die versperrte Wohnungstüre öffnete, war ich zugegen, die Türe war von innen abgeschlossen und der Schlüssel steckte noch im Schloß. Warum sich Raubal das Leben genommen hat, weiß ich nicht.«

Die Angaben von Hitlers Helfern sind von lapidarer Kürze. Über das Tatmotiv schwiegen die Beteiligten aus Loyalität zu ihrem verehrten »Chef«. Ihre Vermutungen behielten sie für sich. Der Schlüssel für die Vorgänge im Hause Hitler ist jedoch in Anna Reicherts Beobachtung zu finden, die der Polizei gegenüber aussagte, dass »Raubal in letzter Zeit sehr aufgeregt war«.

Der Anruf seines Sekretärs erreichte Hitler nicht mehr in dem von ihm bevorzugten Nürnberger Hotel »Deutscher Hof«, wo er auch diesmal abgestiegen war. Die kleine Gruppe war bereits gemächlich in Richtung Bayreuth unterwegs, als der Wagen des »Führers« von einem Taxi mit einem aufgeregten Hotelangestellten gestoppt wurde. Auf die vage Angabe von einem Unglück, das Geli in seiner Wohnung zugestoßen sei, ließ Hitler wenden. In rasanter Fahrt und unter Missachtung aller Geschwindigkeitsvorschriften kehrte man nach München zurück, wo man knapp nach 14.30 Uhr eintraf. Zu diesem Zeitpunkt waren die Ermittlungen am Tatort bereits abgeschlossen, die Kriminalbeamten hatten Hitlers Wohnung schon verlassen. Die Diagnose des Polizeiarztes lag vor. Nach einer vom heutigen Standpunkt aus nur oberflächlichen Untersuchung war er zu dem Schluss gekommen, dass ein zweifelsfreier Suizidfall vorliege. Unter diesen Umständen hielt er eine Obduktion der Leiche für überflüssig,[8] forderte daher auch nicht die Erstellung eines diesbezüglichen Befundes an und stellte ohne Zögern den so genannten Leichenschauschein aus. »Da nach der ganzen Sachlage Selbstmord angenommen werden mußte, wurde die Leiche in der Wohnung belassen«, heißt es in seiner Stellungnahme.

Um 14 Uhr ist dann die städtische Leichenfrau Maria Fischbauer eingetroffen, um die Tote auf den Abtransport vorzubereiten. »Ich habe die Leiche der Angela Raubal gewaschen, angekleidet und mit der Gehilfin Frl. Braun in einen Holzsarg gelegt«, berichtete sie über ihre Tätigkeit, die in Hitlers Wohnung stattfand und damit heute fast an mittelalterliche Gepflogenheiten erinnert. Das Procedere im »Fall Angela Raubal« wich jedoch in nichts von der damals üblichen Praxis ab.

Selbstmorde stellten in der tristen Zeit wirtschaftlicher Depression keine Seltenheit dar. Um 1930 war die Zahl der

Suizidfälle in Deutschland im Steigen begriffen, da viele aus dem Heer der Gescheiterten, Verarmten, Arbeits- und Obdachlosen den Freitod als letzten Ausweg sahen. In der Münchner Polizeidirektion führte man ein eigenes »Selbstmörderbuch«, viele Zeitungen hatten eine eigene und regelmäßige Rubrik »Selbstmorde«.

Hitler konnte seine Nichte noch sehen, bevor ihr Leichnam in die Aufbahrungshalle des Münchner Ostfriedhofs gebracht wurde. Er ordnete auch die Verständigung seiner Schwester auf dem Obersalzberg an. Bereits kurz vor 15 Uhr ließ er durch einen Boten im Dienstzimmer der Polizeidirektion ausrichten, dass er »in seiner Wohnung zu sprechen wäre, wenn ihn die Polizei zu sprechen wünschte«. Dem Kriminaloberkommissar Sauer, der daraufhin um 15.30 Uhr erneut am Schauplatz des Selbstmords eintraf, trat der Politiker gefasst entgegen. Bereitwillig gab er Auskunft: »Meine Nichte ist zuerst Studentin der Medizin gewesen, hat aber daran keinen Gefallen gefunden und sich dem Gesangsstudium zugewandt. Sie hätte nun bald auftreten sollen, fühlte sich dem aber nicht gewachsen und wollte bei einem Professor in Wien noch weitere Studien machen. Ich habe mich damit einverstanden erklärt unter der Voraussetzung, daß ihre in Berchtesgaden befindliche Mutter mit nach Wien geht. Als sie das nicht wollte, habe ich mich gegen den Wiener Plan ausgesprochen. Sie ist darüber wohl ungehalten gewesen, hat sich aber nicht besonders aufgeregt und sich auch bei meiner Abfahrt am Freitag Nachmittag ganz ruhig von mir verabschiedet. Sie hat früher einmal, nachdem sie in einer Gesellschaft am Tischrücken teilgenommen hat, sich zu mir geäußert, sie werde sicher keines natürlichen Todes sterben. Die Pistole hat sie leicht nehmen können, da sie wußte, wo ich meine Sachen aufbewahre.«[9]

Hitler selbst hat demnach zugegeben, dass es am Tag von Gelis Selbstmord Differenzen wegen Gelis Berufs- und Zukunftsplänen gab. Bezeichnend ist, dass der Onkel, eigenen Angaben zufolge, der damals über 23-Jährigen noch immer vorschreiben wollte, wann, ob und mit wem sie nach Wien fahren könne. Die Formulierung »sie habe sich ganz ruhig von mir verabschiedet« lässt vermuten, dass es im Hause Hitler nicht immer ruhig zugegangen ist. Auf jeden Fall hatte die Nichte keine Veranlassung, dem Onkel, der ihre Pläne durchkreuzte, beim Abschied fröhlich zuzuwinken. Diese nach dem Krieg entstandene durchsichtige Darstellung des Fotografen Hoffmann sollte jenen bald kursierenden Gerüchten entgegenwirken, die Hitler als Mörder Gelis sahen. Die Aussage Frau Reicherts, dass »Raubal in letzter Zeit sehr aufgeregt war«, charakterisiert jedoch die angespannte Situation wohl besser.

Hitler zeigte sich, wie der Kriminalbeamte dann zu Protokoll nahm, sehr kooperativ. Weder auffällige Trauer noch besondere Emotionen waren an dem Politiker zu bemerken, der sachlich über seine Nichte berichtete. »Er äußerte sich, daß ihm ihr Ableben sehr nahe gehe, sei sie doch die einzige ihm nahe stehende Verwandte gewesen, die er um sich hatte.« Noch unter dem Eindruck des Geschehenen, erwog Hitler bereits die möglichen negativen Auswirkungen der Tragödie auf sich selbst und seine Karriere: »... nun muß MIR das passieren«, meinte der Politiker, dessen Partei sich im Aufwind befand, anklagend und vorwurfsvoll. »Seine größte Sorge war«, berichtet der NS-Jugendführer Baldur von Schirach in seinen Memoiren, »daß politische Gegner aus der Geli-Tragödie politisches Kapital schlagen würden.«[10]

Hitler fürchtete damals nicht nur die Attacken rivalisierender Parteien, sondern auch die Ausnützung der Situation durch die Opposition in den eigenen Reihen, hatte er doch den »Stennes-Putsch«, die Revolte unzufriedener SA-Anhänger, erst kurz davor mit Mühe beilegen können.

Tatsächlich haben die Medien, die sich auf eine kurze Presseaussendung der Polizei stützten, dem »Fall Raubal« – im Gegensatz zu späteren Darstellungen – keine übermäßige Beachtung geschenkt. Die meisten Zeitungen schrieben ähnlich wie die »Münchener Neuesten Nachrichten«[11]: »Selbstmorde: In einer Wohnung in Bogenhausen hat eine 23 Jahre alte Privatstudierende Selbstmord begangen. – Das unglückliche Mädchen – Angela Raubal – war die Tochter der Stiefschwester Adolf Hitlers ... über die Beweggründe ist vorerst keine volle Klarheit zu erlangen. Die eine Auslegung lautet, Frl. Raubal habe in Wien einen Sänger kennengelernt, ihr Onkel habe ihr aber weitere Reisen dorthin versagt. Andere wollen wissen, die Unglückliche habe sich getötet, weil sie demnächst als Sängerin öffentlich auftreten sollte und sich dieser Aufgabe nicht gewachsen fühlte.«

Die sozialdemokratischen Redakteure der »Münchener Post«[12], vehemente Gegner der Nationalsozialisten, deren Lokalitäten Hitler im Zuge seines Putschversuchs im November 1923 hatte demolieren lassen, waren meist sehr gut informiert. Die NSDAP hasste und fürchtete ihre Enthüllungen – erst im Juni 1931 hatte die Zeitung in großer Aufmachung über die Homosexualität von SA-Führer Ernst Röhm berichtet. Nun witterte die »Post« hinter der Tragödie im Haus des »Führers« eine »rätselhafte Affäre« mit dunklen Machenschaften, äußerte Zweifel am Selbstmord und brachte Fremdverschulden ins Spiel. Indirekt klagte man Hitler an. In dem Beitrag, der die Polizei, aber auch die Juristen der NSDAP auf den Plan rief, heißt es: »... am Freitag, dem 18. September, gab es wiederum einen heftigen Streit zwischen Herrn Hitler und seiner Nichte. Was war der Grund?

Die lebhafte 23jährige Musikstudentin Geli wollte nach Wien fahren. Sie wollte sich verloben. Hitler war strengstens dagegen. Die beiden hatten ständige Auseinandersetzungen darüber. Nach einer heftigen Szene verließ Hitler seine Wohnung ... die Nase der Toten war gebrochen ... und die Leiche wies andere schwere Verletzungen auf ...«

Dem Bericht des Polizeiarztes zufolge war der Fall jedoch eindeutig. Wie Dr. Müller nach seiner 20-minütigen Untersuchung angab und später präzisierte, hatte Geli Raubal am 18. September zwischen 17 und 18 Uhr ihrem Leben ein Ende gesetzt, wahrscheinlich knapp nachdem Frau Winter das Haus verlassen hatte. Der Onkel befand sich also bereits in der Nähe von Nürnberg, als seine Nichte auf höchst schmerzhafte Weise starb. Für den beabsichtigten schnellen Tod hatte Geli die Pistole zu hoch und zu weit links angesetzt, verfehlte dadurch das Herz und traf die Lunge, wo der Schuss mit großer Wahrscheinlichkeit eine Lungenvene zerfetzte. Vermutlich war sie aufgrund der ausgelösten Druckwelle sofort bewusstlos. Sie fiel vornüber, kam auf dem Gesicht zu liegen und verstarb an inneren Blutungen.

Der »Münchener Post« war auch die Präsenz von Funktionären der NSDAP an der Unglücksstelle bekannt und suspekt: »Herren aus dem Braunen Haus [Palais Barlow, Parteizentrale] konferierten, was über das Motiv der Tat publiziert werden sollte. Sie kamen überein, daß Gelis Tod als Resultat ihrer frustrierten künstlerischen Hoffnungen hingestellt werden sollte.«[13] Einen weiteren Vertuschungsversuch sah man in der Tatsache, dass Angela Raubal als Untermieterin von Hitlers Untermieterin im Melderegister geführt wurde. Man war sicher, dass der »Führer« der NSDAP etwas zu verbergen hatte.

Emil Maurice, der die Tragödie seiner Exverlobten mitverfolgte, gehörte um diese Zeit nicht mehr zum inneren, informierten Zirkel um Hitler. Trotzdem erklärte er, dass damals vonseiten der NSDAP tatsächlich Druck auf die bürgerliche Presse ausgeübt worden sei, um eine ungünstige Berichterstattung zu verhindern. Es steht auch fest, dass eine Untersuchung der Münchner Staatsanwaltschaft noch am Tag der Auffindung der Leiche eingestellt wurde, da kein Grund für Ermittlungen vorzuliegen schien. Misstrauische Hitler-Gegner vermuteten hinter dieser Aktion eine Weisung des bayerischen Justizministers Franz Gürtner, der Teile der Hitler-Bewegung als im »nationalen« Sinn wertvoll erachtete und glaubte, sie für die Politik der bayerischen Regierung gewinnen zu können. Nach Gelis Selbstmord erinnerten sich viele, dass es Gürtner gewesen war, der den Hochverratsprozess gegen Hitler im Jahre 1923 in München und nicht in Leipzig, wo dem Angeklagten die Todesstrafe gedroht hätte, verhandeln ließ. Damit sollte allerdings nicht primär Hitler geholfen werden. Vielmehr wollte Gürtner verhindern, dass die für die bayerische Staatsautorität unrühmliche Vorgeschichte des Putsches an die Öffentlichkeit gelangte. 1932 stieg der bayerische Justizminister zum Reichsjustizminister auf. Er wurde nicht, wie oft behauptet, erst 1933 von Hitler nach der Machtergreifung der Nationalsozialisten zum Dank für geleistete Dienste in die Regierung berufen. Vielmehr erklärte der »Führer«, er habe sich bei der Übernahme des Juristen »geradezu zu einer abgeklärten Objektivität durchringen müssen, um den Mann, der ihn seinerzeit eingesperrt habe, zum deutschen Justizminister zu machen.«[14]

Nach dem Artikel der »Münchener Post« vom 21. September führte die Staatsanwaltschaft München I weitere Erhebungen durch, wobei man vor allem der Frage der Zertrümmerung des Nasenbeins sowie den Verletzungen am

Körper der Selbstmörderin größte Aufmerksamkeit schenkte. »Im Gesicht, besonders an der Nase waren keine Verletzungen, verbunden mit irgendwelcher Blutung festzustellen. Im Gesicht fanden sich lediglich ausgeprägte dunkel-livide Totenflecke[n], die davon herrührten, daß Angela Raubal mit dem Gesicht zu Boden verschied und in dieser Lage etwa 17–18 Stunden liegen blieb. Daß die Nasenspitze leicht plattgedrückt war, ist lediglich eine Folge des stundenlangen Aufliegens des Gesichts am Boden. Die intensive Verfärbung der Totenflecke im Gesicht ist wohl darauf zurückzuführen, daß durch den Lungenschuß der Tod vorwiegend durch Ersticken eintrat«, präzisierte der Polizeiarzt.[15]

Auch die beiden städtischen Leichenfrauen kamen zu Wort. Maria Fischbauer meinte: »Außer der Einschußöffnung auf der Brust habe ich keine Verletzungen wahrgenommen, insbesondere habe ich nicht bemerkt, daß das Nasenbein eingeschlagen oder die Nase sonst verletzt war.«[16] Und ihre Kollegin gab an: »Ich habe am Sonntag, dem 20. 9. 31, zwischen 11 und 12 Uhr im Ostfriedhof die Leiche der Angela Raubal mit Hilfe des Leichenwärters Zehetmeier in einen Zinksarg umgelegt. Dabei habe ich mir die Leiche genau angesehen, weil ich gehört hatte, daß die Verstorbene eine Nichte Hitlers war. Sie war im Gesicht sehr blau. Außer der Einschußöffnung auf der Brust habe ich keinerlei Verletzungen wahrgenommen, insbesondere ist mir an der Nase nichts Verdächtiges aufgefallen.«[17]

In den Dreißigerjahren war es durchaus üblich, dass die Bestattungserlaubnis unmittelbar nach dem Abschluss der polizeilichen Ermittlungen, das heißt innerhalb von drei bis fünf Tagen und noch vor dem Aufliegen des Schlussprotokolls (28. September 1931) erteilt wurde. Der »Fall Raubal« war keine Ausnahme. Später jedoch, als – infolge des

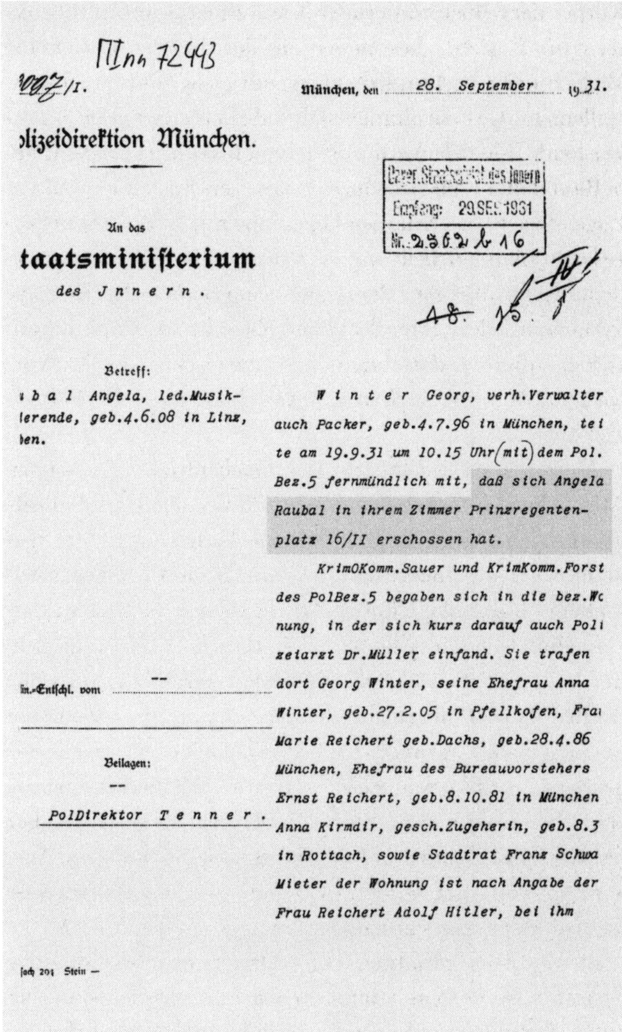

IIIn.n 72443

~~1007~~/I. München, den 28. September 19 31.

olizeidirektion München.

An das

taatsministerium

des Jnnern.

Bayer. Staatsministerium des Innern
Empfang: 29.SEP.1931
Nr. 2362 b 16

IV

~~48.~~ 15.

Betreff:

ɪ b a l Angela, led.Musik-
lerende, geb.4.6.08 in Linz,
ben.

W i n t e r Georg, verh.Verwalter auch Packer, geb.4.7.96 in München, tei te am 19.9.31 um 10.15 Uhr (mit) dem Pol. Bez.5 fernmündlich mit, daß sich Angela Raubal in ihrem Zimmer Prinzregentenplatz 16/II erschossen hat.

KrimOKomm.Sauer und KrimKomm.Forst des PolBez.5 begaben sich in die bez.Wo nung, in der sich kurz darauf auch Poli zeiarzt Dr.Müller einfand. Sie trafen dort Georg Winter, seine Ehefrau Anna Winter, geb.27.2.05 in Pfellkofen, Fra Marie Reichert geb.Dachs, geb.28.4.86 München, Ehefrau des Bureauvorstehers Ernst Reichert, geb.8.10.81 in München Anna Kirmair, gesch.Zugeherin, geb.8.3 in Rottach, sowie Stadtrat Franz Schwa Mieter der Wohnung ist nach Angabe der Frau Reichert Adolf Hitler, bei ihm

in.-Entschl. vom --

Beilagen:
--

PolDirektor T e n n e r .

sach 203 Stein —

»… daß sich Angela Raubal in ihrem Zimmer erschossen hat.« Das offizielle Polizeiprotokoll zum Selbstmord von Hitlers Nichte

Fortschritts der Kühltechnik – zwischen Tod und Beerdigung oft Wochen lagen, wertete man die rasche Abwicklung der Formalitäten als Anzeichen für die Intervention höchster Münchner Polizeikreise. Die Leiche war von der Staatsanwaltschaft München I bereits am Montag, dem 21. September, zur Beerdigung freigegeben worden.

Zu diesem Zeitpunkt befand sich Hitler schon zwei Tage im Landhaus von Adolf Müller, dem Inhaber der Druckerei des »Völkischen Beobachters«, da er am Ort der Tragödie Gelis nicht übernachten wollte. Heinrich Hoffmann begleitete den »Führer« nach St. Quirin am Tegernsee, wo dieser sofort nach seiner Ankunft mit Dr. Hans Frank, dem Leiter der Rechtsabteilung der NSDAP (seit 1927), Maßnahmen gegen die Berichterstattung der »Münchener Post« erwog. Noch am 21. September, kurz nach Erscheinen des Artikels, kamen sie überein, die Zeitung unter Androhung einer Verleumdungsklage zu einer Entgegnung zu zwingen. Und noch am gleichen Abend verfasste Hitler eigenhändig seine Entgegnung. Sie lautete:

»1. Es ist unwahr, daß ich mit meiner Nichte Angelika Raubal ›immer neuen Streit‹ bzw. ›eine heftige Auseinandersetzung‹ am Freitag, den 18. September 1931 oder vorher hatte. 2. Es ist unwahr, daß ich ›entschieden dagegen war‹, daß meine Nichte nach Wien reise. Wahr ist, daß ich niemals gegen die geplante Reise meiner Nichte nach Wien war. 3. Es ist unwahr, daß sich meine Nichte in Wien verloben wollte oder ich gegen eine Verlobung meiner Nichte irgendetwas hatte. Wahr ist, daß meine Nichte, von der Sorge gequält, die zu einem öffentlichen Auftreten nötigen Anlagen doch nicht zu besitzen, nach Wien fahren wollte, um dort bei einem ersten Stimmpädagogen ihre Stimme neuerlich prüfen zu lassen. 4. Es ist unwahr, daß ich meine Wohnung am 18. September 1931 ›nach einem heftigen Auftritt‹

verließ. Wahr ist, daß keinerlei Auftritt gewesen war und keine Erregung herrschte, als ich meine Wohnung an diesem Tag verließ.« Die »Münchener Post«, deren Informanten nicht zitiert werden konnten, druckte Hitlers Stellungnahme bereits am 23. September 1931 und ließ sie auch im »Volksboten« erscheinen.[18]

Auf Wunsch ihrer Mutter wurde die Leiche von Geli Raubal nach Wien überführt. Das Begräbnis fand in Anwesenheit von Angela Raubal, von Gelis Geschwistern Leo und Elfriede sowie Hitlers jüngerer Schwester Paula am 23. September 1931 um 15 Uhr auf dem Wiener Zentralfriedhof statt. Hitler selbst blieb fern. Er wäre dazu »psychisch nicht in der Lage gewesen«[19], meinten seine Parteifreunde. Tatsächlich war unsicher, ob das Innenministerium in Wien dem damals staatenlosen, mit einem Aufenthaltsverbot belegten Exösterreicher die Einreise rechtzeitig gestatten würde. Am 24. September 1931 sprach Hitler bereits wieder auf einer Großversammlung in Hamburg. Anschließend machte er sich – ausgestattet mit einem Sondervisum – auf den Weg nach Wien. Die österreichische Regierung hatte das gegen den NSDAP-Führer bestehende Einreiseverbot kurzfristig aufgehoben. Bedingung: keinerlei politische Aktivitäten. Die österreichischen Zollbeamten am Grenzübergang Freilassing registrierten Hitlers Mercedes (II A 19357) in den Morgenstunden des 26. September 1931 und ließen ihn passieren. Die Grenzer benachrichtigten allerdings sofort die Bundespolizei in Salzburg, die ihre Kollegen in Wien alarmierten. Aufgrund des trüben Regenwetters konnte Hitlers Wagen trotzdem unbemerkt die Wiener Stadtgrenze passieren. Erst gegen 10 Uhr geriet das Auto wieder ins polizeiliche Visier: Es rollte durch das Hauptportal auf den Wiener Zentralfriedhof. Etwa 25 Minuten stand der Wagen dort, dann fuhr er zum Hotel »Goldenes Lamm« im 4. Wiener Gemeindebezirk, wo Hitler seine Verwandten zum Mittagessen traf. Gegen 13 Uhr verließ das observierte Fahrzeug die Stadt in Richtung Deutschland.[20]

Ende April 1945 hat Hitlers persönlicher Adjutant Julius Schaub auf dem Obersalzberg im Auftrag seines Chefs massenhaft Briefe, Dokumente und Akten vernichtet. Hitlers Sekretärin Christa Schröder entnahm dem zum Verbrennen hergerichteten Material einige Souvenirstücke. Darunter befand sich, ihren Angaben zufolge, ein an Geli Raubal gerichteter Brief mit folgendem Inhalt: »... ich kann mir die Handlungsweise Deines Onkels nur aus egoistischen Beweggründen Dir gegenüber erklären. Er will ganz einfach, daß Du eines Tages keinem anderen gehören sollst als ihm.«[21]

Gelis Mutter lieferte nach dem Ende des Dritten Reichs eine Erklärung dieses Schreibens. Meist schwieg Angela Raubal zu dem traurigen Thema. Dem amerikanischen Geheimdienst gegenüber wagte sie dies nicht. Bei ihrer Einvernahme durch den CIC im Mai 1945 in Berchtesgaden[22] gab sie an, dass sich Geli Raubal im September 1931 mit einem um 16 Jahre älteren Violinisten aus Linz verloben wollte. Hitler hätte ihr aber den Umgang mit ihm verboten und sie selbst hätte dies unterstützt. Die neuerliche Trennung der Tochter von einem Mann ihrer Wahl schien Mutter Raubal allerdings kein ausreichender Grund für einen Selbstmord zu sein. Einen Zusammenhang zwischen der Trennung und dem Selbstmord wollte sie nicht sehen. Die Handlung Gelis blieb für sie unverständlich. Wörtlich sagte sie: »Ich kann es nicht verstehen, warum sie es tat. Vielleicht war es ein Unfall, und Angela tötete sich, während sie mit der Pistole spielte, die sie sich unter der Hand von ihm [Adolf Hitler] beschafft hatte.«

Ihr Bruder schlug in die gleiche Kerbe. Im Allgemeinen hat auch Hitler den Fall Geli nicht erörtert. Nur im Kreise

Zur Erinnerung – Die Büste Gelis von Liebermann

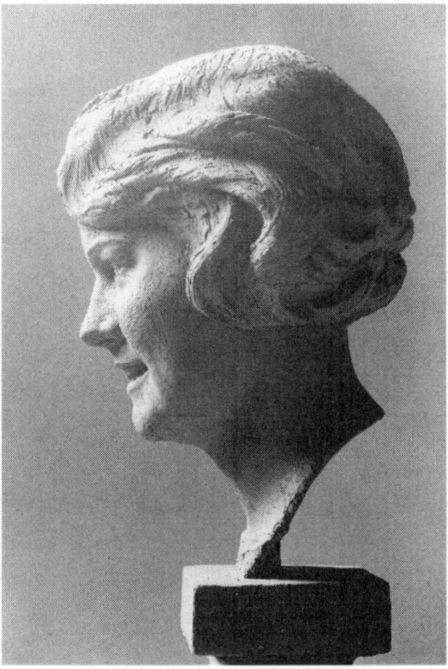

der mit ihm eng befreundeten Familie Wagner in Bayreuth machte er eine Ausnahme: »… und er stellte das Unglück so dar, daß beim Versuch, die Waffe zu entsichern, diese von selbst losgegangen sei und sie tödlich getroffen habe.«[23]

Wie viele andere Erklärungsversuche vermag auch die von Hitler und seiner Schwester vertretene Unfallversion nicht zu überzeugen. Gelis Bruder erging sich nach 1945 lange Zeit in düsteren Andeutungen über die Ursache des Geheimnisses, bis er schließlich zu dem Schluss kam: »Ihr Selbstmord ist ein Rätsel!«[24]

Für eine definitive Klärung der Motive, die das 23-jährige Mädchen in den Selbstmord trieben, fehlen die entsprechenden Beweise. Emil Maurice hat 1945 angegeben: »Ihr

Freitod stand in keinerlei Beziehung zu mir als dem ehemaligen Verlobten. Ob ihr Gefühl, doch in einem goldenen Käfig eingesperrt zu sein, mit ein Motiv der Tat war, möchte ich bei ihrer leidenschaftlichen Veranlagung annehmen.«[25]

Es steht fest, dass die junge Geli Raubal unter der Bevormundung durch den Onkel und ihrer – ganz unter Hitlers Einfluss stehenden – Mutter litt. Nachdem die beiden schon die Eheschließung mit Emil Maurice verhindert hatten, wollten sie abermals eine Verlobung torpedieren. Wie viele, die mit Hitler in Kontakt kamen, spürte auch seine Nichte die gewaltige Durchsetzungskraft des »Führers«, wie sie sein Pressechef (Otto Dietrich) anschaulich beschrieb: »Hitler besaß suggestive Kraft und lähmende Gewalt … Er hatte die Fähigkeit sich selbst der Beeinflussung durch andere systematisch zu entziehen. Ich habe Personen gesprochen, die … mit dem festen Entschluß zu ihm gingen, ihm in bestimmten Angelegenheiten mit ganz bestimmten Argumenten zu entgegnen. Wenn Hitler, der nur ihre ersten Sätze anhörte, dann aber das Problem eine Stunde lang mit allen Mitteln seiner Beredsamkeit durchknetete und es von seinem eigenen Gedankengebäude aus bestrahlte, dann waren sie am Ende wie in einer Art geistiger Narkose außerstande, ihren eigenen Standpunkt noch vorzutragen – selbst wenn sie Gelegenheit dazu gehabt hätten. Wer diese Art von Hitler kannte und glaubte, gegen sie gefeit zu sein, wer es trotz seines Redeflusses wagte, ihm mit anderer Meinung entgegen zu treten, … dem ließ der tobende Ausbruch seines Zornes das Wort im Munde und das Blut in den Adern erstarren …«[26]

Und auch der befehlsgewohnte Alfred Jodl, Chef des Wehrführungsstabs im Oberkommando der Wehrmacht, meinte: »Hitler war eine Führerpersönlichkeit von ungewöhnlichem

Ausmaß. Sein Wissen und sein Intellekt, seine Rhetorik und sein Wille triumphierten letzten Endes bei jeder geistigen Auseinandersetzung gegenüber jedermann.«[27]

Auch Geli muss gefürchtet haben, im Kampf um ihr persönliches Glück neuerlich gegen den übermächtigen Onkel zu unterliegen. Unüberwindliche Hindernisse schienen sich vor dem Mädchen, das keinen Beruf gelernt hatte und von den Zuwendungen des Onkels lebte, aufzutürmen und den Weg in ein normales Leben zu versperren. Auch Protest- und Revanchegedanken mögen eine Rolle gespielt haben, als die impulsive Geli Raubal in einer als hoffnungslos empfundenen Situation die Waffe gegen sich selbst richtete.

Alfred Maleta, Gelis Linzer Jugendfreund, erfuhr die Nachricht vom Tod seiner Schulfreundin als Student in Graz. »Ich büffle … bereits seit dem frühen Morgen … der Austräger bringt die ›Grazer Tagespost‹[28] … Da, eine Notiz: ›Selbstmord der Nichte Adolf Hitlers‹. Ich starre auf die Meldung. Was mag da wohl geschehen sein? In mir steigen Erinnerungen auf, die Schulwege, die Bälle, der Kürnberger Wald … Geli, was ist mit dir geschehen, du liebe, arme Geli?«[29] Die Bekanntschaft mit Hitlers Nichte bewahrte Gelis zum christlich-sozialen Lager zählenden Schulfreund nicht vor den Repressalien der Nationalsozialisten. Nach dem »Anschluß« Österreichs an das Deutsche Reich wurde der nunmehrige Kammeramtsdirektor in Linz sofort verhaftet. Er verbrachte drei Jahre in den Konzentrationslagern Dachau und Flossenbürg.

Kult und Mythos

Der Freitod von Angela Raubal im September 1931 gab jenen, vornehmlich in Münchner Parteikreisen kursierenden Gerüchten, denen zufolge Hitler für seine Nichte mehr als nur onkelhafte Gefühle empfunden hatte, neue Nahrung. Er löste auch eine Legendenbildung aus, die bis zum heutigen Tag anhält und in sämtlichen Hitler-Biografien Eingang gefunden hat.

Viele der im Zusammenhang mit der Tragödie im Hause Hitler aufgestellten Behauptungen und krassen Übertreibungen kann man heute widerlegen. Eine vollkommene Klärung der Umstände und Motive des Selbstmords lässt die derzeitige Quellenlage jedoch nicht zu.

Schon zu seinen Lebzeiten stieß alles, was das Privatleben des »Führers« betraf, bei Freund und Feind auf brennendes Interesse. Hitler-Anhänger bildeten zusammen mit Hitler-Gegnern eine eigenartige Allianz, die an der geheimen Gerüchtebörse große Eigendynamik entwickelte.

Bei näherer Untersuchung kristallisieren sich allerdings einige wenige, später vielfach verwendete Quellen heraus. Den Anfang machte zweifellos Hitlers loyaler Gefolgsmann, der Fotograf Heinrich Hoffmann. Sein – zuerst mündlich tradierter – Bericht aus jenen Tagen (19.–23. September 1931), die er, unmittelbar nach der Auffindung der Leiche, in Gesellschaft eines »völlig gebrochenen« Hitlers zubrachte, verbreitete sich im Kreise der Hitler-Getreuen wie ein Lauffeuer. Er verzerrte die nüchterne Wahrheit beträchtlich. Später sollten Hoffmanns zuerst als »Hitler was my friend« publizierte Memoiren[1] eine englische Leserschaft davon überzeugen, dass Hitler nach Gelis Tod in eine tiefe Krise stürzte. Die deutsche Version der vier Tage nach dem Selbstmord lautet in Hoffmanns Buch:[2]

»Um Mitternacht [19. September] schreckte mich das Telefon auf. ... ›Hoffmann, sind Sie noch wach?‹ hörte ich Hitlers Stimme. Sie klang fremd, milde, apathisch. ›Können Sie in ein paar Minuten zu mir kommen?‹ bat er. Eine Viertelstunde später war ich bei ihm. Hitler öffnete mir selbst. Er sah grau und verfallen aus. Nach einem stummen Händedruck sagte er unvermittelt. ›Hoffmann, ich habe eine große Bitte an Sie. Wollen Sie mich begleiten? Ich kann nicht länger in dieser Wohnung bleiben, in der Geli gestorben ist. Müller hat mir sein Haus in St. Quirin [am Tegernsee] zur Verfügung gestellt. Dort möchte ich bleiben, bis Geli beigesetzt ist, dann fahre ich nach Wien an ihr Grab. Müller hat mir versprochen, seine Hausangestellten zu beurlauben. Nur Sie sollen bei mir bleiben. Wollen Sie mir diesen Dienst erweisen?‹ Am nächsten Morgen fuhren wir ab. In St. Quirin übergab mir Müllers Hausmeister die Schlüssel und verabschiedete sich mit einem mitleidigen Blick auf Hitler, der den Eindruck eines völlig gebrochenen Mannes machte. Auch Schreck [Julius Schreck], der uns mit dem Auto nach St. Quirin gebracht hatte, wurde weggeschickt. Er konnte mir jedoch noch zuflüstern, daß er Hitlers Pistole an sich genommen habe. Er fürchtete, Hitler könne sich in seiner Verzweiflung etwas antun. Hitler nahm ein Zimmer im ersten Stock, ich das darunter liegende im Parterre. Wir waren mutterseelenallein im Haus. Als ich ihn abends verließ, ging er, die Arme auf dem Rücken verschränkt, ruhelos auf und ab. Meine Frage, was ich ihm zu essen bringen sollte, blieb unbeantwortet. Er schüttelte nur den Kopf.

Trotzdem brachte ich ihm ein Glas Milch und einige Kekse. Es wurde Nacht. Immer noch wanderte Hitler auf und ab ... plötzlich wurde es still. ... Schon früh ging ich zu Hitlers Zimmer hinauf. ... Ich öffnete die Tür und trat leise ein. Hitler ließ sich in seiner Wanderung nicht stören, er ignorierte meine Anwesenheit.«

Dieser Bericht lässt tatsächlich keine Zweifel, dass Geli Raubal die große Liebe des »Führers« war.

Hoffmann hat jedoch nicht erwähnt, dass Hitler in dieser kurzen Zeit des Rückzugs am Tegernsee eine kühle, wohl berechnete Entgegnung an die »Münchener Post« schrieb – für alle Fälle –, bereits eine Klage gegen die Zeitung vorbereitete und seine nächste öffentliche Rede probte. Auch die – genau dokumentierten – Ereignisse der folgenden Tage hat Hoffmann glorifiziert, in eine chronologisch günstige Reihenfolge gebracht, verfälscht und zurechtgebogen. »... am Abend traf die Nachricht ein, daß Geli Raubal in Wien beigesetzt worden war. Noch in derselben Nacht fuhren wir. Schweigend saß Hitler neben seinem Fahrer. Frühmorgens kamen wir in Wien an. Unterwegs hatte er kein Wort gesprochen. Durch Wien ging die Fahrt zum Zentralfriedhof. Hitler begab sich allein zu Gelis Grab ... Nach einer halben Stunde kam er zurück und befahl, auf den Obersalzberg zu fahren. Kaum im Auto, begann er zu reden. Dabei blickte er unverwandt durch die Windschutzscheibe. ›So, nun beginnt der Kampf, ein Kampf, der zum Ziel führen muß!‹ Wir atmeten erleichtert auf. Zwei Tage später sprach Hitler bereits in Hamburg. Dann jagte er von Stadt zu Stadt, von Versammlung, zu Versammlung.«[3]

Auch hier sprechen die nüchternen Tatsachen eine andere Sprache. Angela Raubal wurde am 23. September 1931 in Wien beigesetzt. Hitler fuhr jedoch am Abend des

23. nicht nach Wien, sondern nach Hamburg. Dort hielt er am 24. September auf einer lange vorher geplanten Großveranstaltung der NSDAP (zu den bevorstehenden Bürgerschaftswahlen) vor 10 000 Anhängern eine Rede, die vor Fanatismus strotzte. Die Hamburger NSDAP-Kundgebung war daher nicht, wie man nach Hoffmanns Schilderung vermuten könnte, das spontane Resultat der durch den Schmerz über Gelis Tod geweckten übermenschlichen Energien Hitlers, der – wie Parteigenossen kolportierten – »im Trubel der Versammlungen die Betäubung seines furchtbaren Schmerzes suchte«. Erst zwei Tage später, im Morgengrauen des 26. September 1931, ist er nach Wien gefahren, wo ihn die österreichischen Behörden mit Argusaugen beobachtet haben.

Ein Großteil der Hitler-Literatur hat Hoffmanns Erzählungen unkritisch übernommen und daraus seine Folgerungen gezogen. So entstand die Überzeugung, dass der tragische Todesfall im Leben Hitlers eine tiefe Zäsur darstellte, er als gebrochener Mann am Rande eines Nervenzusammenbruchs stand, den Abbruch seiner Karriere erwog und mit Selbstmordgedanken gespielt hatte. Dem schlossen sich alle großen Hitler-Biografen an. Zwei Tage lang hätte Hitler nach Gelis Selbstmord jede Nahrung verweigert und nach dem Besuch von Gelis Grab sei er zum Vegetarier geworden, meinte John Toland.[4] Joachim C. Fest sieht »in dem Ereignis [Gelis Selbstmord] ein Schlüsselereignis seines individuellen Lebens«.[5] Werner Maser schreibt: »Er [Hitler] will sich erschießen, zieht sich von seiner Umwelt zurück, ist schwer depressiv verstimmt …«[6], und bei Alan Bullock heißt es: »Für den Rest seines Lebens konnte er nie von Geli sprechen, ohne dass ihm Tränen in die Augen traten … war sie die einzige Frau, die er jemals geliebt hat.«[7]

Tatsächlich änderte der eiskalte Realpolitiker weder sein Leben noch seine Ziele. Aber er setzte anlässlich des – wie es in NS-Kreisen hieß – »Trauerfalls in der Familie des Führers« Trauergesten. Diese überstiegen nur scheinbar das beim Tod naher Angehöriger übliche Maß. So beauftragte er seine Haushälterin, zum Gedenken an die Verstorbene am Ort der Tragödie stets Blumen aufzustellen. Und er ließ bei dem Bildhauer Ferdinand Liebermann – auf Drängen seiner Schwester[8] – zur Erinnerung an die Tote zwei Bronzebüsten von Geli anfertigen. Ein Abguss zierte dann das Kaminsims seiner Privatwohnung, während der andere in einem Vorzimmer der neuen Reichskanzlei in Berlin aufgestellt wurde. Gelis von Adolf Ziegler nach einer Fotografie gemaltes Bild hängte er zusammen mit dem seiner Mutter, allerdings auch dem seines früh (1936) verstorbenen Fahrers Julius Schreck, in seinem Zimmer auf.

Manche Chronisten ließen Hitler sogar bei der Überreichung von Gelis Bild weinen. »Nach ihrem Tod fertigte der Maler Ziegler ein Porträt von ihr an, vor dem Hitler in Tränen ausbrach. Ziegler wurde später durch handschriftliches Dekret Professor an der bayrischen Akademie der bildenden Künste mit außerordentlichen Vollmachten.«[9] Adolf Ziegler, den Hitler seit 1925 kannte, zählte nach der Machtergreifung zu den beliebtesten NS-Künstlern. Aufgrund seines umfangreichen, großflächigen, im naturalistischen NS-Stil gehaltenen Œuvres – und nicht wegen eines Bildchens der Geli Raubal – wurde er zum Akademieprofessor und Präsidenten der Reichskammer der bildenden Künste ernannt.

Eine von Hitlers konventionellen Trauergesten war, dass er drei Monate nach der Tragödie seinem Neffen Leo, dem

Bruder Gelis, einen Geldbetrag schickte und in dürren Worten dazu schrieb: »Lieber Leo! Zum diesjährigen traurigen Weihnachtsfest Dir und Tante Marie [Maria Raubal] meine herzlichsten Glückwünsche ... Dein Onkel Adolf Hitler.«[10]

In seinem Privatleben hat Hitler auf die Pflege bürgerlicher Konventionen stets größten Wert gelegt. Sowohl weibliche als auch männliche NS-Enthusiasten hoben die Diskrepanz zwischen dem Ton seiner öffentlichen Reden und seiner privaten Ausdrucksweise hervor. Es erstaunte, wenn sich der brutale Politiker und drastisch-derbe Redner im privaten Umgang als ein Mann mit Takt und Manieren erwies. Höflichkeit und gute Umgangsformen waren Teil einer erfolgreichen Strategie, die sich beim Aufbau der Partei, in der »Kampfzeit der Bewegung«, bewährte und viele zahlungskräftige und einflussreiche Gönner und Freunde von Hitlers Ideen überzeugt hatte. Dazu gehörte, dass der »Führer« selbst entfernt Bekannten persönliche Geburtstags- und Weihnachtsgrüße zukommen ließ, eine umfangreiche Korrespondenz pflegte, Geschenklisten anlegte sowie nahe Gefolgsleute durch seine persönliche Anwesenheit bei Taufen, Hochzeiten und Begräbnissen auszeichnete und verpflichtete.

Es war daher für den viel beschäftigten Politiker, dessen Partei von den Spaltungsversuchen des abtrünnigen Otto Strasser bedroht wurde[11], eine Selbstverständlichkeit, sich zum ersten Jahrestag des Selbstmords, gemeinsam mit seinen Verwandten, am Grab seiner Nichte auf dem Wiener Zentralfriedhof einzufinden. »Der Führer ist nach Wien gefahren zu einem privaten Besuch. Niemand weiß davon, daß es keine Menschenaufläufe gibt«, notierte sich Goebbels, der damals selbst nach Wien reiste, in seinem Tagebuch. »Schaub [Hitlers Adjutant Julius Schaub] bereitet unter dem Namen ›Huber‹ ein Quartier für Hitler vor, der

Gelis Grab besuchen will.« Nach Angaben von Goebbels war Hitler in Begleitung seiner Halbschwester: »... Frau Raubal ... die Gute besucht mich im Hotel und weint sich aus. Ich tröste sie, so gut ich kann. Die arme, gute Geli. ...« Die Eintragung vom 19. September 1932 endet dann mit: »Hitler ist in Wien – ein Jahr nach Gelis Tod.«[12]

Für die Einreise hatte Adolf Hitler, der seit Februar 1932 die deutsche Staatsbürgerschaft besaß, als nunmehriger – unerwünschter und gefährlicher – »Ausländer« abermals die Zustimmung der österreichischen Behörden benötigt. Sie wurde ihm nach Angabe des Reisezwecks, der genauen Route und des Hotels (das »Goldene Lamm« im 4. Wiener Gemeindebezirk) »ausnahmsweise« bewilligt. Widerwillig unterschrieb Hitler zum zweiten Mal eine Erklärung, die ihm jede politische Tätigkeit in Wien untersagte, sehr indigniert ließ er sich die Bewachung durch Polizeiorgane gefallen.[13]

Mit dem Friedhofsbesuch hielt der politisch rastlos tätige »Führer«, der Ende 1932 zum Sprung an die Macht ansetzte, obwohl seine Partei bei den Reichstagswahlen im November 1932 über 6 Prozentpunkte der Stimmen (von 37,3 auf 31,1 Prozent) einbüßen sollte, die »Causa Geli« für beendet. Brachten mitfühlende Anhänger die Tragödie weiterhin zur Sprache, reagierte er voll Unwillen. Er selbst hat später bei seinen langen nächtlichen Monologen, in denen er gerne über Kindheit, Jugend und Privatleben räsonierte, das Thema nie mehr berührt.

Der Architekt und NS-Rüstungsminister Albert Speer spricht sogar von dem »ungeschriebenen Gesetz, den Namen der Nichte niemals zu erwähnen«.[14]

Im Dritten Reich wertete man dies als ein Indiz, dass Hitler es nicht ertrage, an die einzige Frau, die er je geliebt hatte, erinnert zu werden – Klatsch und Tratsch gingen ungebrochen weiter. Und nicht nur die Parteigenossen fragten sich insgeheim: »Hat der ›Führer‹ etwas zu verbergen?« Jeder interpretierte die Vorgänge auf seine Weise. So sah man in seiner simplen Anordnung, am Ort der Tragödie zum Gedenken an die Tote Blumen aufzustellen, den berührenden Ausdruck eines außergewöhnlichen Totenkults. »Hitler hatte Gelis Sterbezimmer persönlich abgeschlossen. Außer Frau Winter durfte niemand den Raum betreten. Jahre hindurch wurde täglich ein Strauß Blumen hineingestellt … ein wahrer Kult, den Hitler trieb!«, schrieb Otto Wagener, der sich als sein Vertrauter ausgab.[15] Die allgemeine Glaubwürdigkeit Wageners ist allerdings, wie seine absurde Schilderung von Hitlers Anwesenheit bei der Obduktion der Leiche Gelis (vgl. S. 205) zeigt, sehr gering.

Tatsächlich benutzte Hitler ab 1933 seine Münchner Wohnung nur selten, da er sich als Reichskanzler meist in Berlin oder auf dem Obersalzberg aufhielt. Der so genannte »Kult« beschränkte sich darauf, dass man die Möbel aus dem ehemaligen Zimmer seiner Nichte nicht entfernte und alles beim Alten ließ. Hitler trug auch nicht – wie man kolportierte – den Schlüssel des dem Gedenken an die Tote gewidmeten Quasisakralraums ständig bei sich. Schon wenige Monate nach der Tragödie fand in Hitlers Wohnung die Hochzeitsfeier für Henriette Hoffmann (mit dem NS-Jugendführer Baldur von Schirach) statt. Zum Wechsel ihrer Garderobe hat man der Braut ohne weiteres das Zimmer ihrer kürzlich verstorbenen Freundin zur Verfügung gestellt, was der Verwendung als Sakralraum stark widerspricht.

Ein besonders fantasievolles, selten der Wahrheit verpflichtetes Werk stellen die Memoiren von Friedelind Wagner dar.

Als Kind und Jugendliche erlebte sie Hitler, den Verehrer der Musik ihres Großvaters, zu Gast in »Wahnfried«, dem Haus ihrer Eltern. Nach ihrer Erinnerung wälzte sich Hitler wutentbrannt auf Teppichen, kaute Nägel und trug seinen Zylinder wie ein Schornsteinfeger.[16] Noch während des Dritten Reichs emigrierte die 21-jährige Tochter von Winifred und Siegfried Wagner in die Schweiz. Das Buch der 26-Jährigen, in dem sie mit Hitler, aber auch ihrer dominierenden Mutter abrechnete, erschien 1944 als »Heritage of Fire« in New York, 1945 als »Nacht über Bayreuth« in der Schweiz.[17] Über Geli berichtete sie anlässlich eines Besuchs in Hitlers Wohnung im Jahre 1935: »Im blauen Esszimmer wanderten meine Blicke zum großen Spiegel über dem Kamin, in dem sich die Bronzebüste eines jungen Mädchens spiegelte. Das Mädchen war, so wusste ich, des Führers Nichte, Geli Raubal, die vor vier Jahren plötzlich unter geheimnisvollen Umständen in der Wohnung ihres Onkels gestorben war … die Wahrheit würde natürlich nie jemand erfahren, aber wir Kinder hatten alle möglichen Gerüchte und Erzählungen von Eingeweihten vernommen. Die Zeitungen machten damals sogar Andeutungen, dass Hitler sie in einem Anfall von Eifersucht erschossen habe. Ich hatte mir Geli immer als ein schönes Geschöpf vorgestellt, doch dieser Mädchenkopf in Bronze hatte eine niedrige Stirn, breite Backenknochen, eine dicke Stupsnase und einen viel zu großen Mund. Ich fragte mich, wie sie Hitler so gefesselt haben konnte …«[18]

Das bald nach 1931 entstandene Gerücht, wonach Hitler zu Weihnachten im Sterbezimmer meditierte, wurde oftmals wiederholt. Auch hier wusste der Journalist Nerin Gun genau Bescheid: »Hier [in Gelis Zimmer] verbrachte Hitler nachdenklich jeden Weihnachtsabend. Dieser Gewohnheit blieb er bis zum Beginn des Krieges treu.«[19]

Friedelind Wagner hatte anderes in Erinnerung. »Die ersten Jahre nach ihrem Tod [1931] weigerte er [Hitler] sich, Weihnachten zu feiern, und fuhr am Fest den ganzen Tag ziellos auf der Landstraße umher. Erst 1934 hatte er seine ›alten Kämpfer‹ zur Weihnachtsfeier in München wieder um sich versammelt«, wiederholte die 1918 Geborene ein Gerücht.[20]

Es gibt auch noch eine dritte Version, die den Kult um die verstorbene Mutter mit dem um die tote Nichte vereint. Nach den Aussagen seines Dieners Krause zog sich Hitler jedes Jahr in Gelis Zimmer zurück, um dort seiner Mutter zu gedenken. Krause hatte allerdings den Ruf eines notorischen Lügners![21]

Selbst in Hitlers erstem privatem Testament suchte und fand man Anzeichen für eine außergewöhnliche Bindung des Politikers zu seiner Nichte. »Als 1938 ein bewaffneter Konflikt mit der Tschechoslowakei drohte, machte er sein erstes Testament und widmete darin dem Verbleib von Gelis Möbeln und Kleidern einen ganzen Absatz: ›Niemand soll sie berühren. Sie sollen bei ihrer Mutter bleiben.‹«[22]

Von einem Berührungsverbot ist aber in dem in nüchternem Ton gehaltenen Originaldokument, das nur einfache Verfügungen traf, nicht die Rede. Tatsächlich heißt es in dem von Hitler am 2. Mai 1938 verfassten Testament nur kurz: »... die Einrichtung des Zimmers in meiner Münchner Wohnung, in dem meine Nichte Geli Raubal wohnte, ist meiner Schwester Angela zu übergeben.«

Wie ein roter Faden zieht sich durch alle Hitler-Biografien, dass Hitler aus Gram über den Verlust der Nichte zum Vegetarier wurde, keinen Alkohol mehr trank und das Rauchen aufgab. »... dass er ihrem Gedächtnis zuliebe Fleisch, Alkohol und Tabak entsagt hatte ...«, wusste Friedelind Wagner zu berichten.[23]

Tatsächlich schrieb der unvoreingenommene Oberregierungsrat Otto Leybold, der Direktor der Landsberger Haftanstalt, wo Hitler seine Strafe nach dem Putschversuch von 1923 verbüßte, bereits 1924 in seinem Bericht an die Staatsanwaltschaft München I über den prominenten Gefangenen: »… er ist ein Mann ohne persönliche Eitelkeit, ist zufrieden mit der Anstaltsverpflegung, raucht und trinkt nicht …«[24] Das Rauchen hatte Hitler, eigenen Angaben zufolge, aus Ersparnisgründen bereits zur Zeit seiner Jugend in Wien aufgegeben. 1931 betrieb er unter seinem Gefolge schon seit Jahren eine wahre Antiraucherkampagne. Er versäumte keine Gelegenheit, um in drastischen Worten auf die Schädlichkeit von Nikotin zu verweisen. Niemand durfte in seiner Gegenwart rauchen.

Überwiegend fleischlos – eine Ausnahme bildeten die Leberknödel, eine österreichische Spezialität[25] – lebte der Führer der Nationalsozialisten schon lange, bevor seine Nichte nach München kam. Zahlreiche Zeitzeugen belegen unabhängig voneinander, dass Hitler in seinem Münchner Stammlokal bereits 1922/23 nur noch vegetarisch gegessen und Fleischspeisen als »Leichenfraß« bezeichnet habe. Die Motive dafür legte Hitler selbst in seinen »Monologen« dar: »Ich habe, solange ich Fleisch gegessen habe, ungeheuer geschwitzt; in einer Versammlung habe ich vier Maß Bier getrunken, dabei aber neun Pfund abgenommen … Als ich Vegetarier geworden war, brauchte ich nur ab und zu noch einen Schluck Wasser.« Der »Führer« hat diese Entscheidung auch pseudowissenschaftlich untermauert: »Alle Fleischfresser unter den Tieren sind in der Leistungsfähigkeit den Pflanzenfressern unterlegen. Ein Löwe kann keine Viertelstunde Trab laufen, ein Elefant acht Stunden. Die Affen, unsere Verwandten aus der Vorzeit, sind reine Pflanzenfresser.«[26]

In Unkenntnis der wahren Tatsachen wertete die Regisseurin Leni Riefenstahl, die Hitler häufig privat traf, ihre Erinnerungen mit einer intimen »Führer«-Plauderei auf. Darin heißt es: »Als wir wieder allein waren, fragte ich Hitler: ›Waren Sie immer Vegetarier?‹ Er verneinte und erzählte zögernd, daß er nach einem schweren Schock kein Fleisch mehr habe essen können. Ich bereute meine Frage, aber Hitler fuhr fort: ›Ich habe Geli, meine Nichte zu sehr geliebt – ich glaubte, ohne sie nicht mehr leben zu können. Als ich sie verlor, habe ich tagelang nichts mehr gegessen, seitdem sträubt sich mein Magen gegen jede Art von Fleisch.‹«[27]

Entscheidend zur Mythenbildung hat auch die erste, bereits 1935 von dem sozialdemokratischen Journalisten Konrad Heiden[28], einem vehementen Gegner des nationalsozialistischen Regimes, verfasste und von vielen als seriöse Quelle benutzte Hitler-Biografie beigetragen.[29] Geli wird als »Grete Raubal«, ein »junges, krausblondes, üppiges Landmädchen« bezeichnet. Jung war sie tatsächlich, aber weder krausblond, noch üppig, noch vom Land. Zu ihrem Tod gibt es ein eigenes Kapitel: »Adolf Hitlers Geheimnis«. Darin deutet der Autor die Anwesenheit des Schatzmeisters der NSDAP am Schauplatz der Tragödie, knapp nach der Entdeckung der Leiche der Selbstmörderin, als untrügliches Zeichen für neuerliche dunkle Machenschaften und Vertuschungsversuche: »Bemerkt sei nur, daß mit dem Fall der Reichsschatzmeister der Partei, Franz Schwarz, in Verbindung steht, der [einmal bereits] geholfen hat, Hitler aus Erpresserhänden zu befreien.«[30] Nach der – unbewiesenen – Meinung von Heiden hatte Schwarz kurz davor kompromittierende Briefe und von Hitler angefertigte Aktzeichnungen gekauft, um sie im Panzerschrank der NSDAP verschwinden zu lassen.

Für Heiden war es klar, dass zwischen Hitler und seiner Nichte eine Liebesbeziehung bestanden hatte. Auch über sein allgemeines Verhältnis zu Frauen wusste der Journalist, der den »Führer« nicht näher kannte, gut Bescheid. Die Beweise fehlen, doch meint er voll Überzeugung: »Es gibt einen dokumentarischen Vorgang, der ein überraschendes Licht auf Hitlers Beziehungen zu Frauen wirft. Dieser Vorgang setzt es außer Zweifel, daß Adolf Hitler gegenüber geliebten Frauen in einer besonderen Art hörig ist. Die oft ausgesprochene Vermutung, daß Hitlers Triebleben nicht normal sei, ist richtig. Nur wurde meist in der falschen Richtung geraten; er ist nicht homo- oder bisexuell, sondern hörig. Manche Psychologen schreiben Menschen mit solcher Veranlagung eine besondere Suggestivität zu; eine ungewöhnliche Art des Blicks und der Gebärde, die faszinieren soll.«[31]

Bald nach Konrad Heiden hat sich Otto Strasser, der politische Intimfeind Hitlers[32], mit der Sexualität des »Führers« auseinander gesetzt. Strasser hatte vor 1925, gemeinsam mit seinem Bruder Gregor, an der Ausarbeitung einer NS-Ideologie gearbeitet. Er repräsentierte den revolutionären linken Flügel der NSDAP, wollte »Seite an Seite mit dem Marxismus« kämpfen. Mit seinem Programm gewann er zwar Anhänger in Norddeutschland, kam aber bald in einen heftigen Konflikt mit Hitler und der Parteispitze. In seinen ideologischen Schriften führte Strasser seine Visionen nach dem Vorbild der bolschewistischen Oktoberrevolution aus: die Beschränkung des Konsums auf primäre Lebensbedürfnisse, die Einschränkung der industriellen Produktion und die Beseitigung des Kapitals.[33]

Sein Buch »Hitler und ich«[34] wiederum ist eine Abrechnung des 1934 vor der Gestapo nach Österreich, später in die Tschechoslowakei und schließlich in die USA Geflüchteten mit dem Vorsitzenden der NSDAP. Das Werk erschien im April 1940 als »Hitler et moi« in Paris, kurz vor dem Einmarsch der deutschen Wehrmacht. Englische, spanische und italienische Ausgaben folgten noch vor 1945. Strasser beteuerte, unparteiisch zu sein, verspielte aber seine Glaubwürdigkeit mit der Behauptung, dass sein Bruder dem »kleinen Maler aus Braunau« riet, doch »Mein Kampf« zu schreiben. Die schlüpfrigen Geschichten über Hitlers abwegige Sexualpraktiken wiederum sind als Anti-Hitler-Propaganda eines alten politischen Feindes zu bewerten. Geli Raubal hat darin ihren festen Platz: »Ich brauchte nicht viel Fragen zu stellen. Voller Zorn, Abscheu und Entsetzen erzählte sie mir die sonderbaren Anträge, mit denen ihr Onkel Adolf sie verfolgte ... Nachdem sie einmal angefangen hatte zu beichten, gab es keinen Halt mehr. Ihr Onkel behandelte sie buchstäblich wie eine Gefangene ...«[35]

Vielen Historikern schien die Ansicht, dass Hitler seiner Nichte hörig war, plausibel. Diese Meinung wurde noch 1998 von Ian Kershaw vertreten: »... Hitlers Benehmen gegenüber Geli hat alle Züge einer starken, zumindest latenten sexuellen Abhängigkeit.«[36] Im Gegensatz dazu vertritt der englische Historiker – er stützt sich dabei auf den Fotografen Hoffmann – die Meinung, dass zwischen Hitler und Eva Braun kein sexuelles Verhältnis bestand.

Nach dem Ende des Dritten Reichs wurde die Geli-Hitler-Beziehung in einer wahren Flut von Memoirenliteratur behandelt und nach allen Regeln der Kunst ausgeschlachtet. Fantasiebegabte einstige Bekannte aus Hitlers Dunstkreis gaben ihre Erlebnisse preis, prahlten mit ihrer »Führernähe«, interpretierten Hitlers Psyche und erstaunten mit immer neuen sensationellen Intimschilderungen und Enthüllungen. Manche taten dies zur Verklärung und zur Verteidigung ihres Idols, dem sie bis an ihr Lebensende treu ergeben blieben. Andere wollten ihre Konkurrenten im Kampf um eine sensationslüsterne Leserschaft ausstechen. Sie punkteten mit dem Versuch, dem politischen Dämon Hitler ein ebenso dämonisches Privatleben zuzuordnen. In diesem unedlen Wettstreit wurde ein dichtes Netz von Lüge mit Wahrheit gewoben, entstand ein Geschichtsbild, das keine seriöse Geschichtsforschung mehr ganz zu korrigieren imstande war. Ist doch die Aktenlage des in der Privatsphäre angesiedelten Falls Raubal/Hitler sehr dürftig. Seriöse Dokumente sind rar. So plädierte Bridget Hitler, die erste Frau von Hitlers Halbbruder Alois, auf Mord.[37] Gestützt auf angebliche Informationen aus dem Familienkreis, schrieb sie, dass Hitler die von einem jüdischen Studenten schwangere Geli von der SS töten ließ. Sie sollte daran gehindert werden, zur Abtreibung nach Wien zu fahren.

Lange Zeit fehlte auch das Beweismaterial zur Widerlegung eines – unwahrscheinlichen – Gerüchts: Hitler selbst wäre heimlich in seine Münchner Wohnung zurückgekehrt und hätte seine Nichte in einem Wutanfall ermordet.

Diese Beschuldigung verdankt ihre Klärung dem Zufall, dass der Münchner Historiker Anton Joachimsthaler im Bayerischen Staatsarchiv die dicke Polizeiakte von Hitlers Chauffeur Julius Schreck aufmerksam durchsah.[38] Er fand viele Ermittlungen gegen das der Polizei wohl bekannte NSDAP-Mitglied Schreck und – eine Strafanzeige wegen Schnellfahrens an dem Tag nach Gelis Selbstmord. »Am 19. September 1931, nachm. 1 Uhr 37 fuhr der Personenkraftwagen mit dem polizeilichen Kennzeichen IIA-19357 [Hitlers Mercedes] durch die geschlossene Ortschaft Eben-

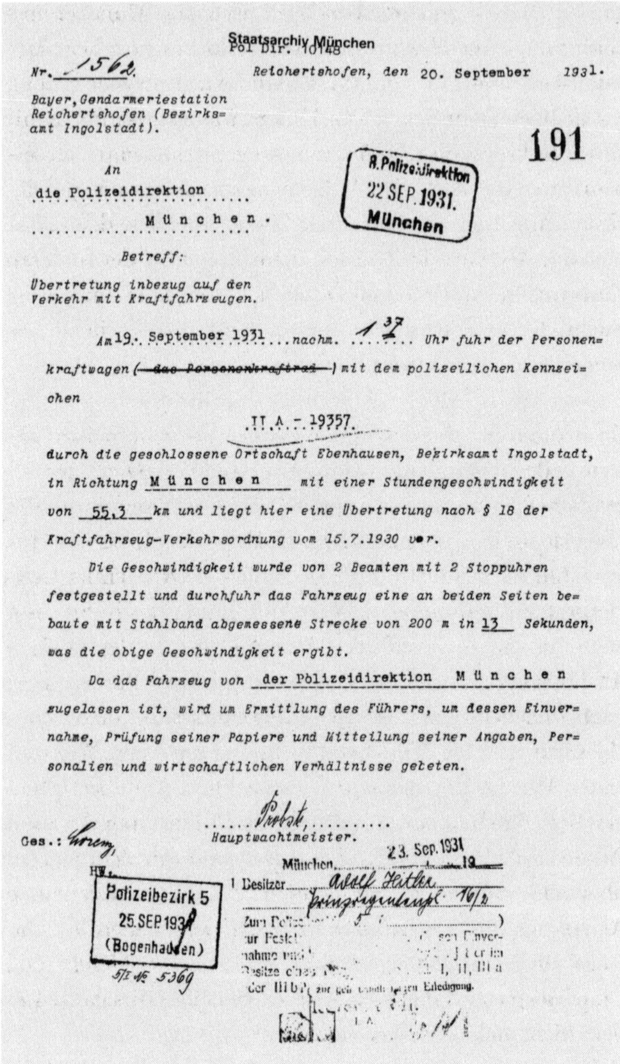

Staatsarchiv München
Pol Dir. 10148

Nr. 1562. Reichertshofen, den 20. September 1931.

Bayer, Gendarmeriestation
Reichertshofen (Bezirks=
amt Ingolstadt).

191

8. Polizeidirektion
22 SEP. 1931.
München

An
die Polizeidirektion
München.

Betreff:
Übertretung inbezug auf den
Verkehr mit Kraftfahrzeugen.

Am 19. September 1931 nachm. 1 37 Uhr fuhr der Personen=
kraftwagen (~~das Personenkraftrad~~) mit dem polizeilichen Kennzei=
chen

II A - 19357.

durch die geschlossene Ortschaft Ebenhausen, Bezirksamt Ingolstadt,
in Richtung München mit einer Stundengeschwindigkeit
von 55,3 km und liegt hier eine Übertretung nach § 18 der
Kraftfahrzeug-Verkehrsordnung vom 15.7.1930 vor.

Die Geschwindigkeit wurde von 2 Beamten mit 2 Stoppuhren
festgestellt und durchfuhr das Fahrzeug eine an beiden Seiten be=
baute mit Stahlband abgemessene Strecke von 200 m in 13 Sekunden,
was die obige Geschwindigkeit ergibt.

Da das Fahrzeug von der Polizeidirektion München
zugelassen ist, wird um Ermittlung des Führers, um dessen Einver=
nahme, Prüfung seiner Papiere und Mitteilung seiner Angaben, Per=
sonalien und wirtschaftlichen Verhältnisse gebeten.

Probst,
Hauptwachtmeister.

Ges.: Lorenz,
HW.

München, 23. Sep. 1931

1 Besitzer Adolf Hitler
Prinzregentenpl. 16/2

Polizeibezirk 5
25. SEP. 1931
(Bogenhausen)

5/I № 5369

zur gefl. ... Erledigung.

Strafanzeige wegen Schnellfahrens. Auf die Nachricht von Gelis Selbstmord raste Hitler nach München zurück.

hausen [Bezirksamt Ingolstadt] in Richtung München mit einer Stundengeschwindigkeit von 55,3 km und liegt hier eine Übertretung … vor«, hielt Hauptwachtmeister Probst, der die Geschwindigkeit von Hitlers Wagen zusammen mit einem Kollegen mittels Stoppuhren gemessen hatte, in seinem Protokoll fest. Der Polizist bestätigte damit zufällig Hitlers Angaben, gab ihm ein Alibi und entlastete den »Führer« vom Vorwurf des Mordes. Schreck hat bei der späteren Einvernahme zu Protokoll gegeben, Hitler habe ihn auf die Nachricht des Tods seiner Verwandten hin angewiesen, »so schnell wie möglich zu fahren«.

Den skurrilsten Beitrag zu den kursierenden Gerüchten lieferte jedoch der bereits erwähnte Otto Wagener, der als Stabschef der SA und wirtschaftspolitischer Organisator der Reichsleitung zwischen 1929 und 1933 zum Kreis um Hitler zählte. Seine ausführliche Schilderung, wie Hitler Gelis Obduktion beiwohnte, ist nicht nur gespenstisch. Sie lässt auch Rückschlüsse auf den Wahrheitsgehalt der übrigen Ausführungen von Wagener zu: »… [Hitler] eilte … sofort nach München zurück, wo er gerade zur Obduktion der Leiche kam. … der Arzt gestattete ihm, beizuwohnen. Wer zum ersten Mal die Öffnung einer Leiche erlebt, kann sich eines gewissen Grauens und Entsetzens nicht erwehren. Daß ein Wesen, das einem bisher als Mensch und mit dem Herzen über alles nahe stand, unter dem Messer des sezierenden Arztes nur aus Fleischstücken und Leichenteilen besteht, stößt einen entsetzlich ab und gräbt sich in Gefühl und Empfinden ein, sodaß es jahrelang, vielleicht fürs ganze Leben, nicht mehr auszulöschen ist.«[39]

Laut Auskunft des Instituts für Rechtsmedizin der Universität München,[40] dessen Aufzeichnungen lückenlos vorliegen, fand jedoch eine Obduktion der Leiche Geli Raubals gar nicht statt. Hitler kann ihr daher auch nicht beigewohnt haben. Und man hatte auch nicht – wie oft behauptet – das Protokoll der Untersuchung verschwinden lassen.

Hitler-Intimus Wagener erfand 1948, während seiner Internierung in einem englischen Kriegsgefangenenlager, nicht nur die Geschichte mit Hitler und der Obduktion. Er stellte auch Spekulationen an, ob Geli ihren Onkel zum Konsum von Drogen verleitet hatte, dachte an »Bella Donna« und fragte sich: »Aber wie könnte Hitler auf dieses Mittel gekommen sein? … ich habe den Verdacht, daß seine Geli, die Sängerin werden wollte, es benutzt haben könnte … vielleicht könnte Hitler dadurch an ›Bella Donna‹ gekommen sein.«[41] Große Aufmerksamkeit erzielte Wagener auch mit einer vertraulichen Mitteilung des »Führers«. Er ließ Hitler sagen:

»Bisher hatte ich noch Bindungen zur Welt – offenbar hatte ich sie noch, ich wußte es gar nicht. Jetzt ist alles von mir genommen. Jetzt bin ich ganz frei, innerlich und äußerlich. Vielleicht hat es so sein sollen. Jetzt gehöre ich nur noch dem deutschen Volk und meiner Aufgabe. – Die arme Geli! Sie hat sich dafür opfern müssen. Dabei überkam sein Gesicht ein so tief menschlicher Zug der Trauer und des Mitleids, daß man den Genius in ihm ganz vergaß und nur den Menschen Adolf Hitler vor sich sah.«[42]

Wageners Quelle dürfte allerdings nicht Hitler selbst, sondern Heinrich Hoffmann gewesen sein, der im geselligen Kreis trinkfreudiger Parteifreunde gern mit wahren und unwahren Hitler-Geschichten prahlte. So erinnerte sich der Reichsjugendführer von Schirach: »Heinrich Hoffmann erzählte mir, daß Hitler ihm seine Liebe zu Geli anvertraut habe. Aber er könne sie nicht heiraten, weil seine Anhänger von ihm erwarteten, daß er ganz und gar dem Volke gehöre, ohne Einschränkung und Ablenkung, ohne familiäre Verpflichtungen. Heinrich Hoffmann schilderte auch die maßlose Eifersucht Hitlers; kein Mann durfte sich ihr nähern ...«[43]

Pathetische Reden des »Führers«, in denen er seiner Ehelosigkeit patriotische Motive gab und dies dem gläubigen Parteivolk im Stile von »Meine Braut heißt Germania!« als sein großes Opfer für Deutschland verkaufte, sind sehr zahlreich überliefert. Neu bei Hoffmann und Wagener ist die Verbindung zu Geli. Letzterer erfand sogar ein rührendes Geständnis Hitlers: »Die Frau spielt im Leben eines Mannes doch eine größere Rolle, als man geneigt ist, anzuerkennen, wenn man sie nicht entbehrt. Zwar habe ich den Drang zum körperlichen Besitz einer Frau überwunden. Aber was mir die liebende Hand eines weiblichen Wesens, das meinem Herzen nahe stand, wert war, und was mir die dauernde Fürsorge, mit der sie mich umgab, für mich bedeutete, das merke ich jetzt erst, wo es mir fehlt. Die größte Lücke, eine gähnende Leere, empfinde ich jedoch, wenn ich mich morgens zum Frühstück setze und wenn ich mittags oder am Abend nach Hause komme und dann eigentlich allein bin, ganz allein. Dabei ist doch meine Schwester da, wie vorher auch, und sucht zu ersetzen, was Geli mir war.«[44]

Wagener enthüllt damit weniger über Hitler als über sich selbst. Er, der sich gerne als sein »Intimus« bezeichnete, wusste nur wenig über des »Führers« Lebensgewohnheiten. Hitlers Privatleben verlief nicht in der geschilderten bürgerlichen Beamtenmanier. Er setzte sich nicht »morgens zum Frühstück«, da er in der »Kampfzeit der Bewegung« bis zum Morgengrauen aufblieb und dann bis Mittag schlief. Und Angela Raubal konnte gar nicht »dasein und ersetzen, was Geli war«. Sie lebte ständig auf dem Obersalzberg und kam nur selten nach München. Wagener wusste demnach

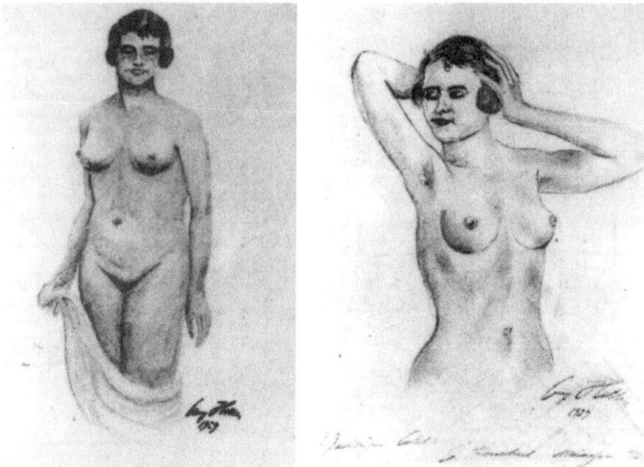

Aktzeichnungen der Geli Raubal –
Die Fälschungen des Konrad Kujau

nicht mehr, als ausländische Journalisten im Dritten Reich in Erfahrung bringen konnten. So heißt es in einer Sendung des amerikanischen Korrespondenten William Shirer (im Jahre 1940) über Hitlers Lebensstil: »Er [Hitler] steht früh auf, ißt sein Frühstück um 7 Uhr …«[45] Wageners unglaubwürdige Hitler-Vertraulichkeiten stehen in den meisten Werken über Hitler. Geli wurde zur »einzigen Liebe seines Lebens«.

Viele der wilden Gerüchte um Hitler, seine Nichte, Eva Braun und das Sexualleben der Beteiligten fanden dann, wenn auch nur für kurze Zeit, die ersehnte Bestätigung, als plötzlich die eigenhändig geschriebenen Tagebücher des »Führers« auftauchten. Zusammen mit von Hitler signierten Aktzeichnungen schien endlich bewiesen, was lange Zeit nur Theorie gewesen war. Der Karikaturist, Zeichner und Händler von NS-Devotionalien Konrad Kujau gab an, das kostbare Werk von einem ungenannten ostdeutschen Gewährsmann übernommen zu haben. Die Geschichte der Bergung des Manuskripts aus einem abgestürzten Flugzeug im Jahre 1945 machte Schlagzeilen in der Weltpresse. Kujau verkaufte die 60 Hefte umfassenden Tagebücher an das deutsche Wochenmagazin »Der Stern«. »Newsweek« und »The Sunday Times« erwarben die Rechte des Abdrucks an den politischen und privaten Aufzeichnungen Hitlers, nachdem renommierte Historiker ihre Echtheit bestätigt hatten. Die Sache fand dann ein jähes Ende, als das deutsche Bundesarchiv in Berlin das Werk als »groteske, oberflächliche Fälschungen« entlarvte – Hitlers Tagebücher waren zwischen 1978 und 1983 von Konrad Kujau geschrieben worden.[46]

Der Eklat

»Bin mit der Anstellung von Emil Maurice zum Stadtrat von München einverstanden«, lautet die handschriftliche Notiz Adolf Hitlers vom 13. April 1933.[1] Die Ernennung zum Ratsherrn der Stadt München folgte jener großen Versöhnung, die kurz nach der Machtergreifung der Nationalsozialisten (30. Januar 1933) zwischen dem nunmehrigen deutschen Reichskanzler und dem kleinen Uhrmachermeister mit der großen NS-Vergangenheit in der Privatwohnung Hitlers am Münchner Prinzregentenplatz stattgefunden hatte.

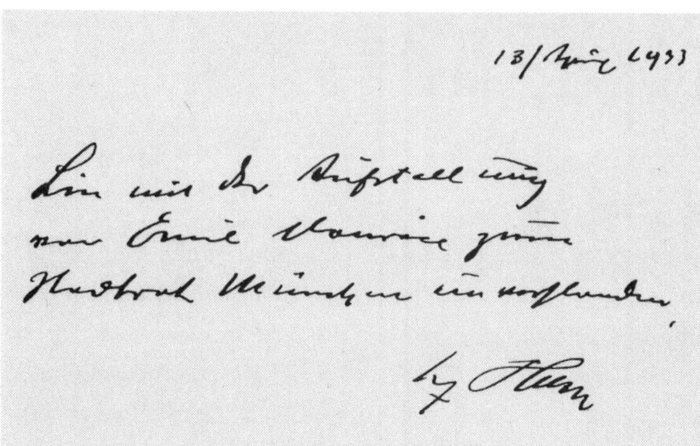
13/April 1933

Bin mit der Anstellung
von Emil Maurice zum
Stadtrat München einverstanden.

A. Hitler

Bin einverstanden – handschriftliche Genehmigung Hitlers vom 13. April 1933 zur Ernennung von Emil Maurice zum Stadtrat von München

Emil Maurice als Ratsherr

Es war Maurice, der die Aussprache gesucht hatte. Seine Beweggründe waren keineswegs sentimentaler Natur. Vielmehr fürchtete er um sein Leben. Schon ab März 1933 lief nämlich die von Reinhard Heydrich, dem Leiter der Bayerischen Politischen Polizei[2] und Chef des Sicherheitsdienstes der SS, lang und sorgfältig geplante, gnadenlose Säuberungsaktion gegen politische Gegner, Juden sowie tatsächliche oder mutmaßliche Feinde des NS-Regimes voll an.[3] Damals verschwand, wie ein Zeitzeuge (Josef Gerum) berichtete, ein enger Freund des Uhrmachers aus der »Kampfzeit der Bewegung«, der sich bei Himmler unbeliebt gemacht hatte, auf mysteriöse Weise:[4] »Maurice war mit dem im Auftrag Himmlers und Heydrichs … im April 1933 ermordeten Erhard Heiden[5] gut befreundet. Heiden ist … aus dem Kaffeehaus Orlando herausgeholt worden und blieb verschwunden. M. kam zu mir, teilte mir mit, daß die alte Mutter Heiden sich größte Sorgen mache. Ich ging sofort zu Pol. Präs. Schneidhuber [August Schneidhuber, Präsident der Polizeidirektion München] … und mit diesem zu Himmler. Der brauste auf, warnte und verbat sich jede Einmischung …«

Die Warnung galt auch Maurice, den Heydrich – angestachelt von Heinrich Himmler – wegen so genannter »Heimtückeverbrechen« ins Visier nahm. Die politische NS-Polizei verstand unter diesem dubiosen Begriff unliebsame Äußerungen oder Aktionen gegen prominente Nationalsozialisten oder die Regierungsgewalt. Die »Heimtücke« von Emil Maurice bestand darin, dass er 1928 vor dem Arbeitsgericht einen Prozess gegen Hitler angestrengt und – was man besonders übel nahm – gewonnen hatte. Dieser unvergessen gebliebene, beispiellose Affront gegen den »Führer« schrie in den Augen der SS nach Rache.

Auch ein zweiter, weiter zurückliegender Grund lag vor. Er bezog sich auf die Tätigkeit von Maurice als erster Inspektor der SS. Als solcher hatte er Himmler, der gegen den »Führerbefehl« exerzieren ließ, gemaßregelt, vorübergehend abgesetzt und sich damit dessen unauslöschlichen Hass zugezogen.[6] »Auf jeden Fall war Maurice gefährdet«, fasste Zeitzeuge Gerum die Vorgänge zusammen. »Ich brachte ihn mit dem Auto nach Bad Tölz.«[7] Die Flucht konnte freilich, wie der Verfolgte selbst nur allzu genau wusste, im besten Fall aufschiebende Wirkung haben. In dieser misslichen Situation riet Vater Maurice seinem Sohn:

»Geh doch in die Höhle des Löwen!«, worauf Emil kurzfristig und dringend über den Mittelsmann Dr. Wilhelm Frick (Reichsinnenminister) um eine Audienz bei Adolf Hitler bat.

Der Selbstmord von Geli Raubal lag damals schon fast zwei Jahre zurück und der deutsche Reichskanzler zeigte sich kompromissbereit. Sein einseitiges Schuldbekenntnis, »Moritzl, ich habe dir damals Unrecht getan«, ebnete den Weg zur Versöhnung.[8] Es signalisierte auch, dass die Affäre Geli Raubal, wenn schon nicht vergessen, so doch vergeben war – einer Erneuerung der Freundschaft mit dem alten Weggefährten aus der »Kampfzeit« stand nichts mehr im Wege. Nähere Angaben machte Hitler keine, eine richtige Aussprache unterblieb. Erst bei der Verabschiedung fand Maurice Gelegenheit, sein Hauptanliegen vorzubringen – er gestand dem Freund, dass ihm Himmler und Heydrich nach dem Leben trachteten. Schon wenig später erfuhr der Uhrmacher voll Genugtuung, dass »Himmler mit seinem Kopf einstehen mußte, daß mir nichts passiert«.[9]

Damit war das Treffen mit dem einstigen Chef ein voller Erfolg: Emil Maurice konnte in Sicherheit leben, denn Hitler sorgte auch weiterhin dafür, dass er »außer Verfolgung« gestellt wurde. Er genoss die Gunst des »Führers«, seine Ächtung innerhalb der Partei war beendet, sein Selbstbewusstsein stieg ungemein und er konnte wieder im kleinen und exklusiven Kreis der Genossen aus der allerersten Zeit von DAP und NSDAP verkehren. Sein Einzug in den »gleichgeschalteten« Münchner Stadtrat, ein Sammelbecken für beiseite geschobene »Alte Kämpfer«, denen man höhere Parteiämter vorenthielt, stellte eine weitere Belohnung dar. Die seit 1928 bestehende Suspendierung seiner

»Gedenkfeier« – Emil Maurice (Bildmitte) fehlte bei keinem NS-Aufmarsch.

SS-Mitgliedschaft wurde aufgehoben. Rapide Beförderungen in der SS-Hierarchie blieben nicht aus: Am 4. Mai 1933 wurde er SS-Sturmbannführer und am geschichtsträchtigen 9. November 1933 konnte Maurice im Kreise »alter Kämpfer« seine Beförderung zum SS-Obersturmbannführer feiern.

Selbst auf seine Finanzen wirkte sich die neue Situation überaus vorteilhaft aus. Als sich die NSDAP im Oktober 1933 mittels Fragebogen nach seinen wirtschaftlichen Verhältnissen erkundigte, trug er wahrheitsgemäß ein: »Klein & bescheiden, ich bin zufrieden.«[10] Wie Maurice selbst nach dem Krieg angab, stieg sein Einkommen[11] von 6000 RM im Jahre 1931 auf 35000 RM in den Jahren 1934–1940.

Sowohl die NSDAP als auch die Stadt München schanzten dem Freund des »Führers« Aufträge zu. Und jedes Jahr zur Weihnachtszeit sollte Hitler im Fachgeschäft seines wiedergewonnenen Freundes eine Kollektion goldener Uhren bestellen, die er an verdiente NS-Politiker verschenkte.[12] Zufrieden und mit Schaudern erinnerte sich Maurice, wie knapp er einem schrecklichen Schicksal entgangen war: »Fast wäre es mir so gegangen, wie meinem Freunde E. Heiden, der ... ermordet wurde und nach einigen Wochen in der Isar aufgefischt wurde.«[13]

Nach der Versöhnung hat sich Hitler, wenn er nach München kam, regelmäßig mit Maurice getroffen. Man frischte gemeinsame Erinnerungen auf. »Bei Hitlers Anwesenheit war er stets sein Begleiter. Bei politischen Veranstaltungen leitete er ... die Absperrmaßnahmen. Bei der Bevölkerung war er wegen seines Auftretens sehr gefürchtet«, heißt es in einem Ermittlungsbericht.[14] Maurice wurde auch regelmäßig zu jenen Parteigedenkfeiern eingeladen, die an Hitlers Karrierebeginn erinnern sollten. Da sich die Schaltzentren der NS-Behörden mit der Machtübernahme von München nach Berlin verlagerten und die Stadt an der Isar in den Hintergrund geriet, suchten nämlich die Münchner Stadtväter verstärkt an die nationalsozialistischen Anfangsjahre zu erinnern. Man brachte Tafeln an Hitlers früheren Wohnhäusern an, kennzeichnete die ersten Parteistätten und dokumentierte durch ein eigenes Parteimuseum im »Sterneckerbräu« die Entwicklung der NSDAP.

Kurz nach der Eröffnung dieses Museums am 8. November 1933 unternahm Hitler mit Maurice und anderen Mitarbeitern der ersten Stunde einen nostalgischen Rundgang durch die einstigen Räume des ersten Parteibüros im Tal 54. Dort trug sich Maurice mit 60 weiteren, zum Teil zu großer

NS-Gedenkstätte. Hitler besucht mit Getreuen jenes Zimmer im »Sterneckerbräu«, das der DAP im Jahre 1920 als erste Geschäftsstelle diente. (Emil Maurice Dritter von rechts)

Prominenz aufgestiegenen Parteigenossen in die Anwesenheitsliste ein.[15] Allgemein rief der mit Möbeln aus der »Kampfzeit der Bewegung« ausgestattete Raum sentimentale Erinnerungen wach: »Da sind die Tische, da sind die Stühle, welche vom Gastwirt entlehnt worden sind, da ist der Geldschrank, da ist die erste Adler-Schreibmaschine, da ist der Federhalter, mit dem der Führer stets schrieb, da ist die alte Zigarrenkiste, die als Kasse diente.«[16]

Auch Maurice war voll Bewunderung. Sein Interesse an der Parteigeschichte ging allerdings nicht so weit, dass er dem Museum Exponate aus seinem eigenen Besitz zur Verfügung gestellt hätte. Vielmehr hütete Maurice jene Schreibmaschine, die ihm der »Führer« 1923 als Erinnerung an die gemeinsame Haftzeit in Landsberg geschenkt hatte, viele

Jahre lang. Er gestattete nur, dass ein Bild davon in dem Buch »Dokumente der Zeitgeschichte« erschien.[17] Nach dem Ende des Dritten Reichs hat die Witwe von Emil Maurice die Schreibmaschine, auf der »Mein Kampf« geschrieben wurde, zum Verkauf angeboten.[18] Sehr gern begleitete Maurice Hitler auch nach Landsberg, wo die Freunde ihre alten Zellen besichtigten.

Im Fasching des Jahres 1934 besuchte Maurice, der neue Ratsherr von Hitlers Gnaden, in dem vornehmen Münchner Hotel »Die vier Jahreszeiten« einen Maskenball. Damals lernte der im kleidsamen Kostüm eines stolzen Spaniers auftretende, gut aussehende 37-Jährige die 22-jährige Medizinstudentin Hedwig Ploetz kennen, die sich später erinnerte: »Er war Uhrmacher von Beruf und hatte sich auf elektrische Uhren und Apparate spezialisiert. … ich selbst war Medizin-Studentin. Das Physikum hatte ich zu diesem Zeitpunkt schon hinter mir.«[19] Auf jeden Fall waren die Offizierstochter und der Ratsherr einander sofort sympathisch. Man vereinbarte ein Treffen, dem im Laufe der nächsten Monate viele weitere folgten.

Im Juni 1934 sollte Emil Maurice nach jahrelanger Pause wieder aktiv für die NS-Politik tätig werden. Zu dieser Zeit spitzte sich der schon lange schwelende Konflikt zwischen den mächtigen SA-Verbänden und der deutschen Reichswehr dramatisch zu. Gerüchte gingen um, wonach der mit Hitlers Politik unzufriedene Stabschef der SA, Ernst Röhm, einen Putsch gegen »Führer« und Regierung plante. Röhm,

Emil Maurice, Uhrmachermeister und Stadtrat. Des »Führers« ältester Mitkämpfer aus den Reihen des Handwerks.

Uhrmachermeister und Stadtrat

Emil Maurice, München

des Führers ältester Mitkämpfer aus den Reihen des Handwerks.

(Emil Maurice verbrachte seine Festungshaft zusammen mit dem Führer in Landsberg a.L.)

der die Ansicht vertrat, dass die SA die Basis einer Nationalarmee bilden sollte, hatte bei der Machtübernahme der Nationalsozialisten den Posten eines Reichswehrministers gefordert. Als Hitler seine Erwartungen nicht erfüllte, sondern mit der Reichswehr verhandelte, wurde der unzufriedene SA-Chef zu einer großen potenziellen Gefahr, war doch die SA seit der Gründung durch Emil Maurice im Jahre 1921 zu einer mächtigen Privatarmee mit 500 000 Mitgliedern angeschwollen, während die durch die Restriktionen des Vertrags von Versailles beschränkte Reichswehr nur 100 000 Mann stellte.

Ende Juni 1934 schritt Hitler an die radikale und blutige Lösung des Problems. Zu diesem Zweck lud er unter dem Vorwand einer gütlichen Aussprache alle SA-Führer für den 30. Juni zu einer Konferenz. Zum Tagungsort bestimmte er Bad Wiessee am Tegernsee, wo sich Ernst Röhm einer Kur gegen Rheumatismus unterzog. Erfreut darüber, dass diese konziliante Geste noch vor der Sommerpause erfolgte – die SA ging im Juli traditionsgemäß auf Urlaub –, sagte der Stabschef zu.

Die Tage zwischen dem 30. Juni und dem 2. Juli 1934 sind unter der – irreführenden – Bezeichnung »Röhm-Putsch« in die Geschichte eingegangen.[20] Tatsächlich putschte niemand. Vielmehr wurden fast alle Mitglieder der SA-Elite und – in Ausnützung der Gelegenheit – noch zusätzlich zahlreiche Regimegegner ermordet.

Emil Maurice stand bei den dramatischen Ereignissen nicht nur auf der Seite der Gewinner – nämlich Hitlers und der SS –, er wirkte auch im Rahmen eines Sonderkommandos an der Verhaftung der SA-Führer mit. 1949 wurde er deswegen in dem Prozess gegen die Mörder des 30. Juni 1934 vernommen. Seine detaillierten Angaben schildern ein düsteres Kapitel der Frühgeschichte des Dritten Reichs:[21]

»In der Nacht vom 29./30. wurde ich gegen 1.30 Uhr von Christian Weber fernmündlich angerufen, ich soll mit ihm zu einem Empfang des Führers mit zum Flughafen Oberwiesenfeld kommen.« Stadtrat Weber war ein enger Freund von Maurice aus der »Kampfzeit« der NSDAP, führte ein ausschweifendes Leben voll Korruption und Gewalt und zählte zu den am meisten gefürchteten NS-Größen Münchens. »Ich begab mich hierauf zur Residenz und ging zu Weber«, schildert Maurice seine Abenteuer in dieser Nacht, die als »Nacht der langen Messer« bekannt werden sollte. »Von hier fuhr ich mit Weber zum Flughafen ... wenn ich nicht irre, war Gauleiter Wagner dort schon anwesend. Auf dem Flughafen waren noch verschiedene Wehrmachtsoffiziere anwesend ... Weber hatte mir noch in seiner Wohnung erklärt, daß Röhm einen Putsch gegen Hitler oder ähnliches machen will. Mir war die Sache damals nicht ganz klar. Auf dem Flughafengelände mußten wir auf Hitler sehr lange warten. ... viele Personen waren zum Empfang nicht anwesend. Gegen 4.30 Uhr oder auch später ist dann Hitler eingetroffen. Hitler hat sich auf dem Flugplatz noch lange mit den Offizieren der Wehrmacht unterhalten – ging dabei weit weg von anderen Personen. Lutze [Viktor Lutze, Röhms Nachfolger] ist mit Hitler angekommen ...«

Getrennt von Hitler fuhren Weber und Maurice dann zum Ministerium des Inneren, wo sie ihre Befehle entgegennahmen. »Weber ist dann mit Hitler weggefahren«, berichtete Maurice über die Abfahrt des »Führers« nach Bad Wiessee. Er selbst wurde in München eingesetzt. »Ich solle überall in der Stadt herumfahren und den [von auswärts eintreffenden] SA-Führern sagen, daß Hitler sie um 12 Uhr im Braunen Haus zu sehen wünsche ...« Außerdem unterstützte Maurice, der seine Uniform als SS-Obersturmbannführer trug, ein Sonderkommando der Bayerischen Politischen Polizei auf dem Münchner Bahnhof bei der Verhaftung einiger SA-Führer, die zu der Tagung nach Bad Wiessee anreisten. »Eine Namensliste wurde mir übergeben ... ich erwartete ankommende Züge ... man erklärte mir, daß die SA-Führer festgenommen werden müßten und ich bei der Festnahme bzw. der Bezeichnung der verschiedenen SA-Führer behilflich sein soll. Wer festgenommen werden sollte, stand auf der fraglichen Personenliste. ... nach meiner Erinnerung standen 5–6 Namen darauf. Ich habe bei den eintreffenden Zügen die Kontrolle ausgeübt ... jeden nach dem Namen gefragt, stand er auf der Liste festgenommen, die anderen zur Besprechung um 12 Uhr befohlen ... ich entsinne mich an die Festnahme von zwei SA-Führern: Graf Spreti [Hans Joachim Graf Spreti-Weilbreck, SA-Standartenführer, München] und Heydebreck [Hans-Peter von Heydebreck, SA-Gruppenführer, Stettin] ...«

Wegen Heydebreck gab es eine Auseinandersetzung, da er seinen Dolch nicht abgeben wollte. »Ich habe erklärt, daß man Heydebreck den Dolch belassen könne, er sei ein anständiger Mensch. Ich kannte ihn ja gut ...«, erklärte Maurice später.

Am späten Vormittag durchsuchte SS-Obersturmbannführer Maurice, unterstützt von 20 Polizeibeamten, die Münchner SA-Zentrale nach weiteren SA-Führern. Zu diesem Zeitpunkt befanden sich Hitler und sein Begleitkommando bereits in der »Pension Hanselbauer« in Bad Wiessee. Der »Führer« und Reichskanzler persönlich drang mit gezogener Pistole in die Zimmer der schlafenden SA-Leute ein, beschuldigte Röhm des Verrats, verhaftete ihn samt seiner Begleitung und ließ alle in das Gefängnis nach München-Stadelheim bringen. Nach dem erfolgreichen Abschluss dieser höchst riskanten Überrumpelungsaktion kehrte Hitler nach München zurück, wo er im »Braunen Haus«

vor ca. 70 SA-Leuten eine emotionsgeladene Rede hielt. Maurice hörte die Hasstiraden über den »größten Verrat und Treuebruch der ganzen Weltgeschichte« und resümierte später nüchtern: »... Hitler sagte, Röhm hätte gegen ihn ein Attentat geplant und wie die SA mißbraucht wurde.« Dann fuhr Maurice in seine Wohnung. Am Nachmittag traf er – wie er angab – seine Braut zu einem Spaziergang im Ausstellungspark und erzählte ihr alles, was er von den letzten Stunden mitbekommen hatte. Danach kam es zu einer flüchtigen Begegnung mit Hitler: »Es dürfte gegen 16 Uhr gewesen sein. Ich habe damals mit Hitler gesprochen. Er begrüßte mich kurz und erklärte, daß alles erledigt sei.«

Wenig später übergab der »Führer« dem SS-Gruppenführer Sepp Dietrich, seines Zeichens Kommandeur des SS-Regiments »Leibstandarte Adolf Hitler«, eine Liste von SA-Führern, wie sie auch Maurice erhalten hatte.[22] Die Namen der zu Erschießenden hatte Hitler mit Tintenstrich angekreuzt. Dazu gab er den Befehl: »Fahren Sie – erschießen wegen Landes- und Hochverrats!« Dietrich stellte ein Exekutionskommando zusammen und ließ im Gefängnis München-Stadelheim sechs SA-Führer hinrichten – an erster Stelle den von Maurice verhafteten Heydebreck, der seinen Dolch hatte behalten dürfen. Ernst Röhm wurde am 1. Juli in seiner Zelle in Stadelheim erschossen. Am 2. Juli fand im KZ Dachau die Hinrichtung weiterer »Verräter« statt, unter denen sich der bayerische Politiker von Kahr befand, der beim Putsch 1923 eine so wichtige Rolle gespielt hatte. Die Zahl der damals in Deutschland ermordeten »Staatsfeinde« belief sich auf ca. 200. Schon am 1. Juli meldeten die Zeitungen: »Rebellen an die Wand gestellt«.[23]

Maurice berichtete zu den Ereignissen: »Was ich am darauf folgenden Tag [Sonntag, 1. Juli] tat, kann ich mich nicht mehr erinnern. Ich glaube, daß ich am Nachmittag beim

Strafvollstreckungsgefängnis
Mübhen.

Nachstehende Personen wurden heute eingeliefert und aufgenommen:

Schneidhuber August
~~Killinger von Manfred~~
Detten von Georg
Schmidt Wilhelm
Krausser von Fritz
Heydebreck von Hans Peter
Schragmüller Konrad entlassen!
Hayn Hans
Falkenhausen von Hans
Spreti Graf von Hans Erwin
Egger Kurt
Volmer Friedrich
Holschrieder Hans
König Hans
Hofmeister Leopold
Heines Edmund
Schieweck Erich
Röhm Ernst
Uhl Julius
Schätzl Martin
Daller Karl
Hölfl Josef
Bergmann Robert
Vogel Max
u. Neumayer Edmund

München, den 30. Juni 1934.
Direktion des Strafvollstreckungsgefängnisses
Koch

Aus dem Besitz von Emil Maurice:
Die Liste inhaftierter und hingerichteter SA-Führer
des »Röhm-Putschs« vom 30. Juni 1934

Tennisspielen war, daß ich im Laufe des Vormittags von allen möglichen Leuten angerufen wurde, was ich wüßte. Von den Erschießungen habe ich erst nachträglich erfahren. ... über die illegalen Erschießungen [in Dachau] habe ich nur gehört, daß Kahr erschossen wurde, vermutlich habe ich dies aus Zeitung oder Rundfunk. Über die weiteren Morde kann ich keine Auskunft geben, auch nicht angeben, wer die Befehle zum Erschießen gegeben hat, keine Ahnung. ... Ich kann auch niemals glauben, daß Hitler hierzu Befehle gegeben hat oder daß er über diese Sache gewußt hat. Hitler war für derartige Dinge bestimmt nicht zu haben. Der Personenkreis, der hierüber Angaben machen könnte, ist mir nicht bekannt und auch nie bekannt gewesen.«[24]

Zur Erinnerung an diese Tage hat sich Maurice die Liste der nach dem »Röhm-Putsch« hingerichteten SA-Männer aufgehoben.

Die Belohnung für die Beihilfe zur mörderischen Abrechnung mit der SA-Spitze blieb nicht aus. Wurde Sepp Dietrich für das Gemetzel bereits am 1. Juli 1934 zum SS-Obergruppenführer ernannt, so beförderte man Maurice mit gleichem Datum zum SS-Standartenführer. Aus diesem Anlass schickte der Reichsführer SS Heinrich Himmler dem Freund Hitlers sogar ein persönliches Glückwunschtelegramm.[25]

Schon am 3. Juli 1934 wurde der »Röhm-Putsch« durch ein eigenes Gesetz betreffend »Maßnahmen der Staatsnotwehr« sanktioniert. Es enthielt Straffreiheit für alle, die an den Tötungen beteiligt waren: Täter, Mittäter, Anstifter und Helfer.[26]

In seiner Rede vor dem Reichstag am 13. Juli 1934 nahm Hitler selbst Stellung: »Wenn ich noch wenige Tage vorher zur Nachsicht bereit gewesen war, dann konnte es in dieser

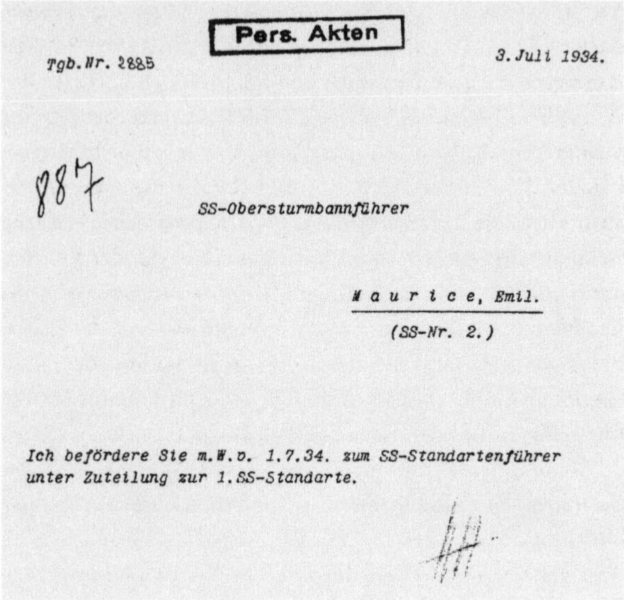

Pers. Akten

Tgb.Nr. 2885 3.Juli 1934.

887

SS-Obersturmbannführer

Maurice, Emil.

(SS-Nr. 2.)

Ich befördere Sie m.W.v. 1.7.34. zum SS-Standartenführer unter Zuteilung zur 1.SS-Standarte.

Belohnung für treue Dienste – Emil Maurice wird für seine Hilfe beim »Röhm-Putsch« am 1. Juli 1934 zum SS-Standartenführer befördert.

Stunde eine solche Rücksicht nicht mehr geben. Wenn mir jemand den Vorwurf entgegenhält, weshalb wir nicht die ordentlichen Gerichte zur Aburteilung herangezogen haben, dann kann ich nur sagen: ›In dieser Stunde war ich des deutschen Volkes oberster Gerichtsherr.‹«

Die Rede hatte den gewünschten Erfolg. Niemand in Deutschland wagte es, aufzubegehren – schon gar nicht die SA.

Hedwig Ploetz, die von den Vorgängen beim »Röhm-Putsch« durch ihren Freund Maurice so frühzeitig informiert worden war, intensivierte ihre Beziehung zum nunmehrigen Standartenführer. Im folgenden Jahr feierte man am Ort der ersten Begegnung und in Anwesenheit von Adolf Hitler die offizielle Verlobung. Hedwig Maurice erinnerte sich:[27] »Bei meiner Verlobung am 31.3.1935 … wurde ich dem Reichskanzler Adolf Hitler … vorgestellt. Hitler war ausgesprochen charmant zu mir. Nicht jener Charme, der angelernt ist, sondern einer der aus dem Herzen kommt. Der Kellner, der den Kaffee brachte, zitterte vor Aufregung so, daß ihm das Kännchen mit dem Rahm umgefallen und die ganze Soße über meinen Hut gelaufen und vorne von der Nase tropfte. Während vorher alles sehr steif und förmlich war, brach dieses Ereignis das Eis, alle Anwesenden lachten. Bis 23.30 unterhielt sich Hitler mit allen Anwesenden, zu denen auch Frau Hoffmann, die Ehefrau des Fotografen [Reichsbildberichterstatter Heinrich Hoffmann] gehörte. Außerdem war Herr Werlin [Jakob Werlin, Generaldirektor der Daimler-Benz-AG] von der Firma Mercedes Benz anwesend. Ebenso Dr. Otto Dietrich, der Pressechef [Pressechef der Reichsregierung].«

Die Verlobung fand ohne die damals bereits für SS-Mitglieder obligate Zustimmung des Reichsführers SS Heinrich Himmler und in Missachtung des Verlobungs- und Heiratsbefehls der SS statt. Vorsichtshalber entschied sich Emil Maurice für diese Lösung, da ihm der Gedanke an seine Familiengeschichte Unbehagen bereitete. Stets hatte er die in NSDAP-Kreisen kursierenden Gerüchte, die ihm jüdische Vorfahren zuschrieben, als böse Verleumdung neidischer Parteigenossen abgetan und mit seinem südländischen Aussehen erklärt. Mit seinem Auftreten als überzeugter Antisemit und Verfechter der Reinheit der norddeutschen Rasse suchte er alle Angriffe ad absurdum zu führen.

In der Zeit seiner Entfremdung von Hitler und der NSDAP, also zwischen 1928 und 1933, hatte die heikle Frage nach seiner Herkunft für den Uhrmachermeister naturgemäß keine Rolle gespielt. Akut wurde sie erst wieder, als sich der Mitbegründer der SS 1935 neuerlich verlobte und Heiratspläne wälzte. Der dafür gewählte Zeitpunkt konnte allerdings ungünstiger nicht sein. Waren schon seit April 1933 in allen Gesetzen und Verordnungen Bestimmungen über die »Blutreinheit« enthalten,[28] so führte man 1935 im Zuge der Nürnberger Grundgesetze den verpflichtenden »Ariernachweis« – eine amtlich belegte sippenkundliche Darstellung, genannt »Ahnenschatzkästlein« – ein. Als sich Hedwig Ploetz und Emil Maurice verlobten, stand das »Gesetz zum Schutz des deutschen Blutes und der deutschen Ehre« bereits in Ausarbeitung.[29] Sobald es verabschiedet war, benötigten einfache Volksgenossen den bis zu den Großeltern zurückreichenden »Kleinen Ariernachweis«, der für Maurice kein Problem gewesen wäre. Für ein hochrangiges Mitglied der SS genügte dies jedoch nicht. Maurice benötigte den »Großen Ariernachweis«, der alle bis zum Jahr 1750 zurückreichenden Generationen nach »rassisch Artfremden« durchleuchtete.

»Wir gingen so vor wie ein Saatzüchter«, brüstete sich Himmler in einer viel beachteten Rede aus dem Jahre 1935,[30] »der eine alte, gute Sorte, die vermischt und abgebaut ist, wieder rein züchten soll, zuerst über das Feld zur sogenannten Staudenauslese geht, zunächst daran, rein äußerlich die Menschen abzusieben, die wir glaubten für den Aufbau der Schutzstaffel nicht brauchen zu können …«[31] Auch das voll ausgearbeitete System einer Sippen-Lochkarte lag 1935 bereits vor, das die Grundlage eines SS-Sippenbuches bilden sollte. Im Prinzip begrüßte Emil

Maurice die »Reinheit des deutschen Blutes«. Er stand auch mit den rassischen Ideen der SS und NSDAP in vollkommenem Einklang. Nur für sich selbst wollte er im Hinblick auf seinen exklusiven Status, seine aufrechte NS-Gesinnung und seine Verdienste um Partei und SS eine Ausnahme, wobei er auf die neu erworbene Duzfreundschaft des allmächtigen »Führers« hoffte. Er hoffte auch, dass sich in seinem – in jeder Hinsicht einzigartigen – Fall Heinrich Himmler über die rigorosen Dogmen der SS hinwegsetzen werde, und legte die für heiratswillige SS-Mitglieder notwendigen Dokumente zur Erstellung seines persönlichen »Schatzkästleins« erst gar nicht vor. Selbst einen Streit mit dem Reichsführer SS und dem Leiter des »Rasse- und Siedlungshauptamtes der SS« [Richard Darré] scheute er nicht. Das anschließende längere Schweigen der NS-Behörden registrierte er mit Genugtuung. Während sich jedoch Maurice bereits in Sicherheit wähnte, ließ Himmler streng geheime Nachforschungen anstellen. Die Mühlen der SS mahlten, wenn auch langsam.

Es war ein ungleicher Kampf. Den Gegnern von Maurice standen 1935 bereits ausgefeilte Machtstrukturen zur Verfügung. Parteigenosse Himmler war nicht mehr der unbedeutende Hühnerzüchter und Diplomlandwirt aus Waldtrudering bei München, den Maurice noch vom Novemberputsch 1923 her in guter Erinnerung hatte. Damals hatte der schmächtige Brillenträger als Fahnenträger des Bundes »Reichskriegsflagge« im Gefolge des damaligen SA-Führers Ernst Röhm bei der Besetzung des bayerischen Kriegsministeriums fungiert. In der Zwischenzeit war Heinrich Himmler zum mächtigen Reichsführer SS und Chef der deutschen Polizei aufgestiegen. Er hatte sich ein engmaschiges Herrschafts- und Überwachungsnetz geschaffen, die SS als unabhängige Parteiorganisation von der SA gelöst und aus der ursprünglich zum Schutz Hitlers gedachten Leibgarde einen NS-Führungsorden aufgebaut, der nach streng rassischen Kriterien die Herrenmenschen-Ideologie des NS-Regimes verkörperte.

Hitler wusste die Arbeit Himmlers zu schätzen: »Ihren ganzen Gehalt aber hat sie [die SS] durch Himmler bekommen. Aus diesem Häufchen [unter Maurice] die stärkste Weltanschauungstruppe gemacht zu haben, ist sein Verdienst. Ich habe dann langsam in meiner SS die Truppe bekommen, gegen die ich nie eine Klage gehabt habe. Nie gab es Anlaß zu einer Ausstellung [Klage]. Himmler hat erst das Format hereingebracht. Aus einer kleinen Gruppe von zusammenhanglosen Menschen hat er einen Führungsapparat geschaffen. Er ist sozusagen der völkische Ignatius von Loyola[32] im guten Sinne.«[33]

Tatsächlich setzte Himmler Schritt für Schritt und im Einklang mit der Parteispitze seine Wahnvorstellungen zur Reinhaltung der nordischen Rasse um, für die er sich bereits 1924 beim Lesen der »12 Lebensregeln des Deutschvölkischen Schutz- und Trutzbundes« begeistert hatte.[34] Dort heißt es: »1. Regel: Deutscher … bekämpfe jede Heirat mit fremdem Geblüt in Deiner Familie. Das Hakenkreuz ist das Wahrzeichen der Rasse.« Gemäß dem Nietzsche-Zitat »Nicht fort sollt ihr euch pflanzen, sondern höher hinauf« lag Himmler das am Herzen, was er als die Höherzüchtung des Menschen auf biologischer Grundlage empfand. Das Anliegen, die nordische Rasse heranzuzüchten und sie – bei gleichzeitiger Ausrottung aller als minderwertig empfundenen Elemente – zu einer »herrlichen, sittlichen Höhe« zu führen, bildete die Maxime seines Lebens. Schon als Student der Landwirtschaft hatte er sich intensiv mit Vererbungslehre und der Züchtung von Haustieren beschäftigt. Seine bei der Pflanzen- und Tierzucht gewonnenen laienhaften

Vorstellungen der Vererbungslehre wollte er auf die »Menschenzüchtung« anwenden. Himmler verfolgte die fixe Idee, dass ein Versiegen des »nordischen Bluts« unweigerlich zum Volkstod führen würde. Im Bestreben, »Männer guten Bluts« in seiner SS zu sammeln, war schon 1931 der »Verlobungs- und Heiratsbefehl der SS«[35] ergangen, den man später auf das ganze Volk auszudehnen gedachte. Darin heißt es: »Das erstrebte Ziel ist die erbgesundheitlich wertvolle Sippe deutscher nordisch-bestimmter Art [Punkt 3].« Und Punkt 6 drohte: »SS-Angehörige, die bei Verweigerung der Heiratsgenehmigung trotzdem heiraten, werden aus der SS gestrichen.«

Diese Maßnahme sollte garantieren, dass SS-Männer – deren untadelige arische Herkunft man voraussetzte – keine Mesalliancen mit »unwürdigen« Frauen eingingen. Zu diesem Zweck machte man die Erteilung der Heiratsgenehmigung von der rassischen und erbgesundheitlichen Prüfung der künftigen Ehepartnerin abhängig. Befunden wurde darüber im »Rasse- und Siedlungshauptamt-SS«. Bevor sich daher Angehörige des »Totenkopfordens« verloben konnten, hatten sich ihre Auserwählten einer eingehenden rassischen und politischen Überprüfung zu unterziehen. Gleichzeitig mussten sie auch erklären, im Sinne der Ideale der NSDAP und SS auf die Gesellschaft einzuwirken.

Die Strenge der Heiratsvorschriften – auf deren Basis zwischen 1931 und 1945 immerhin 240 000 Ehen geschlossen wurden – fand, wie Himmler verärgert zur Kenntnis nehmen musste, selbst bei der Parteispitze nur wenig Gefallen. »Die SS ist sich darüber klar, daß sie mit diesem Befehl einen Schritt von großer Bedeutung getan hat. Spott, Hohn und Mißverstehen berühren uns nicht; die Zukunft gehört uns«, ließ er daher seinem Befehl anfügen.[36] Vor allem die alten Parteikämpfer fanden höhnende Worte, die in den Ohren von Emil Maurice wie Musik klangen. War doch bei der von Emil Maurice und Hedwig Ploetz geplanten Eheschließung alles aus dem SS-Lot: Zwar verfügte die zu prüfende Braut, deren Vater bei den Aschaffenburger Jägern gedient hatte[37], über »untadelige« Vorfahren. Die Probleme lagen jedoch beim Bräutigam, den man weder als 1. Leiter der SA, noch als Mitglied des »Stoßtrupps Hitler«, noch als Organisator der »Schutzstaffel« [SS] nach seinen Ahnen befragt hatte. Diese strengen Kriterien kamen erst viel später! Einzig die Größe von Emil Maurice von über 1,80 Meter entsprach dem – ebenfalls erst viel später festgelegten – SS-Gardemaß. 1935 jedoch stand fest, dass Maurice – mit Juden unter seinen Vorfahren – nicht reinrassig genug für die SS war und, wie Himmler meinte, nicht als »reiner Germane« bezeichnet werden konnte.

Hedwig Maurice, die bei der Verlobung ihr Medizinstudium abgebrochen hatte, wurde von dem sich plötzlich entfaltenden Hexentreiben überrascht. Da sie ihr zukünftiger Ehemann nicht über seinen – von der SS als unverzeihlich angesehenen – »Makel« aufgeklärt hatte, wusste sie nichts von irgendwelchen Juden in der Maurice'schen Familie. Die Offizierstochter und deutschnationale NSDAP-Sympathisantin interessierte sich nur wenig für Politik und empfand die Aufregung um den »großen Ahnennachweis« als äußerst absurd. Sie schrieb: »Anläßlich unserer Hochzeit bzw. vorher spielte sich folgendes ab, das man fast als Treppenwitz der deutschen Geschichte betrachten kann. Nachdem mein Mann einen höheren SS-Dienstrang hatte, mußte er ein sogenanntes ›Arisches Zeugnis‹ beibringen, daß er rein deutscher Abkunft und keine Juden bei seinen Vorfahren waren. Und dann kam der Donnerschlag: Es kam durch die Anforderung des ›Arischen Nachweises‹ heraus, daß die Vorfahren meines Mannes jüdischer Abkunft waren. Ausgerechnet die Vorfahren meines Mannes, der zusammen mit Julius Schreck die SS gegründet und die Mitgliedsnummer 2 hatte, waren jüdischer Abkunft. Sie waren aus Frankreich gekommen und ein Vorfahre hatte das Thalia-Theater in Hamburg gegründet und war auf dem dortigen Friedhof beerdigt worden.«[38]

Mit der verzweifelten Frage »Was tun?«[39] wandten sich die Verlobten an den »Führer« und Reichskanzler, der als der größte Antisemit der nationalsozialistischen Bewegung galt. »Dieser wußte Rat«, erinnerte sich Frau Maurice. Und er sprang für seinen alten Freund sogar über seinen judenfeindlichen Schatten. Denn schon »Mein Kampf« strotzte, wie auch alle frühen Hitler-Reden, vor fanatischem Antisemitismus: »Der schwarzhaarige Judenjunge lauert stundenlang, satanische Freude in seinem Gesicht, auf das ahnungslose Mädchen, das er mit seinem Blut schändet und [es] damit seinem, des Mädchens, Volke raubt. Mit allen Mitteln versucht er die rassischen Grundlagen des zu unterjochenden Volkes zu verderben … schreckt er auch nicht davor zurück, selbst in größerem Umfange die Blutschranken für andere einzureißen. Juden waren und sind es, die den Neger an den Rhein bringen, immer mit den gleichen Hintergedanken … durch die zwangsläufig eintretende Bastardisierung die ihnen verhaßte weiße Rasse zu zerstören …«[40]

Doch im »Fall Maurice« teilte Hitler, ganz im Gegensatz zu seinem Weltbild, die Empörung des Reichsführers SS nicht. Er setzte sich über alle NS-Konventionen und die sich – bereits abzeichnenden – Ergebnisse der geheimen Ermittlungen hinweg und bereitete den sozusagen illegal Verlobten, die ihm am 20. April 1935 in seiner Münchner Privatwohnung zum Geburtstag gratulierten, einen herzlichen

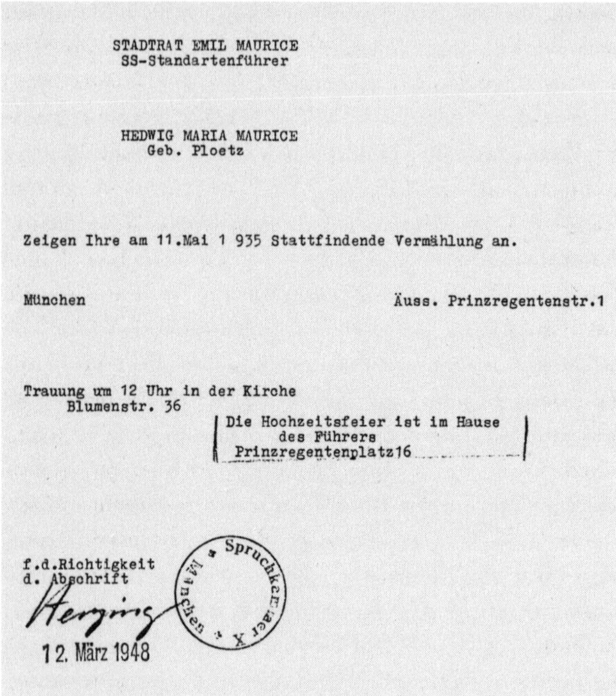

STADTRAT EMIL MAURICE
SS-Standartenführer

HEDWIG MARIA MAURICE
Geb. Ploetz

Zeigen Ihre am 11.Mai 1 935 Stattfindende Vermählung an.

München Äuss. Prinzregentenstr.1

Trauung um 12 Uhr in der Kirche
Blumenstr. 36

Die Hochzeitsfeier ist im Hause
des Führers
Prinzregentenplatz16

f.d.Richtigkeit
d. Abschrift

12. März 1948

Hochzeitsfeier im Hause des »Führers« geplant!
Stadtrat Emil Maurice gibt seine Vermählung bekannt.

Empfang. Er führte das Paar persönlich durch sein Neun-Zimmer-Domizil und kündigte eine Auszeichnung der ganz besonderen Art an, die Himmler, als man es ihm hinterbrachte, als Verhöhnung seiner SS empfand: Der Hochzeitsempfang von Freund »Moritzl« müsse unbedingt hier, in seiner eigenen Wohnung am Prinzregentenplatz, stattfinden, meinte Hitler.

»Die Zusage, die Hochzeit in seiner Wohnung auszurichten, konnte Adolf Hitler nicht einhalten«, erinnerte sich

Hedwig Maurice, »da er an diesem Tage, den 11. Mai 1935, nach Berlin gerufen wurde.«[41] Trotzdem verlief die Feier in großem Stil. Der Münchner Bürgermeister schickte einen Geschenkkorb und der »Völkische Beobachter« widmete der Vermählung des Stadtrats und Parteigenossen Maurice große Aufmerksamkeit:[42] »... nach der standesamtlichen Trauung – Trauzeugen Kreistagspräsident Weber[43] und Stadtrat Hoffmann[44] – fand kurz vor 12 Uhr die kirchliche Trauung in der evangelischen Kirche an der Blumenstraße statt. Hunderte von Volksgenossen säumten den Weg. Die Kirche war geschmückt mit jungem Tannengrün und bunten Frühlingsblumen. In Begleitung der Eltern der Braut, dem Vater und den Brüdern des Bräutigams sowie Brigadeführer Schaub, dem ständigen Begleiter des Führers, betrat das Brautpaar die Kirche. In den ersten Stuhlreihen saßen Mitglieder der Stadtverwaltung, der Bürgermeister, Angehörige der SA und SS, Hitlerjugend. Pfarrer Parteigenosse Wegner hielt eine ergreifende Ansprache, der er das Wort: ›So sind nun Glaube, Liebe und Hoffnung, aber die Liebe ist das Größte!‹ zu Grunde legte. Unsere Wünsche begleiten Hedwig und Emil Maurice, den alten, verdienten Kämpfer der Bewegung, den bewährten Soldaten Adolf Hitlers, den Angehörigen der ältesten Garde des Dritten Reichs, der als einer der ersten die hohe, heilige Mission des Führers erkannte ...«[45]

Die Hochzeitstafel fand im Kreis der Familien Maurice und Ploetz im Hotel »Die vier Jahreszeiten« statt, wobei sich der »Führer« von seinem Adjutanten Schaub sowie dem Reichsschatzmeister Schwarz vertreten ließ. Der Reichsführer SS war dem Fest ferngeblieben, auch sein obligates – meist aus einem so genannten Julleuchter bestehendes – Geschenk blieb aus.[46] Diese in NS-Kreisen viel kommentierte bewusste

Missachtung glich der »Führer« aus, indem er die Neuvermählten höchstpersönlich in ihrer neuen Wohnung aufsuchte,[47] freundlich gratulierte, zum Kaffee blieb und beim Abschied diskret 1000 RM für die Hausstandsgründung hinterließ. Hitler brachte auch noch ein viel wertvolleres Geschenk mit. Ein eigenhändiges Schreiben, mit einem auf den Hochzeitstag datierten »Gnadenerlaß« des »Führers«, der Emil Maurice – samt seinen Brüdern und seiner Schwester – einen weiteren Verbleib in der NSDAP gestattete.[48]

Der Vorsitzende der NSDAP übte damit – vorsichtshalber – ein Recht aus, das ihm damals offiziell noch gar nicht zustand. Wenig später sorgte Hitler für die entsprechenden gesetzlichen Grundlagen, die in den Verordnungen zum Reichsbürgergesetz (15. September 1935) betreffend »Juden und jüdische Mischlinge« niedergelegt wurden. Dort heißt es unter § 7: »Der Führer und Reichskanzler kann Befreiungen … erteilen.« Nach den Statuten der Rassegesetze hätten die Maurices – mit einem jüdischen Urgroßvater – allerdings für den Verbleib in der NSDAP überhaupt keinen Gnadenerlass benötigt. Und auf die in Rassenfragen viel strengere SS bezog er sich nicht! Diese forderte demgemäß auch weiterhin unbeirrt den Ausstoß und die Verfolgung des SS-Mitglieds Nr. 2.

Aber Hitler hielt seine schützende Hand weiterhin über Emil Maurice und seine Verwandten, bat Himmler zu einem Gespräch unter vier Augen und zwang ihn anschließend, das Ergebnis ihrer Unterredung schriftlich festzuhalten. So heißt es in Himmlers geheimer Aktenniederschrift vom 31. August 1935:[49] »1. SS-Standartenführer Emil Maurice ist gemäß seiner Ahnentafel ohne Zweifel nicht arischer Abstammung. 2. Ich habe gelegentlich der Verheiratung des SS-Standartenführers Maurice, bei der er die Ahnentafel

Maurice auf einem Erinnerungsmarsch. 9. November 1934

vorlegen mußte, dem Führer meinen Standpunkt vorgetragen, nämlich, daß ich der Ansicht wäre, Maurice müsse aus der SS ausscheiden. 3. Der Führer entschied, daß in diesem einzigen Ausnahmefall Maurice, als ebenso seine Brüder, da er sein allererster Begleiter war und er und seine Brüder und die ganze Familie Maurice in den ersten, allerschwersten Monaten und Jahren der Bewegung mit seltener Tapferkeit und Treue dienten, in der SS verbleiben könne.«

Die folgenden Paragrafen der Geheimakten entstanden auf Drängen Himmlers und lauten: »Ich [Heinrich Himmler] bestimme, daß weder Maurice in das Sippenbuch der SS aufgenommen wird, noch daß irgendein Nachkomme der Familie Maurice in die SS aufgenommen werden kann. 5. Von dieser Niederschrift erhält der Chef des Rasse- und Siedlungshauptamtes ein Exemplar zu seiner Kenntnis mit der Bitte der strengst vertraulichen Behandlung, es ist lediglich der Chef des Sippenamtes mit einzubeziehen. 6. Ich stelle für mich und alle meine Nachfolger als Reichsführer SS fest, daß lediglich Adolf Hitler selbst das Recht hatte und hat, auch für die SS eine Ausnahme in blutlicher Hinsicht zu bestimmen. Kein Reichsführer SS jedoch hat heute und in aller Zukunft die Berechtigung, in den blutlichen Forderungen der SS Ausnahmen zu bewilligen. 7. Ich verpflichte alle meine Nachfolger zur strengsten Einhaltung des in Punkt 6 festgesetzten Standpunktes.

Der Reichsführer SS [gez.] H. Himmler

Zwei Abschriften an den Chef des Rasse- und Siedlungshauptamtes a) eine verschlossen und versiegelt zum Heiratsakt Maurice. b) eine für den Chef des Rasse- und Siedlungshauptamtes und für den Chef des Sippenamtes zur Kenntnisnahme. 2.) Eine Niederschrift zum Personalakt Maurice, ebenfalls verschlossen und versiegelt.«[50]

Trotz größter Geheimhaltung haben sich diese Vorgänge um den Duzfreund des »Führers« allmählich verbreitet. Sie mussten ja auch unter der Bemerkung »Gnadenerlaß« in die NSDAP-Gaukarteien der Brüder Maurice eingetragen werden.[51]

Der vor einem ungewissen Schicksal gerettete Emil Maurice war nicht erfreut, sondern nahm die Entscheidung des »Führers« zähneknirschend zur Kenntnis. Seine Empörung teilte Maurice seiner Gattin mit: »Mein Mann betrachtete dies alles als einen Witz, daß er, der SS-Gründer mit der Mitgliedsnummer 2, jetzt auf einen Gnadenerweis angewiesen war …«[52]

Heinrich Himmler jedoch wurde für seine Kooperation in der »Affäre Maurice« belohnt. Am 1. November 1935 durfte der Reichsführer SS Hitler seine Vorstellungen von der künftigen Gestaltung der SS darlegen: »Ich trug … meine

Gedanken, daß die SS einmal die deutschen Samurais werden müßten … vor. Der Führer drückte mir für die … skizzierten Gedanken seine volle Zustimmung und Anerkennung aus. Ich trug ebenfalls dem Führer aus den 100 Leitsätzen die Frage vor: Was ist die SS? – Die SS ist ein nationalsozialistischer Orden nordisch bestimmter Männer und eine geschworene Gemeinschaft ihrer Sippen. Mit der Formulierung war der Führer ebenfalls einverstanden.«[53]

Die Freundschaft Hitlers blieb Maurice, der 1935 seine Meisterprüfung als Uhrmacher ablegte, erhalten. Dank der Protektion Hitlers spielte es auch keine Rolle, dass Emil Maurice im September 1935 auch im Privatleben in seine alte gewalttätige Rolle als Schläger zurückfiel, nachdem er in Nürnberg einen Radfahrer angefahren hatte. Als dieser protestierte, reagierte Maurice wie einst in der »Kampfzeit der Bewegung«. »Er hielt mit seinem Wagen und kam auf mich zu«, gab der 71-jährige Radfahrer in seiner Anzeige an. »Ohne mit mir auch nur ein Wort gesprochen zu haben, schlug er mir mit einem Gummiknüppel über die linke Gesichtshälfte, daß ich zu Boden fiel.«[54] Die SS hat diese Affäre niedergeschlagen, nachdem der Reichsführer SS Heinrich Himmler mehrmals dringend um Auskunft bat, ob »in der Angelegenheit SS-Standartenführer Maurice schon etwas durch das SS-Gericht erfolgt ist«.[55] Ein von der Polizei eingeleitetes Strafverfahren wegen Körperverletzung wurde dann auch sehr schnell von der Staatsanwaltschaft »mangels öffentlichen Interesses« eingestellt.[56]

Zu Weihnachten 1935 durfte sich das Ehepaar, wie jedes Jahr bis zum Kriegsende, an einer Ansichtskarte des »Führers« erfreuen: »An Herrn und Frau Maurice! Herzlichste Weihnachts- und Neujahrswünsche sendet Adolf Hitler.«[57]

Blankenstein a. d. Ruhr

ADOLF HITLER

BERLIN DEN 24. Dezember 1935

Herrn u. Frau Maurice!

Herzlichste Weihnachts- und Neujahrswünsche

sendet

Hitlers Weihnachtsgrüße an Herrn und Frau Maurice, Weihnachten 1935

Während des Krieges sollte die persönliche Kanzlei des »Führers« im Auftrag Hitlers kleine Aufmerksamkeiten schicken. »Ich bitte Sie, das beifolgende Paket Kaffee als kleines Geschenk entgegennehmen zu wollen. Es entstammt dem Reste einer größeren Sendung, die mir aus dem Auslande gespendet wurde«, heißt es in dem Begleitschreiben.[58]

Am 16. Mai 1936 erlag Julius Schreck im Alter von 38 Jahren einer Gehirnhautentzündung. Himmler würdigte den Verstorbenen in einer öffentlichen Trauerrede: »Du warst derjenige, der den Stoßtrupp Adolf Hitler gründete, Du warst derjenige, der im Jahre 1925 die erste Staffel dieser heute größten Schutzstaffel in München gegründet hat …«[59] Maurice, den noch lebenden SS-Mann Nr. 2, erwähnte er mit keinem Wort. Genauso hielt er es bei Schrecks Begräbnis, bei dem auch Emil Maurice seinem langjährigen Freund die letzte Ehre erwies. In seiner Trauerrede am offenen Grab sagte Himmler: »Wir haben uns nun von Dir verabschiedet … Du lebst in unseren Reihen so, als wenn Du noch da wärest. Und nun habe ich Dir, lieber Kamerad Schreck, eine Ehre zu verkünden, die Dein Führer für Dich bestimmt hat. Als Du die Staffel gründetest, war

»Erinnerungen« – Hitler mit »Stoßtrupplern« vom 9. November 1923; Maurice rechts neben Hitler

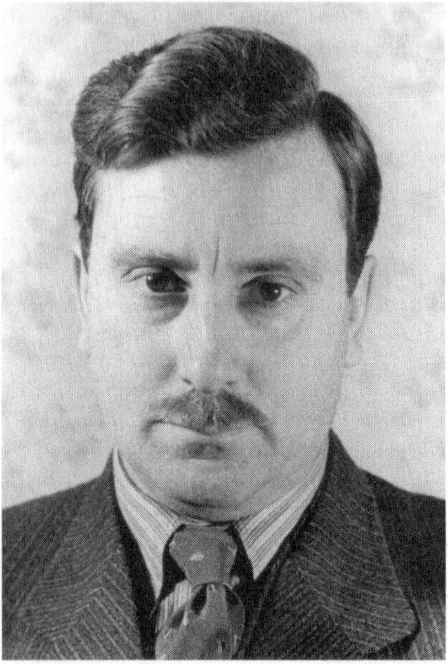

Emil Maurice im Dezember 1936

sie ein Häuflein von zehn Mann. Von heute ab soll laut Befehl des Führers die erste Standarte der SS in München den Namen ›Julius Schreck‹ führen. Wir alle wollen bestrebt sein, daß diese Standarte dem Träger dieses Namens, dem Mann, der ein Heros in unseren Reihen war, Ehre macht!«[60] Die Anwesenheit von Emil Maurice bei der als nationales Ereignis zelebrierten Totenfeier empfand der Reichsführer SS als Ärgernis. Himmler blieb nur der Trost, dass der SS-Mann Nr. 1 und nicht der SS-Mann Nr. 2 gestorben war. Die bei der Bestattung von Nr. 2 obligatorischen Würdigungen hätten den Reichsführer SS vor ein beinahe unlösbares Problem gestellt.

1936 ist Emil Maurice gemeinsam mit seiner Frau aus der evangelischen Kirche ausgetreten – ein Schritt, den er in einem der von SS-Angehörigen regelmäßig auszufüllenden Fragebögen mit »Gott ist überall« kommentierte. 1936 (17. Februar 1936) und 1937 (10. August 1937) kamen die beiden Kinder des Ehepaares – ein Junge und ein Mädchen – zur Welt.[61] »Noch nicht«, hat der stolze Vater 1937 auf die Anfrage des SS-Sippenamtes, ob sein Sohn Klaus eine nationalsozialistische Erziehungsanstalt besuche, geantwortet.

»In den Folgejahren jedoch spielte die jüdische Herkunft meines Mannes keine Rolle mehr. Hitler machte ihn zum Reichstagsabgeordneten und zum Präsidenten der Handwerkskammer von Oberbayern. Große Reichtümer konnte

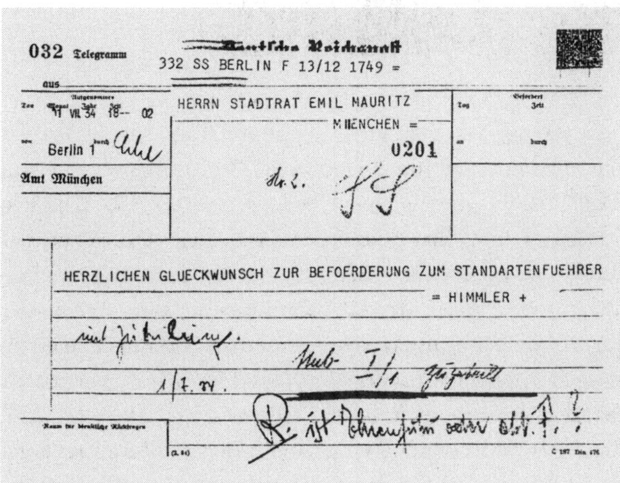

032 Telegramm

332 SS BERLIN F 13/12 1749 =

17 VII 34 18-- 02

Berlin 1

Amt München

HERRN STADTRAT EMIL MAURITZ

MUENCHEN =

0201

HERZLICHEN GLUECKWUNSCH ZUR BEFOERDERUNG ZUM STANDARTENFUEHRER

= HIMMLER +

Selbst Himmler gratuliert! – Nach dem »Röhm-Putsch« wurde Emil Maurice zum SS-Standartenführer befördert.

Streng geheim! Der Briefumschlag mit den geheimen, Maurice betreffenden Abmachungen zwischen Hitler und Himmler

er damit nicht sammeln, denn der Ehrensold war gering«, erinnerte sich Dr. Hedwig Maurice später. Sie vergaß dabei zu erwähnen, dass ihr Mann nicht nur zum Präsidenten der bayerischen Handwerkskammer (1937) aufstieg. Hitlers Gunst machte ihn auch zum Vorstandsmitglied der Landes-Gewerbebank München, zum Mitglied des Aufsichtsrates des Bayerischen Genossenschaftsverbandes, zum Aufsichtsratsmitglied der Firma Lenz und zum Konsulenten der Firma Siemens. Auch die SS-Karriere ging ungebrochen weiter. 1939 musste Heinrich Himmler seinen Intimfeind Emil Maurice auf Drängen Hitlers zum SS-Oberführer ernennen.[62] Und im Mai 1939 reiste Emil Maurice samt Gattin auf Staatskosten nach Italien, wo er das unter der Patenschaft der »Hauptstadt der Bewegung« stehende Kriegerdenkmal in Quero enthüllen durfte.[63]

Mit dem Ausbruch des Zweiten Weltkriegs endeten die persönlichen Kontakte zwischen Hitler und Maurice. Der »Führer« und oberste Befehlshaber der Wehrmacht war für seinen Freund nicht mehr zu sprechen. Als Deutschland am 11. Dezember 1941 den USA den Krieg erklärte, reiste Maurice nach Berlin. Er wollte Hitler, der ihm oft erläutert hatte, dass ein Zweifrontenkrieg unter allen Umständen zu vermeiden sei, zur Rede stellen. Emil Maurice wurde jedoch nicht beim »Führer« vorgelassen.[64]

»Der Stein des Anstoßes«

Die Familiengeschichte des Emil Maurice

»... weil ich selbst, wenn auch weitläufig, jüdischer Abstammung bin und dafür im Stillen genug durchgemacht habe«, gab Emil Maurice nach dem Ende des Dritten Reichs zu Protokoll.[1] Er sprach damit erstmals aus, was seine Parteifreunde schon seit 1919 vermuteten, als der evangelische – später »gottgläubige« – Uhrmachergeselle zur DAP (Deutsche Arbeiterpartei) stieß: »Moritzl« war nicht rein »arisch«.[2]

Gerüchte auf »minderwertige«, da nicht nordisch-germanische Herkunft wurden im Dritten Reich aus den verschiedensten Gründen eifrig genährt. Jude zu sein galt als der ärgste vorstellbare Makel, der selten ungeahndet blieb. Die Betroffenen waren vogelfrei, hilflose Spielbälle des Rassenwahns. Viele Volksgenossen nutzten die Gunst der Stunde in ihrem Sinn. Beflügelt von der Hoffnung, Rivalen auf bequeme, noch dazu linientreue Weise diskreditieren, erpressen und schließlich ausschalten zu können, durchforstete man voll Eifer die Stammbäume unliebsamer Personen. Jeder Hinweis auf »nichtarische« Herkunft wurde dankbar aufgenommen, Informationen dazu hinter vorgehaltener Hand weitererzählt. Das Denunziantentum erlebte eine Hochblüte. Die geheimen, auf persönliche Weisung Himmlers erfolgten Nachforschungen der SS[3] machten selbst vor dem »Führer«, dessen Ahnen mit größter Wahrscheinlichkeit alle Waldviertler Bauern gewesen waren, nicht Halt. Die Tatsache, dass Hitlers Vater unehelich geboren wurde, gab Anlass zu Spekulationen. Obwohl sich kein Jude unter Hitlers Vorfahren feststellen ließ, sind diesbezügliche Gerüchte nie ver-

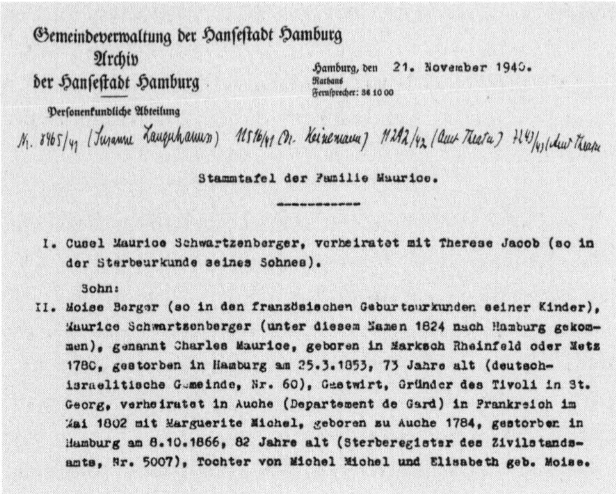

Gemeindeverwaltung der Hansestadt Hamburg
Archiv
der Hansestadt Hamburg

Personenkundliche Abteilung

Hamburg, den 21. November 1940.
Rathaus
Fernsprecher: 36 10 00

Nr. 8465/41 (Susanne Langehanns) 11516/41 (Dr. Heinemann) 11292/42 (Amt Theater) 7243/43 (Amt Theater

Stammtafel der Familie Maurice.

I. Cusel Maurice Schwartzenberger, verheiratet mit Therese Jacob (so in der Sterbeurkunde seines Sohnes).

Sohn:

II. Moise Berger (so in den französischen Geburtsurkunden seiner Kinder), Maurice Schwartzenberger (unter diesem Namen 1824 nach Hamburg gekommen), genannt Charles Maurice, geboren in Marksch Rheinfeld oder Metz 1780, gestorben in Hamburg am 25.3.1853, 73 Jahre alt (deutsch-israelitische Gemeinde, Nr. 60), Gastwirt, Gründer des Tivoli in St. Georg, verheiratet in Auche (Departement de Gard) in Frankreich im Mai 1802 mit Marguerite Michel, geboren zu Auche 1784, gestorben in Hamburg am 8.10.1866, 82 Jahre alt (Sterberegister des Zivilstandsamts, Nr. 5007), Tochter von Michel Michel und Elisabeth geb. Moise.

Auszug aus der Stammtafel der Familie Maurice

stummt. So machte in ausländischen Journalistenkreisen ein Bild die Runde, das einen Grabstein mit der hebräischen Inschrift »Adolf Hitler« zeigte. Bei der jüdischen Ruhestätte auf einem Bukarester Friedhof handle es sich »um das Grab des Großvaters … von Deutschlands antisemitischem Kanzler«, schrieb der »Daily Mirror« – wie sich herausstellte, fälschlicherweise – am 14. Oktober 1933.[4]

Ebensolche Gerüchte rankten sich um fast alle NS-Größen. Lange Zeit vermutete man in dem großen, blonden und blauäugigen »Paradegermanen« Reinhard Heydrich, dem gefürchteten Chef des Reichssicherheitsdienstes, einen Juden, da einer seiner Vorfahren den Namen Süß und den Vornamen Isidor geführt hatte.[5]

Auch Hitler bekundete Interesse für die Stammtafeln der NSDAP-Größen, ließ umfangreiche genealogische Dossiers anlegen und wusste über die Herkunft seiner Mitarbeiter oft besser Bescheid als diese selbst. So gab Hitlers Duzfreund Emil Maurice an, in Bezug auf die jüdischen Wurzeln seiner Familie ahnungslos gewesen zu sein, bis es der »Führer« für opportun hielt, ihn darüber aufzuklären.

Wer waren nun die Maurice und woher kamen sie? Eine zur NS-Zeit angelegte Stammtafel im Staatsarchiv der Stadt Hamburg gibt genau Auskunft.[6]

Die jüdischen Ahnen von Emil Maurice sind im 18. Jahrhundert in Frankreich nachweisbar. Sie waren Likörproduzenten, die als Wanderhändler den Vertrieb ihrer Produkte besorgten. Der 1780 (vermutlich in Metz) geborene Moise Berger (Ururgroßvater von Emil Maurice) war im Zuge seiner Geschäfte in ganz Frankreich, Belgien und Deutschland unterwegs. 1802 heiratete er in Auche (Departement de Gard) die aus einer jüdischen Familie stammende Marguerite Michel (Vater: Michel Michel. Mutter: Elisabeth, geb. Moise). Der Ehe entstammten vier Söhne und eine Tochter. 1824 kam Moise Berger mit seiner Familie nach Hamburg und schlug dort seinen ständigen Wohnsitz auf. Als Konzession an das deutsch-bürgerliche Milieu nannte er sich Maurice Schwartzenberger. Der Name gefiel ihm nicht lange, bald schon nannte sich der Händler französischer Liköre Charles Maurice und löste damit eine heillose genealogische Konfusion aus: zwei seiner Söhne blieben bei Schwartzenberger, zwei nannten sich Berger, die Tochter wählte Maurice. Während er selbst häufige Geschäftsreisen unternahm, gedachte der nunmehrige Charles Maurice, den Hamburger Markt, wo eine große französische Kolonie guten Absatz versprach, seinem intelligenten ältesten Sohn anzuvertrauen. Dieser am 29. Mai 1805 in Ayen (Departement Lot et Garonne) geborene Charles »Chéri« Maurice Schwartzenberger (der Urgroßvater von Emil Maurice) zeichnete sich schon sehr früh durch außergewöhnliche sprachliche Begabung und geistige Lebendigkeit aus.[7] Der ertragreiche Handel mit Spirituosen interessierte ihn in keiner Weise. Vielmehr begeisterte er sich für alles, was mit dem Theater zusammenhing. Nur mit Mühe verhinderte der Vater, dass sein »Chéri« als Schauspieler zur Bühne ging. Er stimmte jedoch 1827 gerne zu, als ihm sein Sohn die Vorteile eines zweiten geschäftlichen Standbeins schilderte. Er hatte dabei einen Vergnügungspark im Auge. So gründete der Kaufmann das »Tivoli-Etablissement« in der damaligen Hamburger Vorstadt St. Georg, einen Vorläufer des gleichnamigen heutigen Kopenhagener Vergnügungsparks – komplett mit Clowns, Feuerschluckern, Rutschen und einer Gaststätte. 1829 kam ein kleines Sommertheater dazu, dessen Leitung der Vater gerne seinem Ältesten überließ.

Damit war der nunmehr 24-jährige »Chéri« am vorläufigen Ziel seiner Wünsche und am Beginn einer atemberaubenden Karriere. Wie sein Vater, so legte auch er den biederen Namen Schwartzenberger ab, nannte sich Chéri Maurice, inszenierte auf seiner Kleinbühne Lustspiele in Plattdeutsch sowie leichte französische Komödien und zog damit ein großes Publikum an. Am 1. Oktober 1831 übernahm das junge und ehrgeizige Regietalent die Kodirektion des dahinsiechenden Theaters in der Steinstraße und brachte, wie die Zeitgenossen lobten, »einen neuen Geist in das Haus, den Geist der Ordnung und Disziplin – Einheitlichkeit, Sicherheit in Leitung und Verwaltung«.[8] Mit seinen beiden Theatern konnte Maurice einen Sommer- und Winterbetrieb aufrechterhalten.

Um 1830 hatte Chéri Maurice die aus einer evangelisch-lutherischen Hamburger Bürgerfamilie stammende Emilie

Chéri Maurice – der Stein des NS-Anstoßes! Kreidelithografie von Theodor Boehden

Möller kennen gelernt, deren Vater ein Kutscher mit eigenem Fuhrwerk war und das Hamburger Bürgerrecht besaß.[9] Als Emilie schwanger wurde, trat Maurice zum evangelischen Glauben über und ließ sich am 8. Juli 1832 in Eppendorf taufen. Die Hochzeit fand am 31. Juli 1832 statt. Sieben Tage später kam mit Emil (Emil Maurice, 1832–1882, Großvater von Emil Maurice) der erste Sohn des Paares zur Welt. Am 21. September erhielt er die Taufe und wurde, ebenso wie die drei weiteren Kinder des Ehepaares, im evangelischen Glauben erzogen.

Aus der Familie Maurice konvertierte – abgesehen von Chéri Maurice – nur noch seine Schwester Brünette zum

Ansicht des Thalia-Theaters. Zeichnung von Heinrich Jessen, Stahlstich von Jens Gray, 1844

Christentum. Der Vater und Chéris drei Brüder und viele ihrer Nachkommen behielten den jüdischen Glauben. Sie waren eingetragene Mitglieder der Hamburger deutsch-israelitischen Gemeinde, einige sogar Bürger von Hamburg.

Als das Theater in der Steinstraße dem großen Brand, der vom 5. bis zum 8. Mai 1842 in Hamburg wütete, zum Opfer fiel, ließ sich der bereits sehr wohlhabende Direktor Maurice 1843 das Thalia-Theater auf dem Pferdemarkt (Gerhart-Hauptmann-Platz) erbauen. Maurice leitete sein Privattheater über 50 Jahre lang und machte es nach dem Vorbild des Wiener Burgtheaters zu einer berühmten Institution, der »norddeutschen Burg«. Als das Hamburger Stadttheater in eine schwere Krise geriet, übernahm er – zusätzlich zum eigenen Theater – das Management dieser renommierten Bühne und stellte seine Exkonkurrenz innerhalb von fünf Jahren wieder auf die Beine.

Die Familie Berger/Schwartzenberger/Maurice verfolgte den Aufstieg von Chéri zu internationaler Berühmtheit mit ehrfurchtsvollem Staunen. Man schuldete ihm, der als das eigentliche Familienoberhaupt galt, auch Dank dafür, dass er in seinem Imperium viele Verwandte beschäftigte. So ernannte Chéri seinen Bruder Alphonse Berger (1814–1871) zum Zweiten Direktor des Thalia-Theaters, sein Schwager wirkte als Theatermaler. Seinen zweiten Sohn Georg (1833–1893), der die künstlerische Begabung seines Vaters geerbt zu haben schien, bestimmte er zu seinem Nachfolger, während sein erster Sohn Emil als Sekretär die Maurice'schen Unternehmen betreute. Dieser Emil Maurice lebte von 1832 bis 1882. Wie seine Geschwister erhielt er die Taufe nach evangelisch- lutherischem Ritus. Er verheiratete sich mit der evangelischen Tochter eines Hamburger Weinhändlers.[10] Hamburger Bürger wurde er ab 1861.

Chéris Vater erlebte noch viele große Erfolge seines Sohns, bevor er 1853 im Alter von 73 Jahren in Hamburg starb. Drei Jahre danach beging Chéri Maurice unter dem Beifall der Theaterwelt sein 25-jähriges Jubiläum als Theaterdirektor. Die Hamburger feierten den Leiter ihres Lieblingstheaters auf enthusiastische Weise, die Stadtväter verliehen dem Theater den Titel »Muster-Anstalt« und gestatteten großzügig auch »die Pflege höherer Schauspiele«.

Die großartigen Ehrungen von 1856 wurden von der »Jubelfeier« des Jahres 1868 noch übertroffen, doch die Festivitäten zum 50-jährigen Theaterjubiläum des Chéri Maurice im Jahre 1881 stellten alles in den Schatten: Unter der Leitung einer »Fest-Commission« wetteiferten mehrere in-

und ausländische Komitees um die würdige Gestaltung der für drei Tage anberaumten Feiern.

In den Zeitungen wurde berichtet: »… zahlreiche Persönlichkeiten, Deputationen etc. überbringen dem Jubilar Adressen, Glückwünsche und Geschenke. … Nach Beendigung dieser Ovation begeben sich die … Ehrengäste … nach dem Foyer des Theaters, woselbst die Enthüllung der … Maurice-Büste stattfindet.«[11]

Chéri Maurice erreichte ein hohes Alter. Erst mit 80 Jahren zog er sich vom Theater zurück und übergab die Führung seiner Geschäfte seinem Sohn Gustav. Als dieser im Jahre 1893 plötzlich verstarb,[12] kehrte der 88-jährige Chéri Maurice wieder an die Spitze seines Imperiums zurück. Am 27. Januar 1896 ist Chéri Maurice, der vielleicht erfolgreichste Theaterdirektor des 19. Jahrhunderts, als eine Legende der Theater-

Die Büste von Chéri Maurice im Thalia-Theater

welt im 91. Lebensjahr verstorben. Sein überaus prunkvolles Begräbnis begleiteten zehntausend Menschen.

Die Erinnerung an den gefeierten Ahnen, dessen Büste noch immer das Foyer des Thalia-Theaters ziert, blieb unter seinen weit verstreuten Nachkommen unvergessen. Viele gedachten seiner mit Stolz. Eine Ausnahme bildete jedoch sein 1864 in Hamburg geborener Enkel Charles Emil Amandus Maurice (der Vater des Hitler-Freundes Emil Maurice). Dieser hatte Chéri Maurice noch auf dem Höhepunkt seiner Karriere erlebt und als 17-Jähriger an den Feiern zum 50. Theaterjubiläum des Großvaters teilgenommen. Wegen Trivialitäten bei der Interpretation von Hamlet, »So ficht man richtig!«, überwarf sich Charles mit seinem berühmten Verwandten.[13] Er wurde – wie man in der Familie berichtete – mit einer Million Goldmark abgefunden. Im Todesjahr des Großvaters heiratete der 32-jährige evangelische Charles die ebenfalls evangelische Amanda Hennings aus Westermoor. Am 19. Januar 1897 wurde sein erster Sohn Emil Maurice geboren.[14] Mit dem Geld seines Großvaters betrieb der studierte Staatswissenschaftler eine Torffabrik und eine Seidenraupenzucht. Charles Maurice dachte deutschnational. Nach der als Schande empfundenen Niederlage Deutschlands im Ersten Weltkrieg wurde er einer der ersten Anhänger von Adolf Hitler. Als begeisterter und überzeugter Nationalsozialist suchte er seine jüdischen Wurzeln zu verdrängen und zu vergessen. Seine fünf Söhne traten ebenso wie seine Tochter der NSDAP bei. »Wir sind fünf Brüder und sind alle in der SA organisiert«, brüstete sich sein Sohn Emil später.[15] Über seinen berühmten jüdischen Ahnen breitete Charles Maurice den Mantel des Schweigens.

Nach dem Zweiten Weltkrieg hat Sohn Emil Maurice angegeben, dass er 1928 in einem vertraulichen Gespräch zum

Autograf von Chéri Maurice

ersten Mal erfuhr, dass der legendäre Chéri Maurice Jude gewesen war.[16]

Ob diese – nach 1945 – gemachten Angaben der Wahrheit entsprechen und der NS-begeisterte Vater von Emil Maurice tatsächlich den von ihm als Schandfleck empfundenen jüdischen Teil der Familiengeschichte geheim hielt und auch geheim halten konnte, kann allerdings weder belegt noch widerlegt werden.

Sicher ist jedoch, dass Emil Maurice als, wie es in der NS-Diktion hieß, »Achteljude« nach den Statuten der deutschen Rassegesetze unbehelligt geblieben wäre. Als einfacher Volksgenosse hätte ihm keine Gefahr gedroht. Selbst eine Mitgliedschaft in der NSDAP wäre kein Problem gewesen. Für den Gründer der SA und den Mitbegründer der SS galten jedoch andere, strengere Kriterien. Die Männer des »Totenkopfordens« sollten ja Vorreiter sein auf dem Weg zu der – von Emil Maurice inbrünstig befürworteten – »Reinheit der deutschen Rasse«. Der SS-Rassenwahn empfand selbst einen jüdischen Urgroßvater als nicht tolerierbare Rassenschande!

Unter der nationalsozialistischen Herrschaft wurde das Thalia-Theater 1937 verstaatlicht. 1943 feierte man das 100-jährige Bestehen des Theaters im großen Stil. Den jüdischen Gründervater Chéri Maurice, dessen Büste das Foyer schmückte, erwähnte man dabei mit keinem Wort.

Charles (Chéri) und Gustav Maurice, Schmuckblatt um 1890

Juden um Hitler

Emil Maurice, den der »Führer« gerne und nostalgisch als seinen besten Freund in der ersten und »allerschwersten Zeit der Partei« bezeichnete, war weder der erste noch der letzte Bekannte Hitlers mit jüdischer Abstammung.

Erste Kontakte gab es bereits an der Linzer Realschule, die der junge Adolf Hitler zwischen 1900 und 1904 besuchte. Da in Linz zu Beginn des 20. Jahrhunderts nur einige wenige jüdische Familien ansässig waren – in ganz Oberösterreich gab es 1934 nur 960 Menschen, die sich zur jüdischen Religion bekannten[1] –, stellten Kinder aus diesen Familien auch an den Schulen eine verschwindende Minorität dar. So sollte die nach dem »Anschluß Österreichs« im Mai 1938 eingerichtete Linzer »Judenschule« nur 18 Schüler und Schülerinnen zählen. An den Gymnasien gab es damals insgesamt nur sechs jüdische Schüler.[2]

Ludwig Wittgenstein, der berühmte Philosoph, der die Linzer Realschule zwischen 1903 und 1906 besuchte, hat Hitler, der sich dort von September 1900 bis zum Juni 1904 abquälte und einmal repetieren musste, nicht wahrgenommen. Allerdings war der gleichaltrige Wittgenstein aufgrund seiner hervorragenden Kenntnisse zwei Klassen höher eingestuft worden. Abgesehen davon, dass beide die Schule hassten und schlechte Noten erhielten, hatten der spätere Philosoph und der spätere Diktator weder Gemeinsamkeiten noch Berührungspunkte.[3]

Über einen jüdischen Mitschüler aus seiner Parallelklasse[4] berichtete der »Führer« allerdings später in »Mein

Kampf«: »In der Realschule lernte ich wohl einen jüdischen Knaben kennen, der von uns allen mit Vorsicht behandelt wurde … irgendein Gedanke kam mir dabei so wenig wie den anderen. Erst in meinem vierzehnten bis fünfzehnten Jahre stieß ich öfters auf das Wort Jude, zum Teil im Zusammenhange mit politischen Gesprächen …«[5]

Linz war um 1900 eine Hochburg der antisemitischen, alldeutschen Bewegung.[6] Bei den von Hitler angeführten »Gesprächen« handelte es sich allerdings um die Indoktrination durch einige radikal antisemitische, deutschnationale Lehrer, die nicht zögerten, mit ihrer Einstellung auf die ihnen anvertrauten Klassen einzuwirken. Vor allem die Äußerungen seines Geschichts- und Geografielehrers Dr. Leopold Pötsch, der als Vertreter der Deutschnationalen im Linzer Gemeinderat wirkte, das habsburgische Kaiserhaus hasste und für einen Anschluss Österreichs an das Deutsche Reich plädierte, fielen bei dem jungen Hitler auf fruchtbaren Boden. »Wer konnte auch unter einem solchen Lehrer deutsche Geschichte studieren, ohne zum Feind des Staates zu werden, der durch sein Herrscherhaus in so unheilvoller Weise die Geschicke der Nation beeinflusste?«, erinnerte er sich in »Mein Kampf«.[7] Bald las er die alldeutsch und radikal antisemitisch ausgerichteten »Linzer Fliegenden Blätter«.[8] Als er einmal mit seinem Freund August Kubizek an der kleinen Linzer Synagoge vorbeiging, meinte er: »Das gehört nicht nach Linz.«[9]

Am Schluss der vierten Klasse der Linzer Realschule hatte sich Hitler einer Wiederholungsprüfung zu unterziehen. Seine damals schon verwitwete Mutter musste der Schulleitung versprechen, ihren »eigenmächtigen, rechthaberischen, jähzornigen und dabei faulen«[10] Sohn nach bestandener Prüfung von der Schule zu nehmen. An der Staatsoberrealschule in Steyr, die Hitler dann ab September 1904 (Schuljahr 1904/1905) besuchte, wurde er unter anderen von dem jüdischen Lehrer Robert Siegfried Nagel in Deutsch unterrichtet.[11] Die Begegnung hinterließ keine prägenden Spuren. Nagel unterschied sich in nichts von den übrigen Professoren und sein schlechter Schüler trug ihm auch nichts nach. Hitlers Schulzeugnis war, wie er später zugab, »nicht ganz wunderbar«. Ebenso wie in Französisch, Mathematik und Stenografie hatte er auch in Deutsch ein »Nicht genügend«. Einem anderen jüdischen Lehrer spielte er zusammen mit seinen Mitschülern einen Streich: »In Steyr haben wir einen Juden gehabt, den haben wir eingesperrt in sein Laboratorium. Da ging es zu wie in einer Judenschule, tatsächlich!«[12] Über seinen Deutschlehrer, bei dem er seine Leistungen dann im zweiten Halbjahr verbesserte, hat sich Hitler später nicht mehr geäußert.

Sehr wohl hat er jedoch gerne und oft über Dr. Eduard Bloch gesprochen, den Linzer jüdischen Hausarzt, der die Zollamts-Oberoffizialswitwe Klara Hitler samt ihren Kindern Paula und Adolf betreute. Letzterer war als 16-Jähriger 1905 nach Linz zurückgekehrt, nachdem er die ungeliebte Steyrer Schule wegen eines – größtenteils vorgetäuschten – Lungenleidens verlassen hatte. »Da kam mir plötzlich eine Krankheit zu Hilfe und entschied in wenigen Wochen über meine Zukunft … unter dem Eindruck meiner Erkrankung willigte die Mutter endlich ein, mich später aus der Realschule nehmen zu wollen und später die Akademie besuchen zu lassen.«[13] Dr. Bloch beruhigte Hitlers ängstliche Mutter, die fürchtete, dass ihr Adolf an der damals stark grassierenden Tuberkulose erkrankt sein könnte, der einige ihrer nahen Verwandten zum Opfer gefallen waren. Wie der Arzt später angab, hatte er – im Gegensatz zu einem Kollegen –

bei dem Schüler nur eine harmlose Mandelentzündung, Hustenreiz sowie einen grippalen Effekt feststellen können.[14] Hitler brach seine Schullaufbahn trotzdem ab und überließ sich in Linz dem Müßiggang. Als er sich vom Mai bis zum Juni 1906 zum ersten Mal in Wien aufhielt, schickte er Dr. Bloch eine Ansichtskarte mit herzlichen Grüßen. Gezeichnet war sie mit: »Ihr ewig dankbarer Adolf Hitler.«[15]

Im Januar 1907 unterzog sich Hitlers Mutter einer schweren Operation. Die vor ihrem Sohn geheim gehaltene Diagnose lautete auf Brustkrebs in fortgeschrittenem Stadium. Ihr Sohn pflegte sie in der Rekonvaleszenzzeit nach dem Eingriff, bis er dann im September 1907, als sich ihr Gesundheitszustand zu stabilisieren schien, nach Wien fuhr, um die Aufnahmeprüfung an der Allgemeinen Malerschule der Akademie der Bildenden Künste abzulegen. Kurz nach der gescheiterten Prüfung erreichte den bei Wiener Bekannten untergekommenen, wegen seines Misserfolgs deprimierten Jugendlichen die Nachricht vom sich rapide verschlechternden Gesundheitszustand seiner Mutter, die ihn »zu Hause haben will«. Hitler kehrte nach Linz zurück, wo ihn Dr. Bloch am 22. Oktober 1907 über die tödliche Erkrankung seiner Mutter aufklärte. Der 18-Jährige übernahm dann die Pflege seiner Mutter, führte den Haushalt und versorgte seine jüngere Schwester. »In innigster Liebe hing er an seiner Mutter«, bemerkte der Hausarzt, »jede ihrer Bewegungen beobachtend, um rasch ihr kleine Hilfeleistungen angedeihen lassen zu können. Sein sonst traurig in die Ferne blickendes Auge hellte sich auf, wenn die Mutter sich schmerzfrei fühlte.«[16] Zwischen dem Arzt und dem jugendlichen Pfleger entstand ein inniges, fast freundschaftliches Verhältnis. Voll Dankbarkeit schenkte Adolf Hitler Dr. Bloch ein großes, von ihm selbst gemaltes Ölbild, das sich – nach Aussage von Blochs Tochter – lange Zeit im Familienbesitz befand, bevor man es an einen amerikanischen Sammler verkaufte.[17]

Klara Hitler erlag am 23. Dezember 1907 ihrem Krebsleiden. Vom Begräbnis berichtete der Hausarzt: »Ich habe in meiner fast 40jährigen ärztlichen Tätigkeit nie einen jungen Mann so schmerzgebrochen und leiderfüllt gesehen, wie es der junge Adolf Hitler gewesen ist.«[18]

Trotz seiner ausschließlich guten Erfahrung mit dem einzigen Juden, den er zu diesem Zeitpunkt kannte, hat Hitler später rückblickend geschrieben: »Linz besaß nur wenige Juden. Im Laufe der Jahrhunderte hatte sich ihr Aussehen europäisiert und war menschlich geworden; ja, ich hielt sie sogar für Deutsche. Der Unsinn dieser Einbildung war mir wenig klar ...«[19]

Nach der Besetzung Österreichs im März 1938 stellte der »Führer und Reichskanzler« die Familie Bloch unter seinen persönlichen Schutz. Sie war von den unmittelbar nach dem »Anschluß« gegen die Linzer Juden einsetzenden Terrormaßnahmen ausgenommen.[20] Dr. Blochs Tochter berichtete darüber: »Er [Hitler] erließ ein Dekret, wonach Dr. Bloch und seine Familie unter den Schutz der Gestapo gestellt wurden. Es wurde meinem Vater und meiner Mutter erlaubt, lebenslänglich in Linz in ihrer schönen Wohnung in der Stadtmitte zu verbleiben, ... mein Mann, meine Kinder und ich bekamen die Erlaubnis, in Linz solange zu verbleiben, bis eine Auswanderung möglich wurde. Es wurde verordnet, daß meinem Vater alle zulässigen Erleichterungen auch in devisenrechtlicher Beziehung zu gewähren seien, sollte er es vorziehen auszuwandern ...«[21] Wie die Tochter des Arztes angab und notfalls beschwören wollte, hätte sich Hitler unmittelbar nach seinem Einmarsch in Linz bei

Hofrat Dr. Eigl, dem Chef der Landesregierung, erkundigt: »Sagen Sie, lebt mein guter alter Dr. Bloch noch? Ja, wenn alle Juden so wären wie er.« Demnach hat Adolf Hitler den Hausarzt seiner Familie weder gehasst noch ihm vorgeworfen, seine Mutter mittels falsch angewandter Jodoform-Therapie ermordet zu haben. Und er war auch nicht zum Antisemiten geworden, weil er Dr. Bloch Schuld am Tod seiner geliebten Mutter gab, wie mancherorts behauptet wird.[22]

Für die übrigen Linzer Juden kannte Hitler jedoch weder Sympathie noch Gnade. Schon am 13. März 1938 wurde die Linzer Innenstadt nach Juden durchsucht.[23] In der Folgezeit mussten sie bald die Stadt verlassen, die Hitler als »Patenstadt des Führers« zum kulturellen Mittelpunkt des Deutschen Reichs ausgestalten wollte.[24]

Im Februar 1908 ging Hitler, begleitet von seinem Linzer Freund August Kubizek, abermals nach Wien. Die Quellen zu Hitlers Wiener Zeit sind mehr als spärlich[25] und beruhen größtenteils auf den Angaben von August Kubizek. Dieser verbrachte allerdings nur ein halbes Jahr mit Hitler, seine Erinnerungen sind, wie vielfach nachgewiesen,[26] lücken- und fehlerhaft. Das Buch »Mein Kampf« wiederum, in dem sich Hitler ausführlich mit seiner Jugend, seinen Ideen und seinem Werdegang beschäftigt, muss als für die Veröffentlichung bestimmte politische Werbeschrift des um seine Existenz ringenden Exvorsitzenden der verbotenen NSDAP gesehen werden. Demnach ist Hitlers Selbstdarstellung – soweit keine weitere Quelle vorliegt – mit größter Vorsicht zu behandeln. Mehr Gewicht kommt jenen Äußerungen zu, die der »Führer« in seinen nächtlichen Monologen in den Führerhauptquartieren während des Krieges zu seiner Person machte. Es gibt keinen logischen Grund dafür, dass er etwa – am 17. Dezember 1941 – gelogen hätte, als er angab, bereits als überzeugter »Schönerianer« nach Wien gekommen zu sein.[27] Demnach hatte sich Hitler schon im jugendlichen Alter zu den Anhängern des Georg Ritter von Schönerer, des Gründers und Obmanns der »Alldeutschen Partei für Böhmen und Österreich« (gegründet 1902), gezählt. Schönerer steuerte einen radikal antihabsburgischen und rabiat antisemitischen Kurs. Er trat für ein Großdeutschland unter der Führung Preußens ein. Sein Motto war: »Durch Reinheit zur Einheit«. Er gehörte auch zu den engagierten Anhängern der antiklerikalen Bewegung »Los von Rom«.

In Wien hat Hitler, der sich keiner Partei anschloss, sein Idol Schönerer bald durch Karl Lueger ersetzt. Dieser Wiener Bürgermeister und Vorsitzende der Christlich-Sozialen Partei imponierte dem jungen Hitler aufgrund seines sozialen Engagements, seiner kommunalen Erfolge und seiner antiliberalen Gesinnung. Ihm gefiel, dass sich der vehemente, jedoch selektiv-berechnende Antisemit Lueger – von ihm stammt der Ausspruch »Wer ein Jud' ist, bestimm' ich!« – seine Wahl zum Wiener Bürgermeister gegen den erbitterten Widerstand des Hofes, des Klerus und der hohen Beamtenschaft im fünften Anlauf schließlich doch ertrotzt hatte. »Ich war als sein [Luegers] fanatischer Feind nach Wien gekommen«, gab Hitler später an. »Aber schon in Wien habe ich eine ungeheure persönliche Achtung vor ihm bekommen. In der Volkshalle im Rathaus hatte ich ihn zum ersten Mal sprechen hören; ich habe innerlich mit mir ringen müssen, ich wollte ihn hassen, aber ich konnte nicht anders, ich mußte ihn doch bewundern; er besaß eine ganz große Rednergabe. … Wenn Lueger ein Fest gab im Rathaus, so war das ganz großartig; er war ein souveräner König. … Lueger war die größte kommunalpolitische Erscheinung, der genialste Bürgermeister, der je bei uns gelebt hat …«, schwärmte Hitler noch 1941. Vor allem jedoch hob Hitler hervor, dass Lueger »den Weg zur Rettung des Staates im Antisemitismus gegeben sah.«[28] Hitler missfiel die Bevölkerungsstruktur der Metropole an der Donau, wo er sich bis zum Mai 1913 aufhielt, ganz ungemein. »Fünfzig Prozent der Wiener Bevölkerung waren der Rasse nach nicht deutsch; die Tschechen in Wien aber waren antisemitisch. Auf 1,8 Millionen Einwohner trafen 300 000 Juden.«[29] Und er bewunderte Lueger: »Lueger ist es gelungen, bei 148 Gemeinderatssitzen 136 Antisemiten zu haben.«[30]

Im Herbst 1908, mehr als ein halbes Jahr nach dem Tod seiner Mutter, unterzog sich Hitler – wie schon 1907 – neuerlich der Aufnahmeprüfung an der Wiener Akademie der Bildenden Künste. Obwohl er wiederum scheiterte, ließ sich der 19-Jährige trotzdem in der Stadt an der Donau nieder. Er strebte keine Berufsausbildung an, führte das müßige Leben eines Bohemiens, las eigenen Angaben zufolge viel[31] und besichtigte alle Sehenswürdigkeiten der Kaiserstadt. Er studierte die historistischen, zwischen 1860 und 1890 entstandenen Prachtbauten an der Ringstraße, deren Architekten er Zeit seines Lebens größte Bewunderung entgegenbrachte, suchte Bildergalerien und Hofmuseen auf. Abends ging er fast täglich in Begleitung seines Freundes August Kubizek, mit dem er die ersten sechs Monate seines Wienaufenthalts ein Untermietzimmer teilte, ins Theater. Er bevorzugte dabei das als erste Bühne im deutschsprachigen Raum gepriesene Burgtheater. In der Wiener Hofoper frönte er seiner Leidenschaft für klassische Musik, wobei er, wie er später angab, die schönsten und teuersten Operninszenierungen wählte. Daneben etablierte sich Hitler – ohne Ausbildung und Diplom – als freischaffender Zeichner und

Maler. Serienweise produzierte der Autodidakt überwiegend kleinformatige Bilder. Nach vorhandenen Vorlagen kopierte er alte Stiche und Postkarten mit Darstellungen beliebter Wiener Motive, darunter die Hofburg, das Parlament und die Michaelerkirche. Die gefälligen, künstlerisch anspruchslosen Werke im traditionellen Stil des ausgehenden 19. Jahrhunderts verkauften sich nicht schlecht. Es gab sogar Stammkunden, die mehrere von Hitlers Bildern besaßen.[32]

Wie Adolf Hitler später freimütig angab, malte er oft am Vormittag das, was er am Nachmittag verkaufte. Nach seinem Aufstieg zum »Führer« betrachtete man die Werke aus Hitlers Jugendjahren als Kuriosa mit Sammlerwert – so sollte allein der Lord von Bath auf Schloss Longeat 46 von Hitler signierte Gemälde zusammentragen. In seinen Wiener Jahren überließ Adolf Hitler die Vermarktung seiner Arbeiten einem dubiosen Landstreicher, dem beschäftigungslosen Grafiker Reinhold Hanisch, den er während seines kurzen Aufenthalts im Meidlinger Obdachlosenasyl kennen gelernt hatte. Den Erlös teilten sich Hitler und Hanisch je zur Hälfte. Zu den Käufern der mit »A. Hitler« oder »A. H.« signierten Bilder zählten vor allem jüdische Händler, aber auch zahlreiche jüdische Intellektuelle und Privatpersonen. Der ebenfalls jüdische Dr. Josef Feingold, ein Wiener Rechtsanwalt, der neben seinem Beruf junge Begabungen förderte, vermutete in dem 20-jährigen, wohlerzogenen Linzer ein verborgenes, entwicklungsfähiges Talent und unterstützte ihn durch den Ankauf einiger Bilder. Auch der ungarisch-jüdische Oberingenieur Retschay und der Bilder- und Rahmenhändler Morgenstern besaßen Werke des verhinderten Akademiestudenten. Dieser kannte seine Kunden meist recht gut, da er die Bestellungen oft selbst auslieferte.

Es ist nicht bekannt, dass es zwischen Hitler, der in Wien zwar parteilos blieb, sich aber im »Antisemitenverein« einschreiben ließ[33], und seinen jüdischen Gönnern und Käufern irgendwelche Reibereien gegeben hätte. In Anbetracht des pathologischen Antisemitismus, dem er später huldigte, hätte Hitler dies sicher als exemplarisches, am eigenen Leib erfahrenes Beispiel für die Ausbeutung von Ariern durch Juden politisch zu verwerten gewusst. Während die Kontakte zu der überwiegend jüdischen Klientel reibungslos verliefen, kam es jedoch zu Streitereien mit dem unehrlichen Zwischenhändler Hanisch, der zwei Bilder veruntreute, Geld unterschlug und verschwand.

Im August 1910 erstattete Hitler beim Polizeikommissariat Brigittenau im 20. Wiener Gemeindebezirk gegen seinen Geschäftspartner Anzeige wegen Betrugs.[34] Hanisch wurde verurteilt und wanderte für eine Woche ins Gefängnis. Von da an verkaufte Hitler seine Arbeiten selbst, bis er im Männerheim in der Meldemannstraße, wo er zwischen 1909 und 1913 wohnte, in einem ungarisch-jüdischen Händler namens Neumann einen neuen Zwischenhändler fand, mit dem die Zusammenarbeit zur beidseitigen Zufriedenheit verlief. In der Tatsache, dass er die Dienste eines Juden in Anspruch nahm, sich von Juden fördern ließ, gleichzeitig aber dem »Antisemitenbund« angehörte, scheint Hitler keinen Widerspruch gesehen zu haben.

Am 24. Mai 1913 übersiedelte Hitler nach München, wo die österreichische Polizei den Stellungsflüchtigen, der sich dem Militärdienst zu entziehen suchte, aufspürte. Bei der Musterung in Salzburg im Februar 1914 wurde er wegen seines schlechten Gesundheitszustandes freigestellt. In dem Befund hieß es: »Zum Waffen- und Hilfsdienst untauglich, zu schwach; waffenunfähig«.[35] Sofort nach Ausbruch des Ersten Weltkriegs stellte Adolf Hitler jedoch ein Ansuchen nach Aufnahme im bayerischen Heer, wo er Förderung und

Unterstützung durch den jüdischen Regimentsadjutanten Hugo Gutmann erfahren sollte.

Bereits am 16. August 1914 trat er in das Reserve-Infanterieregiment Nr. 16 (List) ein. Glaubwürdigen Zeugenaussagen zufolge diente Adolf Hitler, der sich einer Einberufung zur k. u. k. Armee der österreichischen Monarchie mit viel Raffinesse zu entziehen gewusst hatte, als begeisterter und tapferer Soldat. Das bezeugen auch seine Auszeichnungen. Dem Eisernen Kreuz II. Klasse (2. Dezember 1914) folgten das Militärverdienstkreuz III. Klasse mit Schwertern (17. September 1917), ein Regimentsdiplom wegen hervorragender Tapferkeit vor dem Feind (9. Mai 1918) sowie das Verwundetenabzeichen (18. Mai 1918). Am 4. August 1918 erhielt der Meldegänger schließlich das Eiserne Kreuz I. Klasse für Tapferkeit vor dem Feind und persönliche Verdienste. »… er leistete … Vorbildliches an Kaltblütigkeit und Schneid und war stets freiwillig bereit, Meldungen in schwierigsten Lagen unter größter Lebensgefahr durchzubringen«, steht im Verleihungsantrag.[36] Hitler hatte unter schwerem Gefechtsfeuer eine Meldung zur deutschen Artilleriestellung überbracht und damit verhindert, dass die inzwischen vorgedrungene deutsche Infanterie von den eigenen Truppen beschossen wurde. Dieses EK I, auf das er sehr stolz war, wurde Hitler auf Vorschlag des jüdischen Regimentsadjutanten Hugo Gutmann verliehen. Die Tatsache ist später im Dritten Reich verschwiegen worden und während des Zweiten Weltkriegs hat der »Führer« dann seinen Gönner bewusst verleumdet.

»Ich habe im Weltkrieg das E[iserne] K[reuz] I nicht getragen, weil ich gesehen habe, wie es verliehen wird. Wir hatten einen Juden im Regiment, Gutmann, einen Feigling sondergleichen. Er hat das EK I getragen. Es war empörend und eine Schande. Ich habe das EK I erst angelegt, als ich zu Hause sah, wie die Roten [zur Zeit der kommunistischen Räterepublik] die Truppe behandelt haben, aus Trotz.«[37] Tatsächlich trug Hitler die Auszeichnung auch bei seinem Putsch am 8. November 1923, da er bei der Absetzung der Reichsregierung um einen seriösen Eindruck bemüht war. Wie zahlreiche Fotos zeigen, hat Hitler sein Eisernes Kreuz bis an sein Lebensende getragen.

Als Hitler im August 1919 im Militärlager Lechfeld bei Augsburg seine Tätigkeit als Propagandaredner zur »Immunisierung der Mannschaften des Übergangsheeres gegen die Schlagworte von links« aufnahm, gebärdete er sich als glühender Antisemit. Schon längst gab er dem internationalen Judentum die Schuld am verlorenen Weltkrieg. Die Ausrufung der Republik in Bayern im November 1918 durch Kurt Eisner, einen sozialdemokratischen, jüdischen Politiker, sowie die anschließende kommunistische Räterepublik unter der Leitung jüdischer Politiker gaben Hitlers Antisemitismus neue Nahrung. Von da an war die »Judenfrage« fester Bestandteil seiner Reden und ein Leitthema seines politischen und privaten Lebens. In einem Brief vom 16. September 1919 hat er erstmals seine Gedankenwelt zum »jüdischen Problem« ausführlich erörtert.[38] Das Schreiben stellt die erste schriftliche Stellungnahme Hitlers zu diesem Thema dar und drückt eine Überzeugung aus, von der er niemals mehr abweichen sollte. Dabei wiederholte Hitler das Programm des »Alldeutschen Verbands« Deutschlands vom Februar 1919,[39] in dem es heißt: »Bekämpfung des jüdischen, zersetzenden, verhetzenden Einflusses, einer Rassenfrage, die mit Glaubensfragen gar nichts zu tun hat.«

Dieser biologische Antisemitismus kam Hitler sehr gelegen. Er diente ihm dazu, seinem Judenhass eine unpersönliche, pseudowissenschaftliche Basis zu geben. In Hitlers

Brief heißt es dann auch: »Die Ursache für die Abneigung großer Teile des deutschen Volkes gegen die Juden ist nicht in der klaren Erkenntnis ihres … verderblichen Wirkens auf die Nation, sondern in persönlichen Eindrücken zu suchen. Dadurch dominiert eine emotionale Komponente im Antisemitismus. Das ist nicht richtig. Der Antisemitismus darf und kann nicht durch Gefühle, sondern muß durch Tatsachen bestimmt werden. Der Antisemitismus aus rein gefühlsmäßigen Gründen wird seinen letzten Ausdruck finden in der Form von Pogromen. Der Antisemitismus der Vernunft jedoch muß führen zur planmäßigen gesetzlichen Bekämpfung und Beseitigung der Vorrechte des Juden, die er nur zum Unterschied der anderen zwischen uns lebenden Fremden besitzt (Fremdengesetzgebung). Sein letztes Ziel aber muß unverrückbar die Entfernung der Juden überhaupt sein.

Zunächst ist das Judentum ›Rasse‹ und nicht ›Religionsgemeinschaft‹. Der Jude besitzt keinerlei Fähigkeit zur Assimilation, ausgenommen die Sprache, die er bei fremden Völkern, in deren Mitte er lebt, notgedrungen annimmt. Durch ›tausendjährige Inzucht‹ hat der Jude seine Rasse und ihre Eigenschaften schärfer bewahrt als zahlreiche Völker, unter denen er lebt. Bei den Eigenschaften dieser nichtdeutschen fremden Rasse steht das rein Materielle, der ›Tanz um das Goldene Kalb‹, obenan. Die Waffe des Juden ist die öffentliche Meinung, die nie durch die Presse ausgedrückt wird, wohl aber immer durch sie geführt und gefälscht wird. Die Macht der Juden ist das Geld, das sich in Form des Zinses endlos und ohne Mühe vermehre. Alles, was Menschen zu Höherem streben läßt, sei es Religion, Sozialismus oder Demokratie, sind für die Juden nur Mittel, um ihre Herrsch- und Habsucht zu befriedigen. Die Folge ihres Wirkens ist, daß die Völker an ›Rassentuberkulose‹ leiden …«[40]

Der bereits im 19. Jahrhundert vorhandene »biologisch-wissenschaftliche Antisemitismus« wurde zu einer der wichtigsten Säulen des Parteiprogramms der NSDAP, dessen »Führer« als der kompromissloseste Verfechter der »Reinheit der germanischen Rasse« galt. Seine Ideen trug Hitler gerne und ausführlich im gleichgesinnten Freundeskreis vor, besprach sie auch mit seinem Duzfreund Emil Maurice.

Während Hitler seine vor judenfeindlichen Äußerungen strotzenden Reden schwang, sorgte der aus einer jüdischen Familie stammende antisemitische Maurice mit seiner »Sturmabteilung« mittels Brachialgewalt für den störungsfreien – durch rivalisierende Parteien und NSDAP-Gegner unbehinderten – Ablauf der Veranstaltungen.

Eine enge Freundschaft, wenn nicht gar ein Flirt, verband Hitler, der gerne schöne Frauen um sich sah, mit der 1901 geborenen (9. Januar 1901) Sängerin und Schauspielerin Gretl Slezak.[41] Sie war die Tochter des beliebten Kammersängers und Filmschauspielers Leo Slezak, eines »Halbjuden«, den der Wagner-Fan Hitler in seiner Jugend am Linzer Stadttheater als »Lohengrin« bewunderte. Damals hatte er auch Slezaks Frau und seine kleine blonde Tochter Gretl unter den Zuschauern entdeckt. Als Letztere viele Jahre später mit einer künstlerischen Karriere in die Fußstapfen ihres Vaters trat, konnte Hitler die nunmehrige schöne junge Frau wiedersehen: auf der Bühne des Münchner Gärtnerplatztheaters, wo sie die »Goldene Meisterin« spielte. Persönlich lernte Hitler die attraktive 30-jährige Blondine kurz nach dem Tod von Geli Raubal im Jahre 1931 kennen. Die Bekanntschaft erfolgte über das Ehepaar Goebbels, das damals unauffällig passende Damen einlud – nach dem tragischen Tod seiner Nichte sollte der »Führer« abgelenkt und aufgeheitert werden.[42]

Die schöne, temperamentvolle, etwas mollige Sängerin war allgemein beliebt. »Es ging ein Zauber von ihr aus, der jeden gefangennahm«, berichtete ihre Freundin, die Hitler-Sekretärin Christa Schröder. Auf jeden Fall hat Gretl Slezak Adolf Hitler, der sie mehrmals privat traf, sehr gefallen. Dass sie – mit einer jüdischen Großmutter – nach den Buchstaben der NS-Rassegesetze als »Vierteljüdin« galt, störte ihn in keiner Weise. Es entwickelte sich eine innige Freundschaft, in deren Verlauf Hitler die Sängerin mit Bonbonnieren und Parfum beschenkte. Später bekannte Gretl Slezak freimütig, dass sie Hitler zu verführen suchte. Der »Führer« jedoch blieb standhaft. Die Sängerin trug dies mit Humor. Zu Weihnachten 1932 schickte sie ihm eine Karte: »Meinem lieben, guten Freund Adolf Hitler ein herzliches Weihnachtsbusserl von seiner Gretl Slezak.«[43]

Während des Dritten Reichs sicherte Hitlers Gunst die Karriere der Künstlerin. Entgegen den Bestimmungen der Reichskulturkammer behielt Gretl Slezak von 1935 bis 1943 ihr festes Engagement am Städtischen Opernhaus in Berlin-Charlottenburg. Bei den offiziellen Künstlertreffen in der Reichskanzlei zeichnete sie Hitler durch besondere Aufmerksamkeit aus und führte mit ihr lange Gespräche.

Gerne plauderte Hitler auch mit der Jüdin Bella Fromm, die er auf einem Empfang bei Vizekanzler Franz von Papen kennen lernte.[44] »›Darf ich Ihnen einen guten Abend wünschen, gnädige Frau?‹ sagte er. Er ergriff meine Hand, preßte sie an seine Lippen und beschenkte mich, kostenlos, mit einem seiner berühmten hypnotischen Blicke … ›Hoffe, Sie bald wiederzusehen.‹ Wieder ein Handkuß …« Die damalige Ullstein-Journalistin hat dieses Kuriosum später in ihrem Buch erwähnt und ihre Erinnerungen an die NS-Zeit mit dem Titel »Als Hitler mir die Hand küsste« versehen.[45]

Im Dienste NS-Deutschlands – Hitlers jüdische Landsmännin Stephanie Prinzessin Hohenlohe geb. Richter auf dem Obersalzberg 1936 (vorne links). Neben ihr Magda Goebbels, dahinter v. l. n. r. Lord Rothermere, Ward Price, Adolf Hitler, Fritz Wiedemann, Joseph Goebbels

Stefanie Prinzessin Hohenlohe-Waldenburg-Schillingsfürst, die ein abenteuerliches Leben führte[46], lernte Hitler in offizieller Mission kennen, als sie aus eigenem Antrieb für die deutsch-englische Verständigung warb. Sie arrangierte die Treffen des »Führers«[47] mit dem englischen Zeitungsmagnaten Viscount Rothermere.[48] Der im Allgemeinen bestens informierte Hitler wusste über die Prinzessin erstaunlich genau Bescheid, behielt aber sein Wissen über ihre jüdische Herkunft und ihren Werdegang lange – so lange er sich davon einen Vorteil erwartete – bei sich: Stefanie Richter entstammte einer Liaison, die ihre Mutter Ludmilla, eine jüdische Rechtsanwaltsgattin, mit einem jüdischen Geldvermittler zu der Zeit eingegangen war, als ihr Mann eine Gefängnisstrafe wegen Veruntreuung verbüßte. Stefanie selbst hatte ein Verhältnis mit Franz Salvator von Österreich-Toskana, einem Mitglied des habsburgischen Kaiserhauses, dem sie einen unehelichen Sohn geboren hat. Zur standesgemäßen Versorgung des Kindes war sie für kurze Zeit mit Friedrich Franz Prinz von Hohenlohe-Waldenburg-Schillingsfürst verheiratet worden. Den Titel Prinzessin behielt sie auch nach der Scheidung, ihre jüdische Abstammung versuchte sie zu vertuschen. Hitler verachtete seine Landsmännin alleine schon, weil ihm politisierende Frauen ein Gräuel waren. Obwohl sie für Deutschland arbeitete, nahm er ihr den großen Einfluss auf Rothermere übel.

»Wie sich die Prinzessin Hohenlohe zum ersten Mal bei mir gemeldet hat, brachte sie einen Brief von Rothermere. Ich habe Neurath [Konstantin von Neurath, deutscher Außenminister] fragen lassen, ob er für richtig hielte, daß ich sie empfange«, resümierte Hitler am 2. September 1942 in seinem Führerhauptquartier »Wolfschanze«.[49] »Er [Neurath] sagte, wenn wir Rothermere haben, das wäre ungeheuer viel; anhören zum mindesten müßte ich sie! Wie das

Scheusal kam, sagte ich mir, für Gott und Vaterland alles, und habe ihr die Antwort gegeben ...«

Tatsächlich bot Hitler, der ein Bündnis mit England anstrebte und Wert auf eine günstige Presse legte, gegenüber der Emissionärin des mächtigen englischen Zeitungszars seinen ganzen Charme auf. Er schenkte ihr sogar einen Schäferhund. Die NS-Bürokratie sorgte dafür, dass sie Schloss Leopoldskron, den »arisierten« Wohnsitz des emigrierten jüdischen Regisseurs Max Reinhardt, günstig mieten konnte. Zusammen mit Rothermere wurde die Prinzessin von Hitler mehrmals in Berlin und einmal auf dem Obersalzberg empfangen. »Rothermere kam dann und besuchte mich. Sie kam mit. Sie hat im Bechsteinhaus gewohnt, er oben. Mir ist ein hübsches Kocherl [österreichischer Dialektausdruck für häusliche Frau] sympathischer als eine politisierende Dame. Aber die [deutschlandfreundliche] Haltung der Daily Mail damals, als wir ins Rheinland einmarschiert sind, war doch eine große Hilfe für uns!«[50]

»Sehr geehrter Herr Reichskanzler!«, schrieb Stephanie Hohenlohe nach dem Besuch bei Hitler. »Unser Abschied war so schnell und im Beisein so vieler Menschen – dass ich kaum Zeit hatte, Ihnen richtig für Ihre Gastfreundschaft zu danken. Sie sind ein charmanter Hausherr ...«[51] Und Hitler schrieb: »... Ich habe mir ferner berichten lassen, wie aufrecht und warmherzig Sie auch im vergangenen Jahre in Ihren Kreisen für das neue Deutschland und seine Lebensgewohnheiten eingetreten sind. ... und möchte Ihnen deshalb, hochverehrte Prinzessin, aufrichtigen Dank sagen für das grosse Verständnis, das Sie unserem Volke im ganzen und meiner Arbeit im besonderen immer entgegengebracht haben. ...«[52]

Solange die Kontakte mit Rothermere und seiner Helferin Erfolg versprachen, hielt es Hitler für opportun, über die jüdische Abstammung der Prinzessin zu schweigen. Dies änderte sich, als die Bemühungen um ein Bündnis mit England scheiterten, der Zweite Weltkrieg ausbrach und Stephanie von Hohenlohe den Briefwechsel zwischen Hitler und Rothermere veröffentlichte. Er sollte Zeugnis geben vom Friedenswillen und der Verständigungsbereitschaft der Briten. Hitler sah darin ein neues Beispiel einer internationalen, gegen Deutschland gerichteten Judenverschwörung. Im Kreise seiner Mitarbeiter behauptete er später, »daß Rothermere selbst kein Jude gewesen sei, daß er aber eine jüdische Freundin, die Prinzessin Hohenlohe, geborene Richter aus Wien, gehabt habe, die auf Rothermere einen genauso verheerenden Einfluß ausgeübt habe wie Frau Lupescu auf König Carol«.[53]

Hitlers »Ehrenarier«

Nach der Machtergreifung machten die Nationalsozialisten mit ihrer Rassepolitik auch offiziell Ernst. Bereits am 1. April 1933 rief die SA zum Boykott von Geschäften, Anwaltskanzleien, Arztpraxen und Apotheken mit »nichtarischen«, also jüdischen Besitzern auf. Bald jedoch stellte sich heraus, dass Propaganda und Verhetzung allein nicht genügten, um das gewünschte »rassische« Bewusstsein der Deutschen zu erwecken. An einer Flut von Beschwerdebriefen merkten die neuen Machthaber, dass die NS-Doktrin von der »Reinheit des Blutes« nur von einer Minderheit geteilt wurde.[1]

Unter dem Eindruck heftiger, ablehnender Reaktionen aus der Bevölkerung, vor allem aus Armeekreisen, wandte sich der greise Feldmarschall und Reichspräsident Paul von Hindenburg empört an seinen Reichskanzler Adolf Hitler. Beamten, Richtern, Lehrern und Juristen, die als Soldaten an der Front gedient hatten, aber auch den Söhnen von Gefallenen sollte ihre Berufsausübung weiterhin gestattet sein. Menschen, die ihr Leben für Deutschland eingesetzt hatten, verdienten eine ehrenvolle Behandlung! Hitler versprach Konzessionen: Die neuen Rassengesetze würden Ausnahmeregelungen enthalten.[2]

Danach trat die NS-Bürokratie auf den Plan. Willfährige Juristen gaben, unterstützt von Anthropologen, dem Unrecht eine legale Basis. Schon am 7. April 1933 trat das harmlos klingende Reichsgesetz zur »Wiederherstellung des deutschen Berufsbeamtentums« in Kraft. Sein § 3, die berüchtigte »Arier-Klausel«, sah die Entlassung oder Pensionierung sämtlicher »nichtarischer«[3] Beamten vor. Das Gesetz war primär gegen Juden gerichtet, ohne diese zu erwähnen. Viele glaubten, dass die NS-Bürokratie – ohne Wissen des »Führers« – entgleist war. So schrieb ein gekündigter jüdischer Beamter: »Es ist sicherlich nicht der Wille des Führers, jemanden der achtzehn Jahre lang dem Vaterland treu gedient und im Ersten Weltkrieg gekämpft hat, mit solcher Grausamkeit zu behandeln …«

Hitler, der Initiator des Gesetzes, gab – in einem Gespräch mit seinem Heeresadjutanten Gerhard Engel – sogar vor, diese Meinung zu teilen: »Manches tut mir leid«, meinte Hitler, »denn man kann sagen, was man will, es hat im [Ersten] Weltkrieg auch tapfere jüdische Soldaten, sogar Offiziere gegeben. Bei denen kann man ja eine Ausnahme machen, denn die Kinder können ja nichts dafür …«[4]

Auf dem Parteitag des Jahres 1935, der ganz im Zeichen der angeblich bedrohten germanisch-nordischen Rasse stand, bekam die NS-Rassenideologie eine offizielle Basis. Die damals erlassenen Nürnberger Gesetze[5] dienten dem »Schutz des deutschen Blutes und der deutschen Ehre« und kulminierten in der Kernaussage: »Staatsbürger kann nur sein, wer deutscher Volksgenosse ist. Volksgenosse kann nur sein, wer deutschen oder artverwandten Blutes ist ohne Rücksicht auf die Konfession.«

Das Gesetz, das sich grundsätzlich nach der »Rassenzugehörigkeit« der Großeltern richtete, legte »Rassegruppen« fest. Zur Gruppe A zählten Staatsangehörige deutschen oder artverwandten Blutes (untergeordnet in: nordische, westische, ostische, fälische, ostbaltische oder dinarische

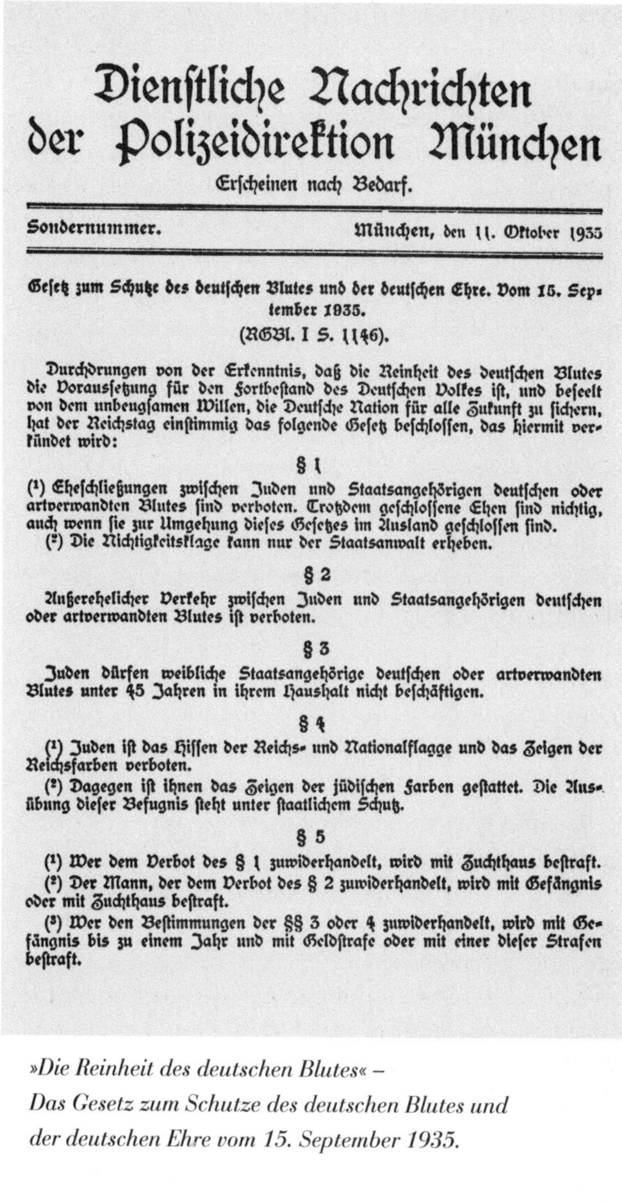

Dienstliche Nachrichten der Polizeidirektion München

Erscheinen nach Bedarf.

Sondernummer. München, den 11. Oktober 1935

Gesetz zum Schutze des deutschen Blutes und der deutschen Ehre. Vom 15. September 1935.

(RGBl. I S. 1146).

Durchdrungen von der Erkenntnis, daß die Reinheit des deutschen Blutes die Voraussetzung für den Fortbestand des Deutschen Volkes ist, und beseelt von dem unbeugsamen Willen, die Deutsche Nation für alle Zukunft zu sichern, hat der Reichstag einstimmig das folgende Gesetz beschlossen, das hiermit verkündet wird:

§ 1

(1) Eheschließungen zwischen Juden und Staatsangehörigen deutschen oder artverwandten Blutes sind verboten. Trotzdem geschlossene Ehen sind nichtig, auch wenn sie zur Umgehung dieses Gesetzes im Ausland geschlossen sind.

(2) Die Nichtigkeitsklage kann nur der Staatsanwalt erheben.

§ 2

Außerehelicher Verkehr zwischen Juden und Staatsangehörigen deutschen oder artverwandten Blutes ist verboten.

§ 3

Juden dürfen weibliche Staatsangehörige deutschen oder artverwandten Blutes unter 45 Jahren in ihrem Haushalt nicht beschäftigen.

§ 4

(1) Juden ist das Hissen der Reichs- und Nationalflagge und das Zeigen der Reichsfarben verboten.

(2) Dagegen ist ihnen das Zeigen der jüdischen Farben gestattet. Die Ausübung dieser Befugnis steht unter staatlichem Schutz.

§ 5

(1) Wer dem Verbot des § 1 zuwiderhandelt, wird mit Zuchthaus bestraft.

(2) Der Mann, der dem Verbot des § 2 zuwiderhandelt, wird mit Gefängnis oder mit Zuchthaus bestraft.

(3) Wer den Bestimmungen der §§ 3 oder 4 zuwiderhandelt, wird mit Gefängnis bis zu einem Jahr und mit Geldstrafe oder mit einer dieser Strafen bestraft.

»Die Reinheit des deutschen Blutes« – Das Gesetz zum Schutze des deutschen Blutes und der deutschen Ehre vom 15. September 1935.

Rassen). Zur Gruppe B gehörten die jüdischen Mischlinge. Es gab Halbjuden, die so genannten Mischlinge ersten Grades (Personen mit zwei jüdischen Großeltern), und Vierteljuden, Mischlinge zweiten Grades (Personen mit einem Juden unter den Großeltern). Juden, auch Volljuden genannt, reihte man in die – letzte – C-Klasse. Jude war, wer: a) von zwei volljüdischen Großeltern abstammte und am 15. September 1935 mit einem Juden verheiratet war, b) zwei volljüdische Großeltern hatte sowie einer nach dem 15. September 1935 mit einem Juden geschlossenen Ehe entstammte, c) von zwei volljüdischen Großeltern abstammte sowie aus einem außerehelichen Geschlechtsverkehr mit einem Juden hervorgegangen und nach dem 31. Juli 1936 geboren war.

Ausnahmen von dieser höchst willkürlichen Klassifizierung waren in ganz speziellen Einzelfällen vorgesehen: »Der Führer und Reichskanzler kann Befreiungen von den Vorschriften der Ausführungsverordnungen zum Reichsbürgergesetz erteilen.«[6] Laut Gesetz diente die Vorschrift dazu, »etwa vorkommende Härten, die über den gesetzlichen Zweck hinausgehen, auszugleichen«. Doch Hitler teilte dem Innenministerium mit, dass er nicht beabsichtige, Juden, das heißt Volljuden, Befreiungen zu erteilen.[7]

Vielmehr war die Klausel für »schutzwürdige« Halbjuden, Vierteljuden, Achteljuden etc. gedacht, die einen Anteil »deutsches Blut« besaßen – Hoffnungsträger vom Standpunkt der Rassepolitik. Ihr »minderwertiger« Teil würde, wie Hitler einmal in Anspielung auf die Vererbungsgesetze von Gregor Mendel meinte,[8] »herausgemendelt«, das heißt allmählich verschwinden:[9] »Sonderbar ist«, resümierte der »Führer«, »daß sich jüdische Mischlinge in der zweiten, dritten Generation häufig wieder mit Juden verbinden, daß die Natur aber schließlich für die Ausscheidung des Schädlichen sorgt: In der siebenten, achten, neunten Generation ist das Jüdische ›ausgemendelt‹, die Reinheit des Blutes wiederhergestellt.«

Während sich in jüdischen Kreisen die Angst breit machte, begrüßte der NS-Anthropologe Otmar von Verschuer den Anbruch einer besseren Zeit: »Der Führer des Deutschen Reiches ist der erste Staatsmann, der die Erkenntnisse der Erbbiologie und Rassenhygiene zu einem leitenden Prinzip in der Staatsführung gemacht hat.«[10]

Doch die Umsetzung von Hitlers Vorstellungen auf der Basis der Gesetze stellte selbst die Willigsten in der Beamtenschaft vor eine harte Probe. Immer neue problematische Fälle tauchten auf, immer neue Zusatzbestimmungen wurden notwendig, um Klarheit in dem Chaos an Verordnungen zu schaffen.

Der NS-Propagandaminister Goebbels hat das Dilemma des Dritten Reichs mit der komplexen »Judenfrage« zusammengefasst, als er in sein Tagebuch schrieb:[11] »... das ergibt eine Unmenge von außerordentlich delikaten Fragen. Was geschieht mit den Halbjuden, was geschieht mit den jüdisch Versippten, Verschwägerten, Verheirateten? Wir werden also hier noch einiges zu tun bekommen, und im Rahmen der Lösung dieses Problems werden sich gewiß auch noch eine ganze Menge von persönlichen Tragödien abspielen. Aber das ist unvermeidlich ...«

Die zum Nachweis der Herkunft im Zuge der »Nürnberger Gesetze« verpflichtend eingeführten »Kleinen und Großen Ariernachweise« konnten die Vielzahl der sukzessive auftauchenden Probleme nur unzureichend lösen. Unter dem verniedlichenden Namen »Ahnen-Schatzkästlein«[12] schmackhaft gemacht, war der Abstammungsnachweis grundsätzlich von allen Volksgenossen zu erbringen.

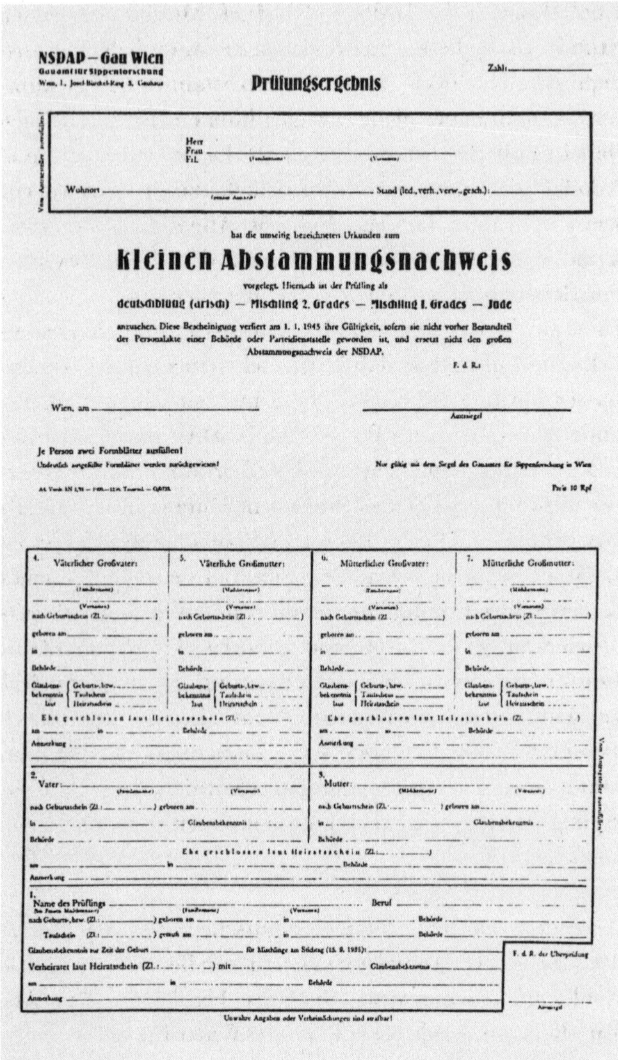
NSDAP – Gau Wien
Gauamt für Sippenforschung

Zahl:

Prüfungsergebnis

Herr
Frau
Frl.

Wohnort
Stand (led., verh., verw., gesch.):

hat die umseitig bezeichneten Urkunden zum

kleinen Abstammungsnachweis

vorgelegt. Hiernach ist der Prüfling als

deutschblütig (arisch) – Mischling 2. Grades – Mischling I. Grades – Jude

anzusehen. Diese Bescheinigung verliert am 1. 1. 1945 ihre Gültigkeit, sofern sie nicht vorher Bestandteil der Personalakte einer Behörde oder Parteidienststelle geworden ist, und ersetzt nicht den großen Abstammungsnachweis der NSDAP.

F. d. R.:

Wien, am

Amtssiegel

Je Person zwei Formblätter ausfüllen!
Undeutlich ausgefüllte Formblätter werden zurückgewiesen!

Nur gültig mit dem Siegel des Gauamtes für Sippenforschung in Wien

Preis 10 Rpf

4. Väterlicher Großvater:
5. Väterliche Großmutter:
6. Mütterlicher Großvater:
7. Mütterliche Großmutter:

nach Geburtsschein (Zl.:)
geboren am
in
Behörde
Glaubensbekenntnis laut Geburts-, bzw. Taufschein, Heiratsschein

Ehe geschlossen laut Heiratsschein (Zl.)
am in Behörde
Anmerkung

2. Vater:
3. Mutter:
nach Geburtsschein (Zl.:) geboren am
in Glaubensbekenntnis
Behörde

Ehe geschlossen laut Heiratsschein (Zl.:)
am in Behörde
Anmerkung

1. Name des Prüflings
Beruf
nach Geburts-, bzw. (Zl.:) geboren am in Behörde
Taufschein (Zl.:) getauft am in Behörde
Glaubensbekenntnis zur Zeit der Geburt
für Mischlinge am Stichtag (15. 9. 1935):
Verheiratet laut Heiratsschein (Zl.:) mit
Glaubensbekenntnis
am in Behörde
Anmerkung

F. d. R. der Überprüfung

Amtssiegel

Unwahre Angaben oder Verheimlichungen sind strafbar!

Der »kleine Abstammungsnachweis« genügte im Fall Maurice nicht!

Emil Maurice, das DAP- und NSDAP-Mitglied der ersten Stunde, hatte diese – im offiziellen Beamtendeutsch »Auszüge zum Nachweis der arischen Abstammung« genannten – Dokumente nicht vorlegen können. Er befand sich dabei in allerhöchster Gesellschaft. Denn sein Duzfreund Adolf Hitler hätte auch keinen lückenlosen »Ariernachweis« erbringen können. Jüdische Ahnen hatte er zwar keine, wie die Forschung lange nach dem Ende des Dritten Reichs bewies[13], doch sein Vater war als uneheliches Kind zur Welt gekommen. Ein Großvater blieb daher unbekannt und in dem dafür vorgesehenen Feld des Ahnenpasses klaffte eine Lücke. Nicht nur der »Führer«, auch andere »rein arische« Bonzen der NSDAP hatten Schwierigkeiten mit dem Nachweis ihrer Vorfahren. Ein Beispiel für viele bildete der Fall eines Amtsleiters einer NSDAP-Ortsgruppe und Besitzer eines »Erbhofs«, der nicht einmal seine eigene, geschweige denn die Geburtsurkunde eines Ahnen auftreiben konnte. Er war als Sohn eines Berufsoffiziers in der Garnison Metz geboren, die inzwischen zu Frankreich gehörte. Seinen Beteuerungen, ein »Vollarier« zu sein, begegnete man lange mit Skepsis. Schließlich akzeptierten die Behörden seine »unbedenkliche Abstammung« und gaben ihm dies sogar schriftlich. Von einer Anrufung des »Führers« sah man bei dieser eigenmächtigen Entscheidung ab.

Auch die unehelich geborenen Deutschen, von denen es im 19. Jahrhundert, vor allem im ländlichen Bereich, eine große Zahl gab, bildeten eine schwierige Hürde auf dem Weg zur »Reinheit der deutschen Rasse«. Weder Personenstands- noch Taufregister gaben Auskünfte über die Väter. Informationen boten nur die Vormundschaftsakten, die aber in der Regel nach zehn Jahren vernichtet worden waren.

Dann gab es noch tausende von Fällen, hinter denen die NS-Behörden schwer zu beweisenden Betrug und vorsätzliche Täuschung vermuteten. In dem verzweifelten Bestreben, ihre Kinder zu Ariern zu machen, gestanden Mütter plötzlich außereheliche Verhältnisse ein. Nicht der jüdische Gatte, sondern ein unbekannter, jedoch rein »arischer« Geliebter sei der Vater ihres Kindes! Da Hitler und die Nationalsozialisten Anhänger eines »wissenschaftlichen Antisemitismus« waren, suchte man erbbiologische Fragen auf pseudowissenschaftliche Weise zu klären. Diese Fälle von »Bestreitung der ehelichen Geburt« landeten nicht bei Hitler, sondern bei der Staatsanwaltschaft. In einem dafür typischen Akt heißt es: »Die KM [Kindesmutter] ist deutschblütig, ihr Gatte Mischling II. Grades. In Wirklichkeit soll nicht der Ehemann, sondern A. T. der Vater des Kindes sein. KM lernte A. T. 1929 kennen und trat mit ihm in intime Beziehungen. KM wollte verhindern, ein uneheliches Kind in die Welt zu setzen und ging mit ihrem jetzigen Gatten eine Namensehe ein …«[14]

Das Gericht ordnete daher in zweifelhaften Fällen anthropologische Untersuchungen samt Blutgruppenbestimmung an. Zuständig dafür waren die rassenbiologischen (ehemals anthropologischen) Institute der Universitäten. Dort wurden Kinder mittels Messungen auf fremdrassige Einschläge und jüdische Rassenmerkmale untersucht. In einem dieser Protokolle heißt es:[15] »Der Prüfling hat einen langen, breiten und niedrigen Kopf mit brachykephalem Längen-Breiten-Index, stark hinterständigem Ohrpunkt, steiler Stirn und gewölbtem Hinterhaupt … in seinem rassischen Erscheinungsbild weist der Prüfling in der Mundgegend Züge auf, wie sie bei Juden häufiger zu finden sind als in unserer Bevölkerung …«

Im Dritten Reich blühten die Geschäfte privater »Rasseforscher«, die ihre Gutachterdienste anpriesen. »Bin ich nach langjähriger, vorbereitender Arbeit heute in der Lage, gewissenhafte und zuverlässige Auskünfte zu erteilen«, verkündete Dr. Achim Gercke,[16] »so daß derjenige, den man zu Unrecht nichtarischer Abstammung verdächtigt, vor Schaden bewahrt bleibt und andererseits allen denen die Maske vom Gesicht gerissen werden kann, die sich unter dem Vorwand arischer Abstammung auch heute noch an Plätze stellen, wo nur Deutsche hingehören.«

Daneben stand den von den Rassengesetzen Betroffenen noch die direkte Appellation an den »Führer und Reichskanzler« offen. 1936 trafen bei den dafür zuständigen Stellen bereits 600 Anträge pro Tag ein. Und die Tendenz war steigend, nachdem sich Hitlers Entscheidung betreffend der Olympischen Spiele 1936 wie ein Lauffeuer verbreitete und Hoffnung gab.

Einige der nominierten Teilnehmer, darunter so Koryphäen wie die Meisterin im Hochsprung, Gretel Bergmann, und die berühmte Fechterin Helene Mayer, hatten sich nämlich als Halbjüdinnen entpuppt. Daraufhin belegte man Bergmann mit Startverbot und bewahrte Stillschweigen. Bei Helene Mayer, die damals in Kalifornien lebte, schreckte man aus Angst vor negativen Berichten in der internationalen Presse vor dieser Maßnahme zurück. Und Mayer schrieb dem Reichssportleiter (von Tschammer-Osten), dass sie für das Dritte Reich nur als vollberechtigte deutsche Staatsbürgerin anzutreten gedenke. Während sich das amerikanische Olympiateam mit der Sportlerin solidarisch erklärte und mit Boykott drohte, protestierten einige jüdische Vereine gegen die Fechterin, die sie als Verräterin ansahen.[17]

Der Fall wurde auch in Deutschland publik und diskutiert. »Übrigens ist ein Neger aus USA am allerhöchsten gesprungen, und die silberne Fechtmedaille für Deutschland hat die Jüdin Helene Mayer gewonnen. Ich weiß nicht, wo die größere Schamlosigkeit liegt, in ihrem Auftreten als Deutsche des Dritten Reichs oder darin, daß ihre Leistung für das Dritte Reich in Anspruch genommen wird …«, schrieb Victor Klemperer.[18]

Die Sportlerin selbst war bereits im Dezember 1935 informiert worden, dass der »Führer« ihr selbst sowie ihren zwei Brüdern die »Ehrenarierschaft« verliehen hatte. Nach den Spielen gab Hitler für die ganze deutsche Olympiamannschaft einen Empfang in der Reichskanzlei, dem auch der halbjüdische Hockeystar Rudi Ball beiwohnte. Der Meisterfechterin Helene Mayer gratulierte er herzlich zur Silbermedaille, die sie für NS-Deutschland errungen hatte.

Hitler hat alle Anträge um Befreiung von den Rassengesetzen, die ihn auf dem normalen Amtsweg erreichten, persönlich auf das Sorgfältigste geprüft. Er las die Lebensläufe der Bewerber, informierte sich über ihre politischen Aktivitäten, ihre Einstellung zum Nationalsozialismus und ihre etwaige militärische Laufbahn. Manchmal forderte er von diversen NS-Stellen Gutachten an. Vor allem jedoch betrachtete er die beigelegten Fotos (en face, Profil, Halbprofil) genau. Bewerber, die – seiner Ansicht nach – typisch jüdische Merkmale aufwiesen, lehnte er als »rassisch minderwertig« sofort ab, womit Hitler selbst die Absurdität des Antisemitismus entlarvte. Jene, die – wie ihm schien – »typisch nordisch« aussahen, hatten in der Regel mehr Glück und wurden in die engere Auswahl gereiht. So teilte man dem halbjüdischen Ersten Offizier des Schlachtschiffs »Bismarck« (Paul Ascher) im Vertrauen mit, dass ihn seine Fotos (bei der Beurteilung durch den »Führer«) gerettet hätten.[19] Es war eine Rettung, die buchstäblich zum Untergang führte. Die als unsinkbar geltende »Bismarck« wurde am 27. Mai 1941 von den Engländern versenkt.

Waren Bewerber in den Augen Hitlers »würdig«, dann erklärte er sie für »deutschblütig im Sinne der deutschen Rassengesetzgebung«. Ein formloses Schreiben erteilte Privilegien, die von Fall zu Fall stark variierten. Wie sich nach der Untersuchung einer großen Anzahl von Fällen herausstellte, kreierte Hitler Arier verschiedener Grade – deutschblütig war nicht gleich deutschblütig. Er hielt sich dabei an das Gesetz, in dem es heißt: »Die Erteilung einer Befreiung bedeutet die rechtliche Gleichstellung eines Juden oder jüdischen Mischlings mit deutschblütigen Personen … und zwar auf dem Gebiet, für das die Befreiung erteilt wird.«[20]

Die erste Stufe berechtigte demnach nur zum Verbleib in der Volksgemeinschaft und zum Eintritt in die Wehrmacht, die zweite erlaubte sogar Beförderungen in der Armee. Die

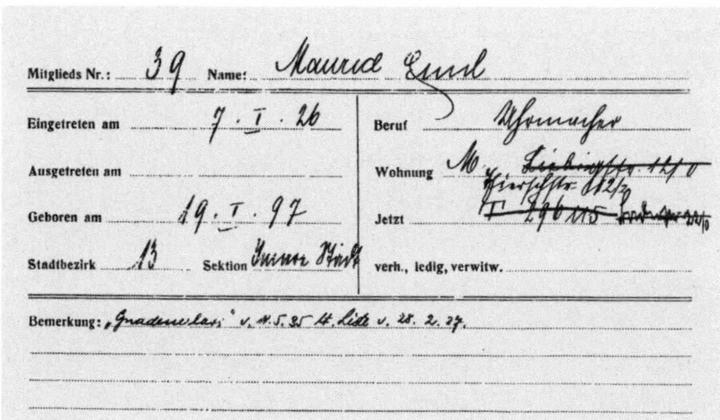

Mitglieds Nr.: 39 Name: Maurice Emil

Eingetreten am 7. I. 26 — Beruf Uhrmacher

Ausgetreten am — Wohnung M. [illegible]

Geboren am 19. I. 97 — Jetzt [illegible]

Stadtbezirk 13 Sektion Innere Stadt — verh., ledig, verwitw.

Bemerkung: „Gnadenerlaß" v. 4.5.35 lt. Liste v. 28.2.37.

Aus der NSDAP-Gaukartei: »Gnadenerlaß« für Emil Maurice, das NSDAP-Mitglied Nr. 39

mit der dritten Stufe Ausgezeichneten durften sich auf Dokumenten als »deutschblütig« bezeichnen. Die vierte Stufe wiederum gab dem Inhaber volle Arierrechte, abgesehen von einer NSDAP-Mitgliedschaft und dem Recht, Grund und Boden zu erwerben.[21] In ganz seltenen Fällen gestattete Hitler »Nichtariern« den Beitritt oder Verbleib in der NSDAP. Und »Ehrenarier der SS« gab es nur einen einzigen – Emil Maurice.

Viele der potenziellen Bewerber um die »Arierschaft« misstrauten der NS-Bürokratie, wählten den informellen Weg und suchten in ihrem Freundes- und Bekanntenkreis nach Fürsprechern mit Rang und Einfluss in der NSDAP-Hierarchie.

So schrieb der Gefreite Achim von Bredow, nach den »Ariergesetzen« ein »37,5 %-Jude«, an seine Mutter: »... nun zählt, wen man kennt. Und ich habe niemanden, der für mich eintritt. Kennt denn Vater niemanden mit hohem Rang?«[22]

Eine große Zahl der mündlich an den »Führer« gerichteten Petitionen um Dispens vom »Arierparagraphen« kam daher direkt aus den Reihen der NS-Elite, die persönlichen Zugang zum Staatsoberhaupt hatte. Allmählich stellte sich zu Hitlers großem Ärger heraus, dass fast jeder hohe NS-Politiker einen oder mehrere Personen jüdischer Herkunft protegierte, für seine Schützlinge beredt eintrat und sie zu »Ariern« erklärt haben wollte. So erlangte der überzeugte Antisemit Hermann Göring für eine Anzahl von Juden aus seinem Umkreis – Freunde, Bekannte und Künstler – den mündlichen oder schriftlichen Dispens des »Führers« vom »Arierparagraphen«. Eine von Görings Protegés war die bekannte Schauspielerin Henny Porten, die eine Trennung von ihrem jüdischen Mann verweigerte. Wie das Propagandaministerium wütend feststellte, erzwang »die gütige Hand des Reichsmarschalls« ihre weitere Beschäftigung.[23]

Auch Görings Frau, die ehemalige Schauspielerin Emmy Sonnemann, setzte sich für zahlreiche jüdische Kollegen vom Theater ein. Gleichzeitig tätigte sie eine Stiftung (Emmy-Göring-Stiftung) ausschließlich für »arische, deutsche Staatsangehörige, die mindestens 25 Jahre dem deutschen Theater angehörten«.[24] Viele andere NS-Prominente, darunter Martin Bormann (Leiter der Parteikanzlei, Sekretär des »Führers«), Admiral Wilhelm Canaris (Chef der Abwehr), Gerhard Engel (Hitlers Heeresadjutant), Großadmiral Karl Dönitz (1943–1945 Oberbefehlshaber der Kriegsmarine), Joseph Goebbels (Propagandaminister), Ernst Kaltenbrunner (Chef des Reichssicherheitshauptamtes), Generalfeldmarschall Albert Kesselring (Oberbefehlshaber der Heeresgruppe West), Großadmiral Erich Raeder (1939–1943 Oberbefehlshaber der Kriegsmarine), Fritz Sauckel (Gauleiter von Thüringen) sowie Baldur von Schirach (Reichsjugendführer) suchten bei Hitler für persönlich bekannte, schutzwürdige Juden um Ausnahmegenehmigungen an.[25]

Selbst die fanatische Nationalsozialistin Magda Goebbels, der gegenüber sich Hitler schließlich brüsk die »ewige Judenretterei« verbat, interventierte für jüdische Bekannte und Verwandte. Ihr Mann, Propagandaminister Goebbels, nahm – während er die Rassengesetze mit einer Hetzkampagne größten Stils förderte – an die 200 Berliner Juden unter seinen persönlichen Schutz. Vor allem jedoch protegierte er den jüdischen Germanisten, bei dem er in Heidelberg promoviert hatte, und eine jüdische Freundin aus seiner Junggesellenzeit.

Hochrangige Parteigenossen unterbreiteten dem »Führer« immer neue berücksichtigungswürdige Fälle, bis dieser indigniert meinte: »... sie [die Parteigenossen] scheinen mehr anständige Juden zu kennen als es Juden in Deutschland gibt.«[26] Selbst Himmlers berüchtigter Helfer Adolf Eichmann, der die Transporte hunderttausender Juden in Vernichtungslager pedantisch genau organisierte und durchführte, suchte Ausnahmen zu erlangen: für seine jüdische Stiefmutter, einen Cousin und ein befreundetes jüdisches Ehepaar. Er tat dies, während er mit seiner jüdischen Jugendfreundin das betrieb, was die Nazis und auch Eichmann selbst als »Rassenschande« verurteilten und ahndeten.[27]

Vorgänge dieser Art bewogen den mit der »Endlösung« beauftragten Reichsführer SS Heinrich Himmler, den Herrn aller Konzentrationslager, in einer Geheimrede vor Gauleitern über sein hartes Schicksal zu klagen:[28] »... der Satz ›Die Juden müssen ausgerottet werden‹ mit seinen wenigen Worten, meine Herren, ist leicht ausgesprochen. Für den, der durchführen muß, was er fordert, ist es das Allerhärteste und Schwerste, was es gibt. Sehen Sie, natürlich sind es Juden, es ist ganz klar, es sind nur Juden, bedenken Sie aber selbst, wie viele – auch Parteigenossen – ihr berühmtes Gesuch an mich oder irgendwelche Stelle gerichtet haben, in dem es heißt, daß alle Juden selbstverständlich Schweine seien, daß bloß der Soundso ein anständiger Jude sei, dem man nichts tun dürfe. Ich wage zu behaupten, daß es nach der Anzahl der Gesuche und der Anzahl der Meinungen in Deutschland mehr anständige Juden gegeben hat als überhaupt nominell vorhanden waren. In Deutschland haben wir nämlich so viele Millionen Menschen, die ihren einen berühmten anständigen Juden haben, daß diese Zahl bereits größer ist als die Zahl der Juden. Ich will das bloß deshalb anführen, weil Sie aus dem Lebensbereich Ihres eigenen Gaues bei achtbaren und anständigen nationalsozialistischen Menschen feststellen können, daß auch von ihnen jeder einen anständigen Juden kennt. Ich bitte Sie das, was ich Ihnen in diesem Kreise sage, wirklich nur zu hören und nie darüber zu sprechen …«

Als prominentestes Beispiel hätte der Reichsführer SS – wenn er es gewagt hätte – seinen »Führer« nennen können, der seinen Duzfreund zum bisher einzigen Ehrenarier der SS gemacht hatte. Damit nicht genug, war Himmler gezwungen, das »unwürdige« und ihm verhasste Mitglied des »Totenkopfordens« durch immer weitere Beförderungen in der SS höherzuhieven, ihm immer neue Auszeichnungen zu verleihen.

Allerdings bildete auch Himmler selbst keine Ausnahme von der Regel. Sein Protegé hieß Professor Fritz Pringsheim.[29] Himmler befreite den Rechtsgelehrten aus dem Konzentrationslager und verhalf ihm zur Flucht aus Deutschland.[30]

Ein außergewöhnlicher Fall blieb dem Reichsführer SS und dem Reichssippenamt allerdings bis zum Ende des Dritten Reichs verborgen. Fritz Scherwitz war nach der NS-Diktion ein »Volljude«, er war aber auch ein überzeugter, fanatischer Anhänger Hitlers. Da er keine Aussicht auf Erlangung einer Ausnahmegenehmigung sah, fälschte er seine Personalpapiere. Problemlos fand er Aufnahme in die NSDAP und die SS, bewährte sich und brachte es zum SS-Obersturmführer. Schließlich betraute man den glühenden Nationalsozialisten und bewährten SS-Mann mit der Leitung des Konzentrationslagers von Lenta, in der Nähe von Riga. Dort nahm er, wie Zeitzeugen angaben, persönlich an der

Ermordung von mindestens zweihundert Juden teil. Nach dem Krieg gab sich Scherwitz als Jude mit dem Namen Eleke Sirewiz zu erkennen. Er arbeitete in einer Hilfsorganisation zur Restitution jüdischen Eigentums, als er von einem seiner Opfer erkannt wurde, was zu seiner Verurteilung und Hinrichtung führte.[31]

Im Dezember 1941, als die Säuberungsaktionen gegen Juden, Regimegegner und »Volksschädlinge« aller Art europaweit in vollem Gang waren, wurde die brisante, mit einem Tabu belegte, aber allgegenwärtige »Judenfrage« sogar zum Thema der abendlichen Tischgespräche im Führerhauptquartier. Botschafter Walter Hewel wagte einen kühnen Vorstoß. Er stellte die Frage, ob man recht täte, einer Frau, die sich nach der Machtübernahme nicht zur Scheidung von ihrem jüdischen Mann entschlossen hatte, einen Vorwurf zu machen. Ob sich nicht im Scheidungsbegehren eine Gesinnungstüchtigkeit offenbare, die menschlich mehr abstoße als überzeuge?[32]

Die heikle Angelegenheit wurde von Hitlers Sekretärin (Gerda Daranowski) sofort entschärft. Die Tatsache, dass eine Deutsche einen Juden zum Mann genommen habe, beweise in jedem Fall einen Mangel an Rasseinstinkt. Die Frau hätte sich doch außerhalb die Volksgemeinschaft gestellt! Hitler griff ein, unterbrach den kurzen Diskussionsansatz und führte ihn in einem seiner Monologe weiter. »Mit unserer Rasse-Gesetzgebung sind für den einzelnen große Härten verbunden, gewiß, aber bei ihrer Bewertung darf man vom Einzelschicksal gar nicht ausgehen: der Zukunft erspare ich mit ihr unzählige Konflikte! … Viele Juden sind sich auch des destruktiven Charakters ihres Daseins nicht bewußt gewesen. Aber, wer Leben zerstört, setzt sich dem Tod aus, und etwas anderes geschieht auch ihnen nicht. …

Dietrich Eckart hat mir einmal gesagt, er habe nur einen anständigen Juden kennengelernt, den Otto Weininger, der sich das Leben genommen hat, als er erkannte, daß der Jude von der Zersetzung anderen Volkstums lebt.«[33]

Auf seine Art einzigartig war im Dritten Reich auch der Fall Wittgenstein. Diese Wiener jüdische Dynastie – ihr entstammte Ludwig Wittgenstein, der weltberühmte Philosoph – zählte zu den bedeutendsten Großindustriellen Europas. Hermann Christian Wittgenstein hatte das Familienvermögen begründet. Er, seine Frau Fanny und ihre elf Kinder, denen er die Heirat mit Juden verbot, waren vollständig in die Wiener Gesellschaft integriert. Mit der jüdischen Gemeinde hielten sie keinen Kontakt.[34] Sie betrachteten sich als deutsche Österreicher. Als Intellektuelle, Mäzene, Künstler sowie Sammler und Förderer moderner Kunst waren die Wittgensteins typische Vertreter jenes reichen jüdischen Großbürgertums, das Hitler besonders hasste und bei seinen Erörterungen zur Geschichte der Juden im Visier hatte: »Zunächst als Händler, dann lassen sie sich nieder, um ihre Mitwelt zu begaunern. Schließlich werden sie Philanthropen und machen Stiftungen. Wenn ein Jude das tut, so wird das besonders vermerkt – man weiß, er ist ein Schweinehund …, sieht man aber näher hin, so merkt man, daß das oft die gerissensten Juden sind …«[35]

Es war klar, dass es nach dem »Anschluß« Österreichs an das Deutsche Reich für diese Vertreter des Großkapitals kein Pardon geben würde. Anfangs glaubten die damals in Wien lebenden Wittgensteins (Paul, Hermine, Helene, Margarete und Arvid) voll Hochmut oder Naivität, nicht unter die Rassengesetze zu fallen. Als sich diese Hoffnung zerschlug, suchte man – wie viele andere Juden – nach Ariern unter den Vorfahren. Aufgrund von Familiengerüchten vermutete man, dass Großvater Hermann Christian Wittgenstein ein illegaler Spross der Grafen von Waldeck gewesen sein könnte. Man legte der »Reichsstelle für Sippenforschung« sogar Fotos der elf Kinder von Hermann und seiner Gattin vor. »Daß diese Kinder von zwei volljüdischen Eltern abstammen, erscheint uns biologisch unmöglich«, heißt es in einem Begleitschreiben.[36]

Die in Wien lebenden Wittgensteins – Ludwig Wittgenstein hielt sich bereits in England auf, andere hatten freiwillig das Land verlassen – sollten nach dem Willen des Regimes das Schicksal der enteigneten und vertriebenen Wiener Rothschilds teilen. Der Zugriff auf das enorme, international angelegte Wittgenstein-Vermögen erwies sich jedoch als unmöglich. Wie die Deutsche Reichsbank bald indigniert feststellte, gab es zwar riesige Devisenbestände, doch diese waren auf zahlreiche europäische und amerikanische Banken verteilt. Schließlich kam es zu einer von Hitler persönlich genehmigten Einigung: Die Reichsstelle für Sippenforschung erklärte Hermann Christian Wittgenstein nach einem Entscheid des »Führers« für deutschblütig. Im August 1939 wurden Hermine und Helene, die ihre Heimat nicht verlassen wollten, sowie alle anderen überlebenden Enkel des Hermann Wittgenstein vorerst als »Mischlinge« eingestuft. Kurz darauf nahmen große Vermögenswerte ihren Weg von der Schweiz nach Berlin. Daraufhin zeigten sich die NS-Behörden großzügig und entgegenkommend. Von sich aus und ohne weitere Formalitäten bestätigten sie, dass die »Rassengesetze« in keiner Weise anzuwenden seien – die Wittgensteins waren »Arier«.

Spektakuläre Ausnahmeregelungen gab es, sobald es um vitale Interessen des Dritten Reichs ging. »Wenn schwerwiegende Gründe vom Standpunkt der Allgemeinheit aus und nicht nur im Interesse des Gesuchstellers eine Abweichung von der gesetzlichen Regelung nahe legen«, lautete die entsprechende Gesetzesstelle. Sie fand Anwendung auf den halbjüdischen Hauptmann a. D. und Direktor der Lufthansa, Erhard Milch, der es allerdings nie nötig hatte, selbst einen Antrag auf Befreiung von den Rassengesetzen zu stellen.[37] »Zwei Namen sind mit der Geburt der deutschen Luftwaffe verbunden«, ließ sich Hitler 1936 vernehmen, »Göring und Milch.« Schon 1933 hatte Hitler den Experten für Flugzeugtechnik und blendenden Organisator Erhard Milch mit Engelszungen zur Mitarbeit beim Aufbau der deutschen Flugzeugindustrie überredet: »Deutschland braucht Sie!« Milch wurde zum Staatssekretär und stellvertretenden Reichskommissar für die Luftfahrt ernannt. Man teilte dem Sohn eines evangelischen Apothekers jüdischer Abstammung, der nach den Nürnberger Rassengesetzen nicht reaktiviert werden durfte, auch mit, dass seine jüdischen Ahnen selbstverständlich kein Hindernis für seine Karriere sein würden.[38]

Milch wurde zum prominentesten »Ehrenarier« des Dritten Reichs, machte außergewöhnliche Karriere und nahm einen Platz an der Spitze der deutschen Militärhierarchie ein. Nach dem Norwegenfeldzug verlieh Hitler dem Parteigenossen Milch für den großen Erfolg der Luftwaffe das Ritterkreuz. Nach dem Sieg über Frankreich mokierten sich die hohen Militärs im Geheimen, dass Milch vom »Führer« zum Feldmarschall ernannt wurde. Ein Staatssekretär der Luftwaffe mit noch so großen organisatorischen Verdiensten könne doch nicht neben die Oberbefehlshaber des Heers gestellt werden![39] Im Januar 1943 legte Hitler die gesamten Luftoperationen zur Versorgung der bei Stalingrad eingeschlossenen 6. Armee in die Hände des halbjüdischen und enthusiastischen Nazis Erhard Milch.

Im Falle Milch gab es – ebenso wie in jenen Fällen, die dem »Führer« persönlich nahe gingen – keinen schriftlichen Dispens von den »Ariergesetzen«. Jedermann auf der »Gralsburg«[40], dem privaten Sitz des »Führers« auf dem Obersalzberg, wusste, wie sehr Hitler unter nervösen Magenbeschwerden litt und wie sehr er die Speisen seiner Diätköchin Konstanze Manziarly schätzte. Als sich zweifelsfrei herausstellte, dass Manziarly »jüdisch versippt« war, löste Hitler das Problem auf einfache Weise. Er donnerte: »Man versucht Frau Manziarly als Jüdin zu deklarieren. Ich dulde nicht, daß man sie anschwärzt. Ich kann auf sie nicht verzichten«, und nahm damit seine Köchin von jeder Arier-oder-Nichtarier-Diskussion aus. Der Ordnung halber beauftragte man den Wiener Gauleiter Baldur von Schirach mit der Beschaffung eines »arischen« Stammbaums aus der Heimat der Diätköchin.[41]

Keine Diskussionen gab es auch um Franz Lehar, der mit Sophie Paschkis eine jüdische Frau hatte[42]. Doch der Schöpfer der Operette »Die lustige Witwe«, der seine bedrohte Frau sicherheitshalber zeitweise ins Ausland schickte,[43] war, ohne dass Hitler besondere Vorkehrungen getroffen hätte, ebenfalls von jeder Arier-Diskussion ausgeschlossen – auch das »Reichssippenamt« kannte seine Grenzen.

Mit dem Fall des »arischen« Schauspielers Theo Lingen erreichte der Rassenwahn des Dritten Reichs einen bizarren Höhepunkt. Es begann damit, dass der Dienststelle Rosenberg das »wenig arische Aussehen« des Künstlers auffiel. Man zögerte nicht, dies dem Sicherheitshauptamt mitzuteilen, das eine Überprüfung der Ahnen des Künstlers veranlasste. Theo Lingen stellte sich als »deutschblütig« und »arisch« heraus, es gab keinerlei Anhaltspunkte für »fremdrassige« Einschläge. Rosenbergs Amt für Kunstpflege reagierte enttäuscht, gab sich jedoch nicht geschlagen und schrieb: »... hält es nicht für richtig, daß Schauspieler mit solch unglücklichem Aussehen ausgerechnet in Großformat als Reklame von Lichtspielhäusern herunterschauen ... derartige Reklamen sind dazu angetan, den Rasseinstinkt des deutschen Volkes zu verfälschen und außerdem beim Publikum den Eindruck zu erwecken, als ob in der Entjudung des deutschen Kulturlebens kein Fortschritt erzielt worden sei.«[44] Man schlug vor, Lingen mit Spielverbot zu belegen. Hitler, dem der Fall zugetragen wurde, lehnte verärgert ab. So wurde der Schauspieler Theo Lingen in gewisser Hinsicht zum einzigen arischen »Ehrenarier« des Dritten Reichs.

»Niemals ein NS-Terrorist«

Nach 1945

Nach Ausbruch des Zweiten Weltkriegs meldete sich der 42-jährige Emil Maurice freiwillig zum allgemeinen Heeresdienst und fand als Reserveoffizier Verwendung. »Er galt als Draufgänger und ziemlich rabiater Mensch, der sich stets rücksichtslos durchzusetzen verstand und mit Drohungen wie KZ-Verbringung schnell bei der Hand war. Er war stets in Uniform zu sehen, bald in der SS-Uniform und bald in der Uniform als Oberleutnant, diese auch bis zum Kriegsende noch tragend«, heißt es in einem Ermittlungsbericht der Staatsanwaltschaft nach dem Ende des Zweiten Weltkriegs.[1]

In den Wirren des Zusammenbruchs des NS-Regimes ist, wie der Uhrmachermeister verbittert angab, »mein seit 18 Jahren bestehendes Geschäft vollständig ausgeplündert worden«.[2] Unmittelbar nach Kriegsende – bereits am 25. Mai 1945 – wurde Emil Maurice in Starnberg verhaftet, interniert und vom amerikanischen CIC (Counter Intelligence Corps) befragt. Der vernehmende Offizier gewann den Eindruck, dass »Herr Maurice durch die erschütternden Widersprüche zwischen Hitlers ursprünglichen Absichten und der späteren politischen Entwicklung geistig verwirrt und seelisch gebrochen ist«.[3]

Willig erzählte der Duzfreund Hitlers aus seinem Leben. Seine biografischen Angaben erwiesen sich – wie sich erst allmählich herausstellte – als sehr lückenhaft. Maurice reduzierte nämlich seine Rolle auf die eines einfachen, harmlosen und friedfertigen Chauffeurs, der zufällig Hitler ge-

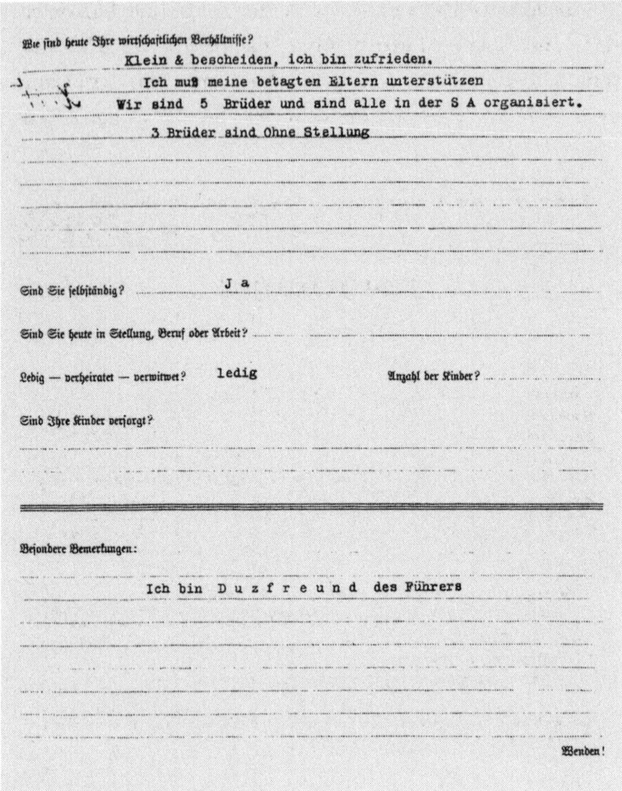
Wie sind heute Ihre wirtschaftlichen Verhältnisse?
Klein & bescheiden, ich bin zufrieden.
Ich muß meine betagten Eltern unterstützen
Wir sind 5 Brüder und sind alle in der S A organisiert.
3 Brüder sind Ohne Stellung

Sind Sie selbständig? J a

Sind Sie heute in Stellung, Beruf oder Arbeit?

Ledig — verheiratet — verwitwet? ledig Anzahl der Kinder?

Sind Ihre Kinder versorgt?

Besondere Bemerkungen:
Ich bin D u z f r e u n d des Führers

Wenden!

»Ich bin DUZFREUND des Führers.«

dient hatte. Den Namen der SS nahm er nicht einmal in den Mund. »1922 ließ mich Hitler einen Fahrkursus mitmachen und ich war seit jener Zeit sein persönlicher Kraftwagenführer«, meinte er voll Bescheidenheit, log dabei keineswegs, beschränkte sich in seinen Angaben jedoch ganz auf diesen Teilaspekt seiner Tätigkeit im Dienste des »Führers« und der NSDAP.

»Im August 1923 ging ich wieder zu meiner Uhrmacherei«, unterstrich Maurice seine Distanz zur NSDAP sowie seine unbedeutende Stellung. Hitler hätte er erst »in Landsberg, auf der Feste« wiedergetroffen, meinte er ganz harm-

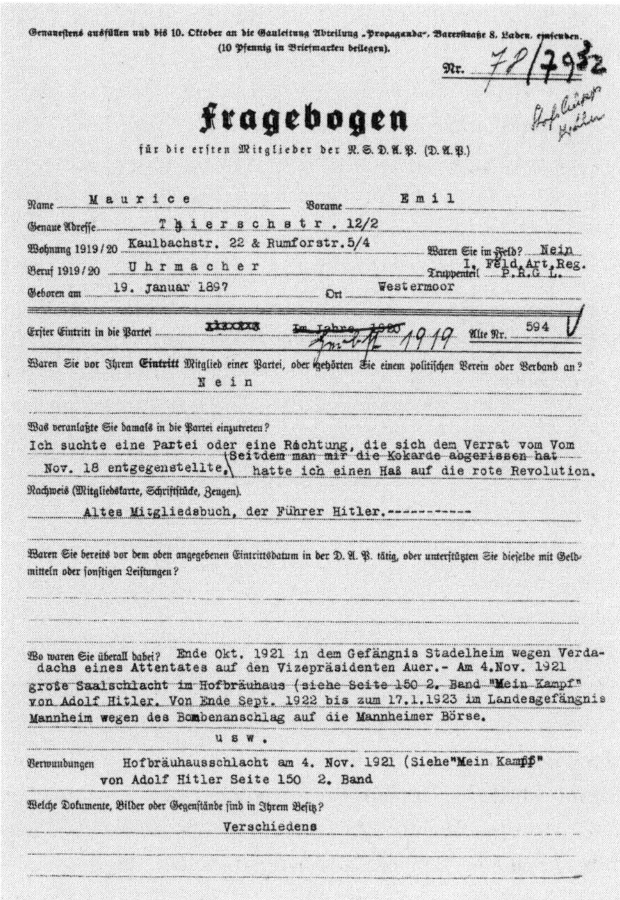

Genauestens ausfüllen und bis 10. Oktober an die Gauleitung Abteilung „Propaganda", Barerstraße 8, Laden, einsenden.
(10 Pfennig in Briefmarken beilegen).

Nr. 78/7932

Stoßtrupp Hitler

Fragebogen

für die ersten Mitglieder der N.S.D.A.P. (D.A.P.)

Name: M a u r i c e — Vorname: E m i l

Genaue Adresse: T h i e r s c h s t r . 12/2

Wohnung 1919/20: Kaulbachstr. 22 & Rumforstr.5/4 — Waren Sie im Feld? Nein

Beruf 1919/20: U h r m a c h e r — Truppenteil: I. Feld.Art.Reg. P.R.G.L.

Geboren am: 19. Januar 1897 — Ort: Westermoor

Erster Eintritt in die Partei: ~~XXXXXX~~ ~~Im Jahre 1920~~ 1919 — Alte Nr. 594

Waren Sie vor Ihrem Eintritt Mitglied einer Partei, oder gehörten Sie einem politischen Verein oder Verband an?

N e i n

Was veranlaßte Sie damals in die Partei einzutreten?

Ich suchte eine Partei oder eine Rächtung, die sich dem Verrat vom Vom Nov. 18 entgegenstellte, ~~Seitdem man mir die Kokarde abgerissen hat~~ hatte ich einen Haß auf die rote Revolution.

Nachweis (Mitgliedskarte, Schriftstücke, Zeugen).

Altes Mitgliedsbuch, der Führer Hitler.-----------

Waren Sie bereits vor dem oben angegebenen Eintrittsdatum in der D.A.P. tätig, oder unterstützten Sie dieselbe mit Geldmitteln oder sonstigen Leistungen?

Wo waren Sie überall dabei? Ende Okt. 1921 in dem Gefängnis Stadelheim wegen Verdachts eines Attentates auf den Vizepräsidenten Auer.- Am 4.Nov. 1921 große Saalschlacht im Hofbräuhaus (siehe Seite 150 2. Band "Mein Kampf" von Adolf Hitler. Von Ende Sept. 1922 bis zum 17.1.1923 im Landesgefängnis Mannheim wegen des Bombenanschlag auf die Mannheimer Börse.

u s w .

Verwundungen: Hofbräuhausschlacht am 4. Nov. 1921 (Siehe "Mein Kampf" von Adolf Hitler Seite 150 2. Band

Welche Dokumente, Bilder oder Gegenstände sind in Ihrem Besitz?

Verschiedens

Die Selbstdarstellung von Emil Maurice (Fragebogen der NSDAP)

los, als ob es sich dabei nicht um eine Gefängnisstrafe wegen Hochverrats, sondern um eine mehr zufällige Begegnung gehandelt hätte. »Ein Händedruck bei der Begrüßung ließ uns wieder Freunde sein«, war alles, woran sich Maurice zu erinnern geruhte. Vergessen war im Jahre 1945, woran er in einem »Fragebogen für die ersten Mitglieder der NSDAP« voll Stolz gedacht hatte.[4] Auf die Frage: »Wo waren Sie überall dabei?«, hatte sich Emil Maurice 1933 noch mit folgenden Taten gebrüstet: »Ende Oktober 1921 in dem Gefängnis Stadelheim wegen Verdachts eines Attentats [Mordanschlags] auf den Vizepräsidenten Auer.[5] Am 4. November 1921 große Saalschlacht im Hofbräuhaus. Siehe Seite 150, 2. Band ›Mein Kampf‹ von Adolf Hitler. Von Ende September 1922 [Oktober] bis zum 17. 1. 1923 im Landesgefängnis Mannheim wegen Bombenanschlag auf die Mannheimer Börse.« Da er ausschließlich die Höhepunkte seiner langen und gewalttätigen NSDAP-Karriere aufgezählt hatte, fügte er »Usw. usw.« hinzu, um anzudeuten, dass sich damit die Reihe seiner Taten keineswegs erschöpfte. Anzeigen sowie kleinere Gefängnisstrafen wegen Körperverletzung und illegalen Waffenbesitzes schienen ihm nicht extra erwähnenswert.

Auch beim Putschversuch der NSDAP vom 8./9. November 1923 hat Emil Maurice dem CIC gegenüber vorerst diskret verschwiegen, dass er im Verband mitgekämpft hatte. Unerwähnt ließ der Uhrmachermeister auch die zahlreichen Auszeichnungen, die ihm die Parteileitung für seine kämpferischen Einsätze und Verdienste verliehen hatte – darunter den Blutorden, das Goldene Parteiabzeichen, das Ehrenzeichen am Bande und das Coburg-Abzeichen. Der Reichsführer SS Heinrich Himmler hatte ihn überdies, wenn auch widerwillig, mit Totenkopfring, Ehrendegen, Ehrendolch und Julleuchter geehrt. Vor allem jedoch hütete sich Emil Maurice tunlichst, seinen Einsatz im »Röhm-Putsch« bei der Eliminierung der SA-Elite im Juni 1934 zu erwähnen.

Der Wissensstand der amerikanischen Offiziere, die im Juni 1945 die Verhöre führten, war in der ersten Zeit unmittelbar nach dem Zusammenbruch des Dritten Reichs noch recht lückenhaft. Bei ihren Ermittlungen stießen sie oft auf eine Mauer des Schweigens. Trotzdem reagierte Maurice mit Erleichterung, als sich die Fragen auf seine und Hitlers Privatsphäre konzentrierten. Gerne und ausführlich erzählte er daher von seiner Verlobung mit Hitlers Nichte und dem daraus resultierenden Bruch mit dem »Führer« im Jahre 1928. Breit führte er seinen Prozess beim Arbeitsgericht und seinen Rückzug in das Privatleben aus. Er ließ den Eindruck entstehen, dass damals alles, was mit der NSDAP zusammenhing, für ihn zu Ende gegangen wäre, und schloss mit den Worten: »Soviel über meine Tätigkeit bei Hitler, die mit vielen und bitteren Enttäuschungen für einen Idealisten im Jahre 1927 [tatsächlich 1928] endete.«[6] Für Maurice waren alle Nazis, besonders jedoch Hitler selbst, »Idealisten«. »Zur Abgabe eines persönlichen Urteils über Hitler kann ich, nach meinen persönlichen guten und weniger guten Erfahrungen mit ihm heute feststellen: Hitler war ein großer Idealist, der fest an seine Mission glaubte – im Grunde gutmütig, aber auch jähzornig und rechthaberisch veranlagt, er duldete bei Auseinandersetzungen keinen Widerspruch.«

Im März 1946 forderte der Internationale Gerichtshof in Nürnberg Auskünfte zu den Anfängen der SA (Sturmabteilung). Hitlers Duzfreund schwächte ab. Er sprach von einem harmlosen Ordnungsdienst für den Selbstschutz: »… um die kameradschaftliche Bindung unter den Männern … zu fördern, wurde ihnen Gelegenheit zur turnerischen und sportlichen Betätigung gegeben. Der Ordnungsdienst bekam den Namen ›Turn- und Sportabteilung‹.«[7]

Im September 1946 wurde Emil Maurice in das Lager Cham, nordöstlich von Regensburg, überstellt, womit die Versorgung seiner beiden minderjährigen Kinder ganz in den Händen seiner Frau lag. Um ihre Familie ernähren zu können, hat Hedwig Maurice nach Kriegsende ihr – durch die Eheschließung unterbrochenes – Medizinstudium abgeschlossen und eine Stellung als Ärztin in einem Münchner Spital angenommen.

Auch im Lager Cham erwies sich Maurice als sehr schweigsam. Aufgefordert, alle seine Strafen aufzuzählen, gab er lediglich die Landsberger Festungshaft zu. Seine frühe, wesentliche Tätigkeit bei der DAP und NSDAP klammerte er ganz aus. Seinen Parteieintritt im Herbst 1919 ließ er unter den Tisch fallen. Erst 1926 wäre er Mitglied der NSDAP geworden. Eine absurde Behauptung, die er ein Jahr später auf dringendes Anraten seines Rechtsanwalts zurücknahm.[8]

1947 waren die Vorbereitungen für die Anklage gegen Emil Maurice in vollem Gange. Die Ermittlungen gegen den ehemals prominenten Nationalsozialisten, der nur zugab, was man ihm zweifelsfrei nachwies, kamen jedoch nur mühsam voran. Wesentliche Polizeiberichte aus der Frühzeit der NSDAP standen damals noch nicht zur Verfügung. Auch die Akten der SS-Archive und die Personalakten der NSDAP waren noch nicht aufgearbeitet. »Keinerlei Unterlagen«, hieß es zu vielen Verdachtsmomenten. In dieser Situation suchte die Lagerspruchkammer mittels Zeitungsannoncen konkrete Hinweise zur Aufhellung der Rolle des Internierten im Dritten Reich. Die bestens informierten »alten Kämpfer« und Freunde von Maurice verharrten in solidarischem

Schweigen. Es meldete sich nur ein einziger Belastungszeuge. In seinem Schreiben heißt es: »Emil Maurice hat nicht nur an Schlägereien im Bürgerbräukeller teilgenommen, sondern auch an der vandalischen Zerstörung der ›Münchener Post‹. Terror, Plünderung, Festnahme der sozialdemokratischen Stadträte, die mißhandelt wurden, gehen auf sein Konto. … er war Nutznießer des Regimes, lebte von Parteiaufträgen und reparierte in Parteigebäuden Uhren.«[9]

Die Anschuldigungen des Informanten blieben lange Zeit unbewiesen und auch unbrauchbar, da es der Schreiber aus Sicherheitsgründen vorgezogen hatte, sowohl einen falschen Namen als auch eine falsche Adresse anzugeben. Emil Maurice hat die Situation zu nutzen gewusst. Bei einer Befragung nach etwaigen Vorstrafen meinte er ungeniert: »Keine.« Und seine Beteiligung am »Röhm-Putsch«, als sich Hitler bei der Verhaftung der SA-Spitze seines alten Duzfreundes bediente, kam mangels Hinweisen überhaupt nicht zur Sprache.

Das vorliegende Belastungsmaterial reichte allerdings dem öffentlichen Kläger bei der Spruchkammer Regensburg zur Erhebung der Anklage. Am 18. Dezember 1947 stellte er gegen Emil Maurice den Antrag, ihn in die Gruppe I der Hauptschuldigen des NS-Regimes zu reihen.

Die Anklageschrift konnte sich allerdings in Ermanglung von Beweisen nur auf wenige Punkte stützen: »Der Betroffene war Angehöriger der NSDAP von 1919–45, der allgemeinen SS von 26–45 … bei der allgemeinen SS hatte er den Ehrenrang eines Oberführers. … er war Ratsherr der Stadt München und Gau-Handwerksmeister sowie Mitglied des Reichstags.«

Nach Ansicht des Gerichts war Maurice schuldig, weil er »der nationalsozialistischen Gewaltherrschaft außerordent-

Aus dem Leben von Emil Maurice. Mit freundlicher Genehmigung von HERMANN HISTORICA, München

liche politische und propagandistische Unterstützung gewährte und aus seiner Verbindung mit der Gewaltherrschaft Nutzen« gezogen hat.[10]

Dem hielt der Verteidiger des Angeklagten, Dr. Karl Durst, entgegen: »Bei dem Eintritt des Betroffenen in die NSDAP ist zu berücksichtigen, daß diese Partei eine parlamentarische Partei sein wollte, wie die anderen … auch. Der Betroffene hat auch während der ganzen Zeit seiner Zugehörigkeit zur NSDAP in dieser nie ein Amt oder einen Rang bekleidet, sondern war von Anfang bis zum Schluß nur ein gewöhnliches Parteimitglied. Gerade diese Sache beweist mit Eindeutigkeit, daß der Betroffene keinen politischen Ehrgeiz besessen hat … Eine Parteitätigkeit im Sinne der politischen Förderung der NSDAP kann aber auch nicht in der Anstellung des Betroffenen als Kraftwagenführer Adolf Hitlers gesehen werden, zumal er nichts anderes war als ein bezahlter Angestellter und mit seiner Chauffeurtätigkeit keinerlei andere Aufgaben verbunden waren.«[11]

Die Zugehörigkeit seines Mandanten zur Schlägertruppe »Stoßtrupp Hitler« leugnete der Rechtsanwalt nicht. »Aber«, so meinte er unverfroren, »er hat dort keine besondere Tätigkeit entfalten können, als der Stoßtrupp praktisch nicht zum Einsatz kam. Die Behauptung, der Betroffene habe schon 1921 an Saalschlachten teilgenommen, entbehrt jeglicher Richtigkeit.« Versuche linksgerichteter Elemente, nationalsozialistische Versammlungen zu sprengen, habe Maurice – was man ihm nicht verübeln könnte – abgewehrt. NS-Terrorist wäre der Uhrmachermeister aber niemals gewesen.

Den Höhepunkt der Verteidigungsstrategie des engagierten Rechtsbeistands bildete die kühne These, dass sein Mandant Hitler gar nicht näher gekannt hätte: »Unrichtig ist auch die Behauptung, der Betroffene sei ein besonde-

An der Heimatfront – Maurice begrüßt Soldaten. Ca. 1940

rer Freund Adolf Hitlers gewesen. Diese Behauptung wird schon durch den Prozeß des Betroffenen gegen Hitler [vor dem Arbeitsgericht 1928] widerlegt.«

Eine Reihe von Entlastungszeugen untermauerten die Ausführungen des Dr. Durst. Sie gaben an, Maurice wäre niemals fanatischer Nationalsozialist gewesen, teilweise hätte er sogar in schärfster Form Kritik am Dritten Reich geübt. Opfer und Gegner der Nazis seien von ihm zu wiederholten Malen unterstützt worden. Einige verstiegen sich zu der Behauptung, er sei »der einzige anständige Nationalsozialist« gewesen. Allerdings stellte sich bald heraus, dass manche der eifrigen Zeugen (u. a. Josef Gerum, Hans Kallenbach und Heinrich Kießling) aus dem Kreis der alten Parteigenossen stammten und selbst dem »Stoßtrupp Adolf Hitler« angehört hatten.[12]

Ungünstig für den Angeklagten war auch der Umstand, dass sein Drohbrief an einen ehemaligen Angestellten (Bruno Moses) in die Hände des Gerichts gelangte und öffentlich verlesen wurde. Darin stand, dass er Moses geschäftlich zu ruinieren gedenke, falls er ihm die geforderte Entlastungserklärung verweigerte.[13]

In seiner Schlusserklärung versuchte Emil Maurice den negativen Eindruck, den er trotz des engagierten Einsatzes seines Rechtsbeistands hinterließ, zu mildern: »Ich habe mich wesentlich geändert, ohne aus der Partei auszutreten. Es stand fest, wenn der Krieg aus ist, gibt es ein großes Aufräumen. … Ich habe fest an Hitler geglaubt, auch daran, daß es keinen Krieg gibt, solange er lebt. Politisch habe ich mich mit dem Führer sehr wenig unterhalten. Die Judenpogrome empfand ich als Wahnsinn.«[14]

Am 13. Mai 1948 verkündete die Spruchkammer das Urteil: Einweisung in ein Arbeitslager für die Dauer von vier Jahren, Einzug von 30 Prozent des Maurice'schen Vermögens zugunsten des Wiedergutmachungsfonds, Einstufung in die Gruppe II der Täter des NS-Regimes. »Parteigenosse Nummer 39 wurde Belasteter«, kommentierte eine Münchner Zeitung.[15] Auf Anraten seines Anwalts legte Emil Maurice Berufung gegen das Urteil ein, stellte einen Antrag auf Entlassung mit dem Argument: »… nie habe ich das NS-Regime außerordentlich unterstützt.« Als das Urteil neuerlich bestätigt wurde, reichte Emil Maurice ein Gnadengesuch ein, das man ihm bewilligte.

Das Nachleben der Geli Raubal

Nach seiner Entlassung aus der Haft führte der Uhrmachermeister ein zurückgezogenes, seinem Geschäft und seiner Familie gewidmetes, unpolitisches Leben. Im Gegensatz zu vielen seiner einstigen NS-Gefährten verzichtete er darauf, Memoiren zu schreiben. Manchmal spürten jedoch Journalisten den einstigen Duzfreund Hitlers auf, um ihn nach dem Privatleben des »Führers« zu befragen. Sie erkundigten sich auch nach Geli Raubal. Während des Dritten Reichs hatte eine von höchster Stelle verordnete Nachrichtensperre jede Erörterung dieses Themas unterdrückt und es dadurch mit einer Aura des Verbotenen und Geheimnisvollen umgeben. Nach Kriegsende bekundeten daher Forscher und Medien erneut ihr Interesse an der einstigen Verlobten des Emil Maurice und den näheren Umständen ihres Selbstmords.

So ließ im März 1946 die Nachricht aus Wien, dass der Leichnam von Geli Raubal, 15 Jahre nach ihrem Tod, aus seiner Gruft exhumiert und in einem Reihengrab wieder bestattet worden war, aufhorchen. Wiederum machten Gerüchte von Vertuschungsversuchen und üblen Machenschaften die Runde. Ein amerikanischer Journalist besuchte den Wiener Zentralfriedhof. Danach zog er seine Schlüsse: »Der Verfasser hat Gelis Grab wiedergefunden. Zur Zeit des österreichischen Anschlusses an Hitlers Drittes Reich lag es inmitten des Friedhofes. Aber die Österreicher – Meister des Opportunismus – manipulierten selbst Begräbnisse, um jede Verantwortung von sich zu schieben. So verlegten sie das

Gelis Grab. Das Reihengrab Nr. 73 auf dem Wiener Zentralfriedhof

Grab in eine abgelegene Ecke. Von den Wiener Behörden wird seine Existenz sogar offiziell geleugnet. Ein Friedhofswärter ließ sich überreden, und so entdeckte ich schließlich die von brauner Erde bedeckte Marmorplatte mit der Inschrift ...«[1]

Der geheimnisvollen, als Nacht- und Nebelaktion geschilderten Affäre lag eine einfache Erklärung zugrunde, die der des Deutschen kaum mächtige Amerikaner jedoch nicht verstand. Tatsächlich war Angela Raubal im September 1931 in einer sehr pompösen, prominent gelegenen Gruft, Linke Arkade Nr. 9, beigesetzt worden. Diese riesige Grabstätte verfügt über einen großen, gemauerten Marienaltar, Platz für zwölf Erwachsenen- und ebenso viele Kindersärge. Sie dient allerdings nur als Zwischenlösung für Notfälle. Die Gräberverwaltung teilte dazu mit: »Bei einer Notgruft handelt es sich um eine der Stadt Wien zustehende Grabstelle, die für die zwischenzeitliche Beisetzung von Verstorbenen auf bestimmte Zeit gemietet werden kann, z.B. falls die endgültige Grabstelle technisch noch nicht fertig gestellt ist.«[2]

Diese Voraussetzungen lagen auch im Falle Raubal vor, wo zwischen Todesfall und Begräbnis nur wenige Tage vergingen. Sehr ungewöhnlich ist jedoch die Tatsache, dass die Mutter der Verstorbenen in der Folgezeit kein eigenes Grab und keinen Grabstein für ihre verstorbene Tochter erwarb. Auch Hitler, der mindestens dreimal den Zentralfriedhof besuchte, beteuerte zwar stets, wie sehr er seine Nichte geliebt hatte, machte aber keine Anstalten, diese ordnungsgemäß bestatten zu lassen. Das Provisorium zog sich jahrelang hin. Vonseiten der Friedhofsverwaltung wurde – ganz gegen die Norm – die Frist für die Benützung der Notgruft mehrmals verlängert. Das dafür fällige, immer kurzfristig zu entrichtende Entgelt wurde von Angela Raubal – jedoch erst nach Mahnung – bezahlt, zum letzten Mal am 23. Januar 1938. Danach gingen von Gelis Mutter, die sich wieder verheiratet hatte und nach Dresden gezogen war, keine weiteren Zahlungen mehr ein.

Am 12. März 1938 marschierte die deutsche Wehrmacht in Österreich ein. Während der folgenden Jahre des NS-Regimes hüteten sich die städtischen Friedhofsbehörden – auch ohne einem Druck ausgesetzt zu sein – davor, die Schwester des »Führers« und Reichskanzlers mit Mahnschreiben zu belästigen. Der Sarg Geli Raubals blieb daher bis zum Ende des Dritten Reichs unbestattet in der Notgruft stehen. Nach Kriegsschluss wandte man sich zur Lösung der Angelegenheit erneut an Frau Raubal-Hammitzsch. Da diese nicht reagierte, wurde die Leiche ihrer Tochter am 11. März 1946, wie es in dem amtlichen Schreiben heißt, »bestimmungsgerecht aus der Gruft exhumiert und in das Reihengrab Gruppe 23 E, Reihe 2, Nr. 73 im selben Friedhof wiederbestattet«.[3] Damit hat Geli Raubal, die angebliche große Liebe Hitlers, ihre letzte Ruhe in einem Armen- und Massengrab gefunden.

1948 meldete sich der einstige Opponent Hitlers, Otto Strasser, aus seinem Exil zur Angelegenheit »Geli Raubal« zu Wort. Er gab an, von jenem katholischen Pfarrer, der bei Gelis Begräbnis im Jahre 1931 anwesend gewesen war und sie eingesegnet hatte, eine schwer wiegende Nachricht erhalten zu haben. »Niemals hätte ich gestattet, daß eine Selbstmörderin in geweihter Erde beigesetzt wird«, soll der Geistliche Johann Pant angedeutet haben. Im Übrigen berief sich der Priester, der ein guter Bekannter der Familie Raubal gewesen war, auf das Beichtgeheimnis. Neue Tatsachen kamen dadurch nicht ans Licht.

Fast vier Jahrzehnte später nahm Hans Horvath, ein Wiener Möbelrestaurator, Verleiher von NS-Requisiten und Hobbyhistoriker, den Faden wieder auf. Er stellte Kontakte zu den Verwandten des inzwischen (1959) längst verstorbenen Pfarrers Pant her und erfuhr, dass dieser im Wien der Vorkriegszeit jenes Meidlinger Männerasyl seelsorgerisch betreut hatte, wo auch Hitler kurze Zeit gewohnt hatte. Danach stand für den Hobbyhistoriker fest, dass es im Fall der Geli Raubal nicht mit rechten Dingen zugegangen war. Er holte ein Gutachten des Instituts für Gerichtsmedizin der Universität Wien ein mit der Bestätigung, dass eine wissenschaftliche Untersuchung auch nach 55 Jahren aufschlussreiche Daten zu Leben und Tod der Verstorbenen liefern könne. Dermaßen gerüstet, wandte sich Horvath mit dem Ersuchen um Exhumierung von Angela Raubal an den Wiener Magistrat, weil »die Öffentlichkeit das Recht hat, geschichtliche Ereignisse lückenlos aufgeklärt zu wissen«.[4]

Horvaths Ansuchen wurde zurückgewiesen, wobei die Argumente der zuständigen Behörden lauteten: »Dieses Reihengrab war – wie alle anderen gemeinsamen Gräber – nur für einen Bestand von zehn Jahren vorgesehen; die Gruppe wurde in der Zwischenzeit längst planiert und umgestaltet. Eine örtliche Eruierung der Grabstelle ist nicht mehr möglich.«

Tatsächlich befinden sich in diesem Teil des Friedhofs keine Gräber mehr. In den 60er-Jahren waren die Erdhügelgräber eingeebnet und zu einer mit Sträuchern bepflanzten Grünfläche umgewidmet worden. Versehen mit einem elektronischen Suchgerät sowie alten Lageplänen hat sich Horvath trotzdem an die Lokalisierung von Gelis Grabstätte gemacht. Er kaufte sogar eine Grabstätte auf dem Zentralfriedhof an, in der Gelis sterbliche Überreste zur letzten Ruhe gebettet werden sollten. Gleichzeitig schöpfte er den

Instanzenweg aus, um eine Sondererlaubnis zur Enterdigung zu erhalten.

Schließlich erhielt er von dem für die Behörde zuständigen Stadtrat den endgültigen Bescheid: Die Bewilligung würde unter der Voraussetzung erteilt, dass mit großer Sicherheit »neue wissenschaftliche Erkenntnisse« zu erwarten seien. Diese Beweise konnte der Hobbyhistoriker nicht erbringen, die Exhumierung unterblieb.

Epilog

Die letzten Jahre seines Lebens hat Emil Maurice als Pensionist vorwiegend in seinem Haus in Söcking/Starnberg verbracht, dessen Wände große Ölbilder jener jüdischen Ahnen schmückten, die Hitlers Duzfreund lange aus seinem Bewusstsein verbannt hatte.

Am 6. Februar 1972 verstarb der Uhrmachermeister mit der bewegten NS-Vergangenheit im 76. Lebensjahr. Alte Parteifreunde erinnerten sich, wie Maurice, das SS-Mitglied Nr. 2, der frühen nationalsozialistischen Bewegung und ihrem »Führer« in vielen Funktionen jahrelang hingebungsvoll und enthusiastisch diente: als erster Leiter der Sturmabteilung (SA) der NSDAP, als Adjutant des »Stoßtrupps Adolf Hitler«, als Mitgründer der Schutzstaffel (SS) und als erster Inspektor der SS, der selbst Himmler das Fürchten lehrte. Für seine Gewalttaten im Dienste der Partei war Maurice mehrmals zu Gefängnisstrafen verurteilt worden. Die Teilnahme an Hitlers Putschversuch bescherte ihm die Festungshaft in Landsberg, seine Liebe zu Geli Raubal die Rache Hitlers. 1948 hatte man den Parteigenossen Nr. 39 für seine Rolle im Dritten Reich zu vier Jahren Arbeitslager verurteilt. Die NS-Vergangenheit von Emil Maurice warf lange Schatten. 1949 musste er auch seine Rolle beim »Röhm-Putsch« erklären.[1]

Mehr als 20 Jahre nach seinem Tod hat Dr. Hedwig Maurice, die Witwe des Verstorbenen,[2] die handschriftlichen Briefe

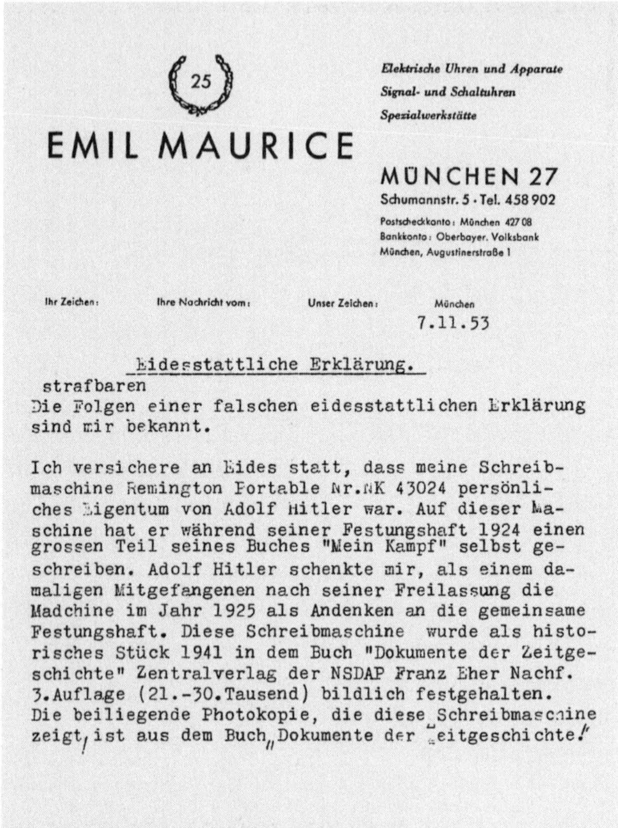

Elektrische Uhren und Apparate
Signal- und Schaltuhren
Spezialwerkstätte

25

EMIL MAURICE

MÜNCHEN 27
Schumannstr. 5 · Tel. 458 902
Postscheckkonto: München 427 08
Bankkonto: Oberbayer. Volksbank
München, Augustinerstraße 1

Ihr Zeichen: | Ihre Nachricht vom: | Unser Zeichen: | München 7.11.53

Eidesstattliche Erklärung.

strafbaren
Die Folgen einer falschen eidesstattlichen Erklärung
sind mir bekannt.

Ich versichere an Eides statt, dass meine Schreib-
maschine Remington Portable Nr.NK 43024 persönli-
ches Eigentum von Adolf Hitler war. Auf dieser Ma-
schine hat er während seiner Festungshaft 1924 einen
grossen Teil seines Buches "Mein Kampf" selbst ge-
schreiben. Adolf Hitler schenkte mir, als einem da-
maligen Mitgefangenen nach seiner Freilassung die
Madchine im Jahr 1925 als Andenken an die gemeinsame
Festungshaft. Diese Schreibmaschine wurde als histo-
risches Stück 1941 in dem Buch "Dokumente der Zeitge-
schichte" Zentralverlag der NSDAP Franz Eher Nachf.
3.Auflage (21.-30.Tausend) bildlich festgehalten.
Die beiliegende Photokopie, die diese Schreibmaschine
zeigt, ist aus dem Buch „Dokumente der Zeitgeschichte."

Eidesstattliche Erklärung – Emil Maurice bürgt für die Echtheit der Schreibmaschine.

Geli Raubals an Emil Maurice einem Auktionshaus zur Versteigerung übergeben.[3] Ebenso ließ sie die Schreibmaschine, auf der Hitler »Mein Kampf« geschrieben hatte, versteigern. Sie beschloss auch, sich von Dokumenten, Briefen und Fotos aus dem Nachlass ihres Mannes, den Hitler in »Mein Kampf« als seinen »treuesten Stoßtruppler« lobte, zu

Mein über alles geliebter Mann, unser lieber Vater, Großvater
und Bruder

EMIL MAURICE

* 19. Januar 1897

hat uns am 6. Februar 1972 für immer verlassen.

In tiefer Trauer
Dr. Hedwig Maurice
Dr. Klaus Maurice mit Familie
und im Namen aller Verwandten

8 München 80,
Schumannstraße 5
Holbeinstraße 3

Die Feuerbestattung hat auf Wunsch des Verstorbenen in aller Stille stattgefunden.

Todesanzeige von Emil Maurice

trennen. Zu diesem Zweck verfasste sie eine »Tabellarische Aufstellung des beruflichen Lebenslaufes von Emil Maurice, geb. 19. Januar 1897«. Dann schloss sie am 22. Juni 1993 mit dem in Vaduz registrierten Unternehmen von Edgar Häfelin eine notarielle Vereinbarung ab. Diese sah vor, dass Häfelin zwei große Ordner mit Briefen ihres verstorbenen

Aus dem Nachlass Maurice. Mit freundlicher Genehmigung von HERMANN HISTORICA, München

Mannes als Geschenk erhalten sollte. Davon enthielt der erste Originale oder Kopien jener politischen Korrespondenz, die Maurice während seiner Festungshaft in Landsberg – meist im Auftrag Hitlers – geschrieben hatte. Der zweite Ordner umfasste den ebenfalls für den »Führer« und die NSDAP geführten Schriftverkehr des »Moritzl« aus der Zeit von 1922 bis 1929, der vor und nach der Festungshaft entstanden war.

Als Gegenleistung sollte Herr Häfelin weitere Dokumente und Fotos aus dem Erbe im Auftrag von Frau Dr. Maurice auf den Markt bringen und möglichst günstig verkaufen: »Wenn es Herrn Häfelin gelingt, die genannten Bilder und Urkunden zu verwerten, so hat er den gesamten Betrag an Frau Maurice abzuliefern«, lautete die getroffene Vereinbarung.

Nach Sichtung der Unterlagen sowie Einholung von Expertisen über die zweifelsfreie Echtheit des Materials machte sich Häfelin an die Arbeit. In einem Schreiben an das Magazin »Focus« heißt es: »Veröffentlichung brisanter, bisher nicht veröffentlichter Dokumente anlässlich der Pressearbeit zum Jahr 1945: Wir haben die Originale folgender Dokumente im Eigentum. Die Besitz- und Herkunftsverhältnisse sind einwandfrei.« Nach einem kurzen Einblick in die Sammlung hat Häfele die interessantesten NS-Devotionalien angepriesen. Er gab an:

»1. Urkundennachweis, daß einer der beiden Gründer der SS jüdischer Herkunft war, daß dies in der gesamten früheren NSDAP bekannt war und toleriert wurde. 2. Brief von Julius Schreck, dem anderen der beiden SS-Gründer, an Maurice mit der Anrede ›Lieber Moischi‹. 3. Originalbrief Adolf Hitlers an Emil Maurice (1933), mit der Zusage, daß dieser, zusammen mit seinen namentlich aufgeführten fünf Geschwistern, wegen der großen Verdienste um die NSDAP, gnadenweise Mitglied dieser Partei bleiben dürfe. (Man bedenke, daß es sich um den Gründer der SS handelte!) 4. Handschriftliches Billett Adolf Hitlers (13.3.1933), daß er mit der Aufstellung von Emil Maurice zum Stadtrat von München einverstanden sei. 5. Großes Foto von Hitler mit der Widmung: ›Meinem lieben und treuen Emil Maurice zum Andenken an die gemeinsame Haft in Landsberg. Adolf Hitler Juni 1924‹. 6. Lichtbild von Oberstleutnant Kriebel mit handschriftlicher Widmung ›Meinem lieben Emil Maurice‹. 7. Ein Lichtbild der vier Brüder von Emil Maurice, alle in SS- oder SA-Uniform. 8. Ein Lichtbild ohne Vermerk. Es zeigt Adolf Hitler in seinem Mercedes. Am Steuer sitzt Emil Maurice. 8. Ein bisher nie veröffentlichtes Lichtbild: Hitler beim Kaffeetrinken inmitten der Familie Maurice sitzend. Alle fünf Brüder mit einheitlichem Hitler-Bärtchen, hinter den an der Kaffeetafel sitzenden Eltern samt Hitler.«[4]

Häfelin beendet sein Schreiben mit einem als Gütesiegel gedachten Hinweis: »Der Betreffende wird in dem Buch ›Mein Kampf‹ als der treueste Saalkämpfer im Münchener »Hofbräuhaus« beschrieben.« »Focus« verhandelte eine Zeit lang, ging dann aber auf das Angebot nicht ein. Auch andere deutsche Magazine zeigten entweder kein Interesse oder wollten die geforderten Preise nicht bezahlen. Daraufhin schrieb Häfelin im März 1994 an das Dokumentationszentrum des Bundes jüdischer Verfolgter des Naziregimes in Wien.

»Neu aufgetauchte Originaldokumente von Hitler im Zusammenhang mit der Gründung der SS durch einen Juden«, heißt es in der reißerischen Einleitung des Briefs. »Mit der Bezeichnung ›sensationell‹ ist im Zusammenhang mit geschichtlichen Ereignissen sparsam umzugehen, aber in diesem Fall ist das Wort angebracht.«[5] Das kurze Resümee endet mit dem – falschen – Satz: »Mit dieser ›rassischen Belastung‹ hätte Maurice im 3. Reich nicht einmal Straßenkehrer im öffentlichen Dienst werden können …«

Um die Überzeugungskraft seiner Ausführungen noch zu erhöhen, ließ Häfelin seinem ersten Brief ein Ergänzungsschreiben folgen: »Das Bayer. Hauptstaatsarchiv bezeichnet unser gesamtes Material als einmalig und außerordentlich … Es handelt sich um zwei große Leitzordner. Sind Sie an einem Erwerb interessiert?«

Simon Wiesenthal, der damalige Leiter des Dokumentationszentrums, hat mit dem Verkäufer der NS-Devotionalien bereits am 14. März 1994 ein ausführliches Gespräch geführt, in dem er nähere Auskünfte forderte, die Berechtigung der Witwe Maurice, über das Material zu verfügen, anzweifelte und die Echtheit der Dokumente infrage stellte. Nach Klärung der Angelegenheit – Hedwig Maurice erwies sich als rechtmäßige Besitzerin und holte weitere notarielle Beglaubigungen ein – entkräftete sich auch der Verdacht, dass es sich um Fälschungen handeln könnte. Am 6. April 1994 schrieb Simon Wiesenthal: »… ich habe in der Zwischenzeit wieder mit dem Simon Wiesenthal Center in Los Angeles gesprochen und den Leuten dort von der Erb-Situation Mitteilung gemacht. Gestern erhielt ich nun einen Anruf aus Los Angeles und der Leiter des Centers teilte mir mit, daß das Direktorium von der Absicht, die Unterlagen zu kaufen, Abstand genommen hat. Leider ist es auch mir als Leiter des Dokumentationszentrums in Wien nicht möglich, die Summe für den Kauf aus unserem Spenden-Budget aufzubringen. … Es steht Ihnen natürlich jetzt frei, das Material an einen anderen Interessenten zu verkaufen …«[6]

Der Nachlass von Emil Maurice gelangte schließlich in ein amerikanisches Privatarchiv, wo er der Forschung derzeit nicht mehr zugänglich ist.[7]

Anmerkungen

NS-Sturm- und Drangzeit

1 Adolf Hitler, Mein Kampf, München 1930, S. 566.

2 Am 25. 10. 1921. Der Mordanschlag auf Erhard Auer. Der als »Auer-Garde« geschaffene paramilitärische Ordnungsdienst der Sozialdemokraten war ein Opponent der NSDAP.

3 Polizeiberichte und Anklage. Staatsanwaltschaft 2386 sowie Polizeidirektion 6803. Bayerisches Staatsarchiv, München.
Ernst Deuerlein, Hitlers Eintritt in die Politik und die Reichswehr. In: »Vierteljahrzeitschrift für Zeitgeschichte« 7 (1959), S. 219–222.

4 In den Unterlagen finden sich verschiedene Schreibweisen. Laut Dr. Klaus Maurice, dem Sohn von Emil Maurice, war »Mauricel« gebräuchlich.

5 Emil Maurice im Fragebogen der NSDAP für die ersten Mitglieder der NSDAP vom 8. 10. 1933. Personalakte Emil Maurice. Bundesarchiv, Berlin.

6 Charles Emil Amandus Maurice, geb. 1864 in Hamburg. Beruf: Fabriksbesitzer. Laut Taufschein von Emil Maurice.

7 Laut Auskunft von Dr. Klaus Maurice.

8 Personaldaten laut Geburtsurkunde, Lehrzeugnis und Militärpapieren. Ebenso: Angaben im Fragebogen des Military Government of Germany vom 20. 11. 1946. Nr. 21. SpKA 1131. Bayerisches Staatsarchiv, München.

9 Angabe von Dr. Klaus Maurice.

10 Lehrzeugnis vom 1. 10. 1917.

11 Landsturm-Musterungsausweis. Eckernförde, 13. 4. 1916. Abschrift der Dokumente im Besitz der Autorin.

12 1. 10. 1917–30. 11. 1917.

13 Fa. J. B. Friedrich, Sendlinger Straße 14. Aus dem Notizbuch des wegen Verdachts der Beihilfe zum Mordversuch an dem Abgeordneten Auer vorläufig festgenommenen led. Uhrmachers Emil Maurice. Polizeidirektion Abt. VIa F. 1889/21. Pol. Dir. München 6804. Bayerisches Staatsarchiv, München.

14 Angabe von Emil Maurice im Fragebogen für die ersten Mitglieder der NSDAP. A. a. O.

15 Fragebogen für die ersten Mitglieder der NSDAP. A. a. O.

16 Eine Zusammenfassung bei Anton Joachimsthaler, »Hitlers Eintritt in die Politik und die Anfänge der NSDAP«. In: München – »Hauptstadt der Bewegung«. Katalog der gleichnamigen Ausstellung im Münchner Stadtmuseum, München 1993, S. 71 ff.

17 Hitler, Mein Kampf, a. a. O., S. 225.

18 Angaben von Emil Maurice vor der Spruchkammer Regensburg. Protokoll der öffentlichen Sitzung vom 13. 5. 1948. Spruchkammer K1131. Bayerisches Staatsarchiv, München.

19 Abschrift des Dienstzeugnisses für Emil Maurice vom 1. 10. 1919. Maurice war dann im Freikorps »Oberland« tätig.

20 Ebenso: Adolf Hitler, Mein Kampf, a. a. O., S. 323 f.

21 Abschrift einer Vernehmung durch den CIC in Augsburg am 5. 6. 1945. Privatbesitz. Fotokopie im Besitz der Autorin.

22 Laut eigenen Angaben im Fragebogen für die ersten Mitglieder der NSDAP. A. a. O.

23 Schreiben vom 3. 6. 1924 aus Landsberg. Privatbesitz. Fotokopie im Besitz der Autorin.

24 Vernehmung CIC, 5. 6. 1945. A. a. O.

25 Wolfgang Schuster, »Hitler in München – privat?«. In: Ausstellungskatalog München – »Hauptstadt der Bewegung«, a. a. O., S. 125 ff.

26 Näheres zu Eugenie Haug in: Anton Joachimsthaler, Hitlers Liste, München 2003, S. 213.

27 Alfred Kube, Hermann Göring – Zweiter Mann im »Dritten Reich«. In: Die Braune Elite I. Hrsg. von Ronald Smelser, Enrico Syring, Rainer Zitelmann, Darmstadt 1989, S. 71.

28 Am 16./17. 1. 1942. Adolf Hitler, Monologe im Führerhauptquartier 1941–1944. Die Aufzeichnungen von Heinrich Heims. Hrsg. von Werner Jochmann, Hamburg 1980, S. 209.

29 Ebd.

30 Ebd.

31 Reinhard Bauer, Maxvorstadt zwischen Münchens Altstadt und Schwabing. Das Stadtteilbuch, München 1995, S. 62.

32 Davor wohnte er laut Auskunft des Münchner Meldearchivs Rumfordstraße 5/IV bzw. in der elterlichen Pension Kaulbachstraße 22.

33 Christa Schröder, Er war mein Chef. Aus dem Nachlaß der Sekretärin von Adolf Hitler. Hrsg. von Anton Joachimsthaler, München 1985, S. 153.

34 Brief von Emil Maurice an den Pastor von Gettorf am 3. 6. 1924. Privatbesitz. Kopie im Besitz der Autorin.

35 Werner Maser, Hitlers Briefe und Notizen. Sein Weltbild in handschriftlichen Dokumenten, Düsseldorf 1973, S. 123–125.

36 Auskunft von Dr. Klaus Maurice.

37 Das Foto wird im Nachlass von Emil Maurice erwähnt. Es befindet sich im Privatbesitz.

38 1896–1960.

39 Vgl. Anna Maria Sigmund, Die Frauen der Nazis, Wien 1998, S. 131 ff.

40 Sie wurde am 28. 7. 1883 geboren.

41 Johann Baumgartner, Adolf Hitler – Seine große Liebe in Peilstein. In: »Oberösterreichische Heimatblätter«, 48. Jg., Nr. 3, 1994, S. 281 ff.

42 Angabe von Wilhelm Schneider, Hitlers Diener. Im Gegensatz dazu gibt Angela Raubal allerdings an, von ihrem Bruder zwischen 1908 und 1921 nichts gehört zu haben.

43 Werner Maser, Hitler. Legende – Mythos – Wirklichkeit, München 1975, S. 39.

44 Aussage von Angela Raubal vor dem CIC am 25. 5. 1945. Institut für Zeitgeschichte, München.

45 Hitler, Mein Kampf, a. a. O., S. 549 ff.

46 Die Gründung der Turn- und (Sturm) Sportabteilung, der SA, erfolgte am 3.8.1921.

47 Rundschreiben der Parteileitung Nr. 4 vom 10. 9. 1921. Punkt 9. Pol. Dir. München 6804. Bayerisches Staatsarchiv, München.

48 Brief von Emil Maurice an den Pastor von Gettorf. Landsberg/Lech vom 3. 6. 1924. Privatbesitz. Kopie im Besitz der Autorin.

49 Einkommensteuerakten und Vermögensteuerakten für Adolf Hitler. Fin. Ä. 496, Bayerisches Staatsarchiv, München. Sowie Vernehmung CIC, 5. 6. 1945. A. a. O.

50 Geb. 4. 11. 1898. Ehemaliger Leutnant und Freikorpsoffizier der »Marinebrigade Ehrhardt«.

51 Steckbrief der Mörder von Matthias Erzberger. In: Ausstellungskatalog München – »Hauptstadt der Bewegung«, a. a. O., S. 57. Erzberger war als Mitunterzeichner des Waffenstillstandsvertrages in NS-Versammlungen stets scharf angegriffen worden.

52 Emil Maurice am 16. 3. 1946. Denkschrift zur Vorlage beim IMT Nürnberg. ZS 270. Institut für Zeitgeschichte, München.

53 »Sturmtrupps und Sturmabteilungen«. In: »Münchener Neueste Nachrichten« Nr. 452 vom 10. 11. 1922.

54 Unter anderem im NS-Organ »Der Völkische Beobachter« vom 1. 7. 1922.

55 Zweiseitig bedruckter Handzettel mit dem Auszug des Programms der NSDAP vom 24. 2. 1920.
56 Brief an den Pastor von Gettorf am 3. 6. 1924. A. a. O.
57 Schreiben der Polizeidirektion München an das Staatsministerium des Inneren vom 27. 9. 1921. Pol. Dir. München 6804. Bayerisches Staatsarchiv, München.
58 »Bayerischer Kurier« Nr. 400 vom 21. 9. 1921.
59 Bericht der »Münchener Zeitung« vom 21. 9. 1921.
60 Am 28. 9. 1921 durch einen Kriminalassistenten der Abt. VId Pol. Dir. München. Pol. Dir. München 6804. Bayerisches Staatsarchiv, München.
61 München, Tal 54.
62 Vertrauliches Schreiben der Polizeidirektion Abt. VIa 1889/21. Pol. Dir. München 6804. Bayerisches Staatsarchiv, München.
63 Bericht Nr. 1904. Polizeidirektion München vom 25. 12. 1922. Pol. Dir. München 6804. Bayerisches Staatsarchiv, München.
64 Ausbildner waren u. a. die Offiziere Ernst Röhm, Kapitän Ehrhardt und Oberstleutnant Kriebel.
65 Akt »Sturmabteilung der NSDAP«. Abteilung VId. Bericht vom 6. 7. 1922. Pol. Dir. München 6804, f.57. Bayerisches Staatsarchiv, München.
66 Aktenvermerk Pol. Dir. 10148, f.69. Bayerisches Staatsarchiv, München.
67 Hitler, Monologe, a. a. O., S. 192.
68 Angaben von Emil Maurice. Laut Dienstzeugnis der Kanzlei Adolf Hitler arbeitete Maurice bereits ab Juli 1921 als Kraftfahrer.
69 Angaben von Emil Maurice. Im Fragebogen der NSDAP 1934. Vor der Spruchkammer des Internierungslagers Regensburg am 13. 5. 1948. Spruchkammer K 1131. Bayerisches Staatsarchiv, München.
70 Schröder, Er war mein Chef, a. a. O., S. 153.
71 Amtsgericht 6906-69218. Akte Emil Maurice f.147, f.172. Pol. Dir. München 10148. Bayerisches Staatsarchiv, München.
72 Angaben von Emil Maurice im Fragebogen für die ersten Mitglieder der NSDAP. A. a. O.
73 Besitz-Zeugnis: Emil Maurice wurde das Koburger (sic!) Ehrenzeichen verliehen. Abbildung 17. Versteigerungskatalog HERMANN HISTORICA, München, Nr. 4006.
74 Peter Hoffmann, Hitler's personal security. Protecting the Führer 1921–1945. Da Capo Press o. O. 2000, S. 6. Hitler, Mein Kampf, a. a. O., S. 614–618.
75 Brief von Hans-Ulrich Klintzsch vom 26. 11. 1922 aus München. Privatbesitz. Kopie im Besitz der Autorin.

76 Hitler, Monologe, a. a. O., S. 169.
77 Hoffmann, Hitler's personal security, a. a. O., S. 10.
78 Am 28. 4. 1923. Anna Maria Sigmund, Die Frauen der Nazis III, München 2002, S. 12.
79 Vernehmung CIC, 5. 6. 1945. A. a. O.
80 Schreiben Hitlers an das O.K. der SA vom 12. 6. 1923. Pol. Dir. München 6804, Bayerisches Staatsarchiv, München.
81 Brief von Emil Maurice an Adolf Hitler vom 28. 8. 1923. Abschrift im Besitz der Autorin.
82 Wilfried Rudloff, »Auf dem Weg zum Hitler-Putsch: Gegenrevolutionäres Milieu und früher Nationalsozialismus in München«. In: Ausstellungskatalog München – »Hauptstadt der Bewegung«, a. a. O., S. 97 ff.
83 Hitler im Hitler-Prozeß. In: Hitler. Sämtliche Aufzeichnungen 1905–1924. Hrsg. von E. Jäckel und A. Kuhn, Stuttgart 1980, S. 1112.
84 Schreiben von Emil Maurice an Adolf Hitler am 28. 8. 1923. Privatbesitz. Kopie im Besitz der Autorin.
85 Abbildung in: Ausstellungskatalog München – »Hauptstadt der Bewegung«, a. a. O., S. 110.
86 Aussage von Emil Maurice vor der Spruchkammer Regensburg am 13. 5. 1948. A. a. O.
87 Auszug aus dem Urteilsspruch im Prozess gegen die Angehörigen des »Stoßtrupps« im April 1924. Abschrift Fa 523. Institut für Zeitgeschichte, München.
88 Ernst Röhm, Die Geschichte eines Hochverräters, München 1928, S. 221 f.
89 Aussage vor der Spruchkammer Regensburg. A. a. O.
90 A. a. O.
91 Urteile ergingen gegen Josef Berchtold und 39 Genossen. Abschrift Fa 523. Institut für Zeitgeschichte, München.
92 Abschrift des Urteils gegen Emil Maurice. JVollZA Landsbg. 21. Bayerisches Staatsarchiv, München.
93 Brief von Emil Maurice vom 3. 6. 1924 in Landsberg/Lech. Privatbesitz. Kopie im Besitz der Autorin.

Begegnung im Gefängnis

1 Otto Gritschneder, Bewährungsfrist für den Terroristen Adolf Hitler und die bayerische Justiz, München 1990.

2 Angela Raubal hatte Hitler erstmals Anfang Dezember 1923 besucht. John Toland, Adolf Hitler, Lübbe 1976, S. 238.
3 Hauptarchiv der NSDAP, NS 26/66, Bundesarchiv, Koblenz.
4 Besuche für den Festungsgefangenen Adolf Hitler. Staatsanwaltschaft No. 14344. Bayerisches Staatsarchiv, München.
5 Besuche für den Festungsgefangenen ... 14. 7. 1924, a. a. O.
6 Leo, geb. 2. 10. 1906; Angela (Geli), geb. 4. 6. 1908; Elfriede, geb. 10. 1. 1910. Laut Meldearchiv der Stadt Linz.
7 Angabe von Emil Maurice in: »Abschrift einer dem CIC in Augsburg gemachten Vernehmung« vom 5. 6. 1945. Privatbesitz. Kopie im Besitz der Autorin. S. 2.
8 Rudolf Hess am 17. 9. 1927. In: Rudolf Hess, Briefe 1908–1933. Hrsg. von Wolf-Rüdiger Heß, München, Wien 1987.
9 Laut Baldur von Schirach verwendete Hitlers Nichte tatsächlich diese Anrede. Baldur von Schirach, Ich glaubte an Hitler, Hamburg 1967, S. 105.
10 Auskunft von Frau Dr. Hedwig Maurice, August 1998.
11 Angabe von Christa Schröder. In: Christa Schröder, Er war mein Chef. Aus dem Nachlaß der Sekretärin von Adolf Hitler. Hrsg. von Anton Joachimsthaler, München 1985, S. 173. Anni Rehborn hatte 1923 im 100-Meter-Rückenschwimmen den ersten Platz errungen. Sie heiratete später Hitlers Leibarzt Dr. Karl Brandt.
12 Brief vom 31. 5. 1924 an Paul Hirschberg, Mitglied des »Stoßtrupps Hitler«. Privatbesitz. Kopie im Besitz der Autorin.
13 Hans Kallenbach/Werner Maser, Adolf Hitlers Mein Kampf, Geschichte – Auszüge – Kommentare, Esslingen 2001, S. 22.
14 Brief von Emil Maurice an Wilhelm Briemann vom 28. 11. 1924. Privatbesitz. Kopie im Besitz der Autorin.
15 In Hitlers Führerhauptquartier Wolfsschanze 3./4. 2. 1942, nachts. Adolf Hitler, Monologe im Führerhauptquartier 1941–1944. Die Aufzeichnungen Heinrich Heims. Hrsg. von Werner Jochmann, Hamburg 1980, S. 262.
16 Alfred Maleta, Bewältigte Vergangenheit. Österreich 1932–1945, Graz 1981, S. 47 f.
17 Im Gespräch mit Nerin E. Gun 1967.
18 Schreiben Hitlers (eigenhändige Unterschrift) vom 16. 6. 1924. Mit dem handschriftlichen Vermerk von Emil Maurice, abgesandt am 24. 6. 1924. »Ich habe deshalb beschlossen, mich auf solange von der ganzen öffentlichen Politik zurückzuziehen, bis mir die wiedergegebene Freiheit auch die Möglichkeit eines tatsächlichen Führens bietet. ...« Privatbesitz. Kopie des Briefes im Besitz der Autorin.

19 Die verbotene NSDAP hatte sich u. a. in die »Großdeutsche Volksgemeinschaft« und den »Völkischen Block« gespalten. Brief von Emil Maurice an Herrn Preis. Landsberg am 17. 12. 1924. Privatbesitz. Kopie im Besitz der Autorin.

20 Schreiben von Emil Maurice an Herrn Emmer. Landsberg 14. 10. 1924. Privatbesitz. Kopie im Besitz der Autorin.

21 Eigenhändiger Briefentwurf von Emil Maurice vom 16. 2. 1925. Privatbesitz. Kopie im Besitz der Autorin.

22 Brief von Emil Maurice an Helene Bechstein vom 26. 11. 1924. Privatbesitz. Kopie im Besitz der Autorin.

23 Adolf Müller, Verleger des »Völkischen Beobachters«.

24 Hitler am 3./4. 2. 1942. Hitler, Monologe, a. a. O., S. 259.

25 Ebd.

26 Maurice schaltete dafür Max Amann ein. Brief vom 4. 9. 1924. Privatbesitz. Abschrift im Besitz der Autorin.

27 Er war im »Stoßtruppenprozeß« nur zu einer Geldstrafe in Höhe von 30 RM verurteilt worden. Julius Schreck, 1898–1936, erster Reichsführer SS. Personalakte Julius Schreck. Pol. Dir. München 10148. Bayerisches Staatsarchiv, München.

28 Angabe von Dr. Hedwig Maurice.

29 Schreiben von Emil Maurice an Julius Schreck am 14. 9. 1924. Privatbesitz. Kopie im Besitz der Autorin.

30 Schreiben von Julius Schreck am 9. 10. 1924. Privatbesitz. Kopie im Besitz der Autorin.

31 Schulzeugnis von Angela Raubal. Schuljahr 1923/24 des Akademischen Gymnasiums in Linz. Archiv des Akademischen Gymnasiums, Linz.

32 Maleta, Vergangenheit, a. a. O., S. 49 ff.

33 Ebd., S. 48.

34 Heinrich Hoffmann, Hitler wie ich ihn sah. Aufzeichnungen seines Leibfotografen, München-Berlin 1974, S. 124.

35 Maleta, Vergangenheit, a. a. O., S. 49.

36 Angabe von Frau Dr. Elfriede Müll, Maletas langjährige Mitarbeiterin und Bearbeiterin seines Nachlasses.

37 Im Interview mit Mag. Andreas Hutter, Redakteur der Linzer Zeitung »Neues Volksblatt«.

38 Hans Pollack, 1891–1968. Biographisches Lexikon von Oberösterreich 7. Hrsg. vom Institut für Landeskunde von Oberösterreich, Linz.

39 Undatierter Brief, den Emil Maurice in Landsberg schrieb. Privatbesitz. Kopie im Besitz der Autorin.

40 Schreiben von Emil Maurice am 27. 7. 1924. Privatbesitz. Kopie im Besitz der Autorin.
41 Hermann Kriebel, Rudolf Hess, Dr. Wilhelm Frick, Dipl.-Ing. Gottfried Feder, Heinrich Himmler, Alfred Hoffmann, Dr. Dietrich Eckart.
42 Eigenhändige, handschriftliche Aufzeichnung von Emil Maurice. Privatbesitz. Kopie im Besitz der Autorin.
43 Eidesstattliche Erklärungen von Emil Maurice am 7. 11. 1953 sowie am 19. 1. 1954. Privatbesitz. Kopien im Besitz der Autorin.
44 Mittels einer Schreibmaschine vom Typ Remington Portable Nr. NK 43024. Abbildung in: Dokumente der Zeitgeschichte, München 1941, S. 210.
45 Auskunft von Dr. Hedwig Maurice. Von der Korrespondenz ist nichts erhalten bzw. bis zum heutigen Zeitpunkt nichts aufgetaucht.
46 Undatierte eidesstattliche Erklärung (nach 1945), die Emil Maurice seiner Bekannten Liselotte (Luise Charlotte) Bechstein gab. Privatbesitz. Kopie im Besitz der Autorin.
47 Hitler, Monologe, a. a. O., S. 260.
48 Ebd.
49 »München den 15. Oktober 1925«. Das Exemplar wurde 1987 bei HERMANN HISTORICA, München, versteigert. Rufpreis 20 000 DM (ca. 10 100 €).
50 Ernst »Putzi« Hanfstaengl wird 1931 Auslandspressechef der NSDAP. 1937 glaubte er, Opfer eines Komplotts zu sein, und flüchtete nach England.
51 Ernst Hanfstaengl, 15 Jahre mit Hitler. Zwischen Weißem und Braunem Haus, München 1970, S. 152 f., 231 ff.
52 Ihr Dienstgeber war der jüdische Hochschulausschuss.
53 Wien 4, Schönburgstraße 52/1/9.
54 Eidesstattliche Erklärung für Liselotte (tatsächlich: Luise Charlotte) Bechstein. A. a. O.
55 Tatsächlich wurde Emil Maurice dann am 27. 1. 1925 entlassen.
56 Brief von Emil Maurice an Adolf Hitler vom 4. 1. 1925. Privatbesitz. Kopie im Besitz der Autorin.
57 Undatierter Brief von Emil Maurice an Adolf Hitler. Privatbesitz. Kopie im Besitz der Autorin.

Comeback und NS-Gründung

1 Undatierter Brief von Emil Maurice an Hitler. Privatbesitz. Kopie im Besitz der Autorin.

2 Das Teil des Grammophons, in dessen Gehäuse Maurice das Manuskript von »Mein Kampf« versteckt hatte.

3 Ernst Pöhner, 1870–1925. Polizeipräsident von München 1919–1921. Wegen Unterstützung des Hitler-Putsches in Landsberg inhaftiert.

4 Schreiben von Emil Maurice vom 24. 1. 1925 aus Landsberg/Lech. Nachlass Emil Maurice. Privatbesitz. Kopie im Besitz der Autorin.

5 Adolf Hitler, Monologe im Führerhauptquartier 1941–1944. Die Aufzeichnungen Heinrich Heims. Hrsg. von Werner Jochmann, Hamburg 1980, S. 259.

6 Hinweis von Dr. Lankheit, Institut für Zeitgeschichte, München. Schreiben an das Finanzamt München III vom 31. 10. 1925. Fin. Ä. 496 (Steuerangelegenheiten Adolf Hitler), f.13. Bayerisches Staatsarchiv, München.

7 Ebd., S. 205.

8 Ebd., S. 204.

9 »München, 16. Juni 1927, Adolf Hitler«. Das Buch wurde 1987 bei HERMANN HISTORICA, München, versteigert. Der Rufpreis betrug 20 000 DM (ca. 10 100 €).

10 Fin. Ä. 496, a. a. O.

11 Fin. Ä. 496 f.4, a. a. O.

12 Helene und Edwin Bechstein. In: München – »Hauptstadt der Bewegung«. Katalog der gleichnamigen Ausstellung im Münchner Stadtmuseum, München 1993, S. 124 ff. Sehr genau bei: Anton Joachimsthaler, Hitlers Liste, München 2003, S. 72 ff.

13 Erklärung zur Steuervoranmeldung. Schreiben Adolf Hitlers. Dresden 31. 10. 1925. Fin. Ä. 496, a. a. O.

14 Parteizentrale der NSDAP ab 24. 6. 1925.

15 Fin. Ä. 496, f.17, a. a. O.

16 Hitler, Monologe, a. a. O., S. 262.

17 B. Dusik und Clemens Vollnhals, Hitler. Reden, Schriften, Anordnungen. Februar 1925 bis Januar 1933. Hrsg. vom Institut für Zeitgeschichte, München. Bd. 1 (1992), S. 14 ff.

18 Unter anderen der Gründer der DAP, Ehrenvorsitzender der alten NSDAP und nunmehriger Leiter des »Nationalsozialen Volksbundes«, Anton Drexler.

19 Emil Maurice, Julius Schreck, Erhard Heiden.

20 Hitler, Monologe, a. a. O., S. 169.

21 Ebd., S. 277.

22 Biografisches zu Julius Schreck. Akt Julius Schreck. Pol. Dir. München 10148. Bayerisches Staatsarchiv, München.

23 Brief von Julius Schreck. Erwähnt im Nachlassverzeichnis Emil Maurice. Privatbesitz.

24 Undatiertes Schreiben (nach 1945) von Emil Maurice an Liselotte (tatsächlich Luise Charlotte); Maurice kannte sie nur als »Lotte« Bechstein. Privatbesitz. Kopie im Besitz der Autorin. Edwin Bechstein bat den »alten Nazi« Maurice am 10. 3. 1934 sogar um ein Empfehlungsschreiben. Privatbesitz. Kopie des handschriftlichen Briefes im Besitz der Autorin.

25 Beschreibung von Rudolf Hess in einem Schreiben vom 23. 1. 1927. In: Rudolf Hess, Briefe 1908–1933. Hrsg. von Wolf-Rüdiger Heß, München-Wien 1987.

26 Schreiben von Adolf Hitler am 8. 9. 1925. 17. Auktionskatalog des Münchner Versteigerungshauses HERMANN HISTORICA (1987), Objekt Nr. 4004. Das aus dem Besitz von Dr. Hedwig Maurice stammende Schreiben wurde erstmals vollständig publiziert bei: Joachimsthaler, Hitlers Liste, a. a. O., S. 81 ff.

27 Zu Weihnachten 1925. Hermann Schöler, Helden der Arbeit, Leipzig 1925. Mit handschriftlicher Widmung in Tinte »Meinem lieben und treuen Freund Emil Maurice anläßlich des Weihnachtsfestes 1925 herzlichst gewidmet Adolf Hitler. München den 24. Dezember 1925.« 17. Auktionskatalog HERMANN HISTORICA, Nr. 4007.

28 Christa Schröder, Er war mein Chef. Aus dem Nachlaß der Sekretärin von Adolf Hitler. Hrsg. von Anton Joachimsthaler, München 1985, S. 156 f.

29 Anna Maria Sigmund, Die Frauen der Nazis III, München 2002, S. 11 ff.

30 Abschrift einer Vernehmung durch den CIC in Augsburg am 5. 6. 1945. Privatbesitz. Kopie im Besitz der Autorin.

31 CIC-Vernehmung. A. a. O.

32 Ausweis für Emil Maurice. München, 9. 11. 1925. Privatbesitz. Kopie im Besitz der Autorin.

33 Joseph Goebbels, Tagebücher. Hrsg. von Ralf Georg Reuth, München 1999, Bd. 1, S. 260.

34 Ebd., S. 278.

35 Ebd., Eintragung vom 15. 7. 1926, S. 262 f.

36 Ebd., S. 263.

37 Ebd., Eintragung vom 23. 7. 1926, S. 265.

38 Ebd.

Geli in München

1 Jahreszeugnisse Geli Raubals von der Klasse 3A bis zur Klasse 8A. Archiv des Akademischen Gymnasiums, Linz.

2 München, Karolinenplatz Nr. 5.

3 Alfred Maleta, Bewältigte Vergangenheit. Österreich 1932–1945, Graz 1981, S. 50.

4 Außer dem Geschichtslehrer Hermann Foppa begleitete auch der Deutschlehrer die Klasse.

5 Maleta, Vergangenheit, a. a. O., S. 51 f.

6 Aussage von Emil Maurice vor der Spruchkammer am 13. 5. 1948. Spruchkammer 1131. Bayerisches Staatsarchiv, München.

7 Schreiben von Emil Maurice. München, 12. 8. 1927. Privatbesitz. Kopie im Besitz der Autorin.

8 Rudolf Hess. Brief vom 17. 9. 1927. Rudolf Hess, Briefe 1908–1933. Hrsg. von Wolf-Rüdiger Heß, München 1987, S. 384.

9 Otto Wagener, Hitler aus nächster Nähe. Aufzeichnungen eines Vertrauten 1929–1932. Hrsg. von Henry Ashby Turner jr., Frankfurt/Main 1978, S. 99.

10 Emil Maurice im Interview mit Nerin E. Gun, 1966.

11 Heinrich Hoffmann, Hitler wie ich ihn sah, Berlin 1974, S. 71.

12 Hoffmann besaß u. a. die Goldene Fortschrittsmedaille des Süddeutschen Fotografischen Vereins sowie die vom schwedischen König Gustav Adolf verliehene Goldene Medaille der Fotoausstellung von Malmö.

13 Henriette von Schirach, Frauen um Hitler, München – Berlin 1983, S. 46.

14 Ebd., S. 46.

15 Hitler zu Otto Wagener. Wagener, Hitler, a. a. O., S. 102. Sowie Henry Ashby Turner, »Otto Wagener – Der vergessene Vertraute Hitlers«. In: Die braune Elite II. Hrsg. von Ronald Smelser, Enrico Syring und Rainer Zitelmann, Darmstadt 1993, S. 243 ff.

16 Laut Bericht von Henriette von Schirach im Interview mit David Irving. ZS 2238. Institut für Zeitgeschichte, München.

17 Unter anderem am 13. 6. 1943. Adolf Hitler, Monologe im Führerhauptquartier 1941–1944. Die Aufzeichnungen Heinrich Heims. Hrsg. von Werner Jochmann, Hamburg 1980, S. 398 f.

18 Am 27. 6. 1933.

19 Der »Braune Bericht«. Denkschrift Fritz Todts »Straßenbau und Straßenverwaltung«. Dezember 1932. RW 65 I/1a. Bundesarchiv, Berlin.

20 »Münchner Illustrierte Presse« Nr. 13 vom 29.3.1934.
21 »Illustrierter Beobachter« Nr. 49 vom 8.12.1934, S. 1978 und 2001.
22 Hoffmann, Hitler, a. a. O., S. 197.
23 Schirach, Frauen, a. a. O., S. 58.
24 Laut Angabe von Dr. Klaus Maurice spielte Emil Maurice mehrere Instrumente. Er sang gern.
25 Schirach, Frauen, a. a. O., S. 62.
26 Hitler, Monologe, a. a. O., S. 226.
27 Ebd., S. 258 f.
28 Nr. 43.
29 Brief von Rudolf Hess am 17.9.1927. Hess, Briefe, a. a. O., S. 384.
30 Studentenkartei Angela Raubal. Archiv der Ludwig-Maximilians-Universität, München.
31 Hoffmann, Hitler, a. a. O., S. 124.
32 In dieser Art wurden auch die späteren Veranstaltungen im Zirkus Krone inszeniert. Bericht vom 9.3.1927. Clemens Vollnhals, »Der Aufstieg der NSDAP in München 1925 bis 1933: Förderer und Gegner«. In: München – »Hauptstadt der Bewegung«. Katalog der gleichnamigen Ausstellung im Münchner Stadtmuseum, München 1993, S. 159 f.
33 Ausstellungskatalog München – »Hauptstadt der Bewegung«, a. a. O., S. 350.
34 Schirach, Frauen, a. a. O., S. 54.

Die Enthüllung

1 Der Geopolitiker Universitätsprofessor Dr. Karl Haushofer, Lehrer und Mentor von Rudolf Hess.
2 Wolf-Rüdiger Heß, »Aus dem Leben meines Vaters«. In: Ilse Hess, Antwort aus Zelle sieben. Briefwechsel mit dem Spandauer Gefangenen, Leoni am Starnberger See 1967, S. 27 f.
3 Anna Maria Sigmund, Die Frauen der Nazis III, München 2002, S. 90.
4 Emil Maurice im Gespräch mit Nerin E. Gun 1967.
5 Ebd.
6 Emil Maurice in: Abschrift einer Vernehmung durch den CIC in Augsburg am 5.6.1945. Privatbesitz. Kopie im Besitz der Autorin.
7 Anna Maria Sigmund, Die Frauen der Nazis, Wien 1998, S. 202.
8 Geli Raubal in ihrem Brief vom Dezember 1927.

9 Im Interview mit Nerin E. Gun. A. a. O.
10 Heinrich Hoffmann, Hitler wie ich ihn sah, Berlin 1974, S. 126.
11 Vernehmung CIC, 5. 6. 1945. A. a. O.
12 Postkarte an Emil Maurice vom 2. 3. 1928. Privatbesitz. Kopie im Besitz der Autorin.
13 Dienstzeugnis Emil Maurice. München, 1. 8. 1928. Privatbesitz. Kopie im Besitz der Autorin.
14 Vernehmung CIC, 5. 6. 1945. A. a. O.
15 Joseph Goebbels, Tagebücher. Hrsg. von Ralf Georg Reuth. Bd. 1: 1924–1929, München 1999, S. 306.
16 Ebd., S. 307.
17 Vernehmung CIC, 5. 6. 1945. A. a. O.
18 Max Amann in: »NS-Akteure: ›Alte Kämpfer‹ in und aus München«. In: München – »Hauptstadt der Bewegung«. Katalog der gleichnamigen Ausstellung im Münchner Stadtmuseum, München 1993, S. 219 ff.
19 Vernehmung CIC, 5. 6. 1945. A. a. O.
20 Beschreibung des geheimen Tresors. In: Adolf Hitler, Monologe im Führerhauptquartier 1941–1944. Die Aufzeichnungen Heinrich Heims. Hrsg. von Werner Jochmann, Hamburg 1980, S. 160 f.
21 Mitgliedsnummer der 1925 neu gegründeten NSDAP.
22 Ebenso war Buch Vorsitzender des USCHLA = Untersuchungs- und Schlichtungsausschuss der Reichsleitung der NSDAP.
23 Vernehmung CIC, 5. 6. 1945. A. a. O.
24 Walther Rathenau war ab 1. 2. 1922 Außenminister. Er wurde am 24. 6. 1922 durch zwei rechtsradikale ehemalige Offiziere der Organisation »Consul« ermordet.
25 Unter anderem das Plakat für eine Versammlung der NSDAP im Zirkus Krone am 20. 4. 1923.
26 Hermann Esser, Die jüdische Weltpest. Kann ein Jude Staatsbürger sein?, München 1927.
27 Ausführliche Darstellung seiner Weltanschauung in einem Brief von Emil Maurice an den Pastor von Gettorf vom 3. 6. 1924. Privatbesitz. Kopie im Besitz der Autorin.
28 Auskunft von Dr. Klaus Maurice.
29 Bericht vom 19. 1. 1928. Münchner Polizeidirektion. JMA 101235/2. Bayerisches Hauptstaatsarchiv, München.
30 Emil Maurice. Elektrische Uhren und Apparate, Signal- und Schaltuhren. Spezialwerkstätte. München, Schumannstraße 5.
31 Vernehmung CIC, 5. 6. 1945. A. a. O.
32 Vernehmung CIC, 5. 6. 1945. A. a. O.

1 Die Tagebücher von Joseph Goebbels. Hrsg. von Elke Fröhlich. Teil I. Sämtliche Fragmente. 4 Bde., München 1987 ff. Eintragung am 19. 10. 1928.
2 Laut Auskunft des Meldeamts der Stadt München vom 5. 7.–5. 8. 1928.
3 Wolfgang Schuster, »Hitler in München – privat?«. In: München – »Hauptstadt der Bewegung«. Katalog zur gleichnamigen Ausstellung im Münchner Stadtmuseum, München 1993, S. 125 ff.
4 Offiziell erst am 5. 10. 1929 nach der vollständigen Einrichtung ihres Zimmers in der Hitler-Wohnung.
5 Der Bürovorsteher Ernst Reichert. Laut Polizeiakt MInn 72443, Bayerisches Hauptstaatsarchiv, München.
6 Henriette von Schirach, Frauen um Hitler, München – Berlin 1983, S. 44.
7 Meldearchiv. Eintragung Prinzregentenstraße 16 vom 15. 10. 1929.
8 Anna Winter im Interview mit Nerin E. Gun, 1966.
9 Schirach, Frauen, a. a. O., S. 46.
10 Laut Angaben von Anna Winter im Interview mit Nerin E. Gun, 1966.
11 Laut Angabe Henriette von Schirachs.
12 Schirach, Frauen, a. a. O., S. 54.
13 Ebd., S. 54 f.
14 Laut Stempel auf dem Stammblatt Angela Raubal des Universitätsarchivs.
15 Angabe von Adolf Vogl am 2. 1. 1952, ZS 167, Institut für Zeitgeschichte, München.
16 Schirach, Frauen, a. a. O., S. 48.
17 Sein Jahreseinkommen zwischen 1925 bis 1929 variierte von 11 231 bis 15 903 RM. Einkommensteuer-Akt für Adolf Hitler. Fin. Ä. 496, Bayerisches Staatsarchiv, München. Ehemals: Die Steuerakte Hitler. Nachlaß Ehard, 100. Bayerisches Hauptstaatsarchiv, München. Auch Mark O. J. Hale, »Adolf Hitler: Taxpayer«, in: The American Historical Review 60 (1954/55) 830 ff.
18 Zitiert nach Anton Joachimsthaler, Hitlers Liste, München 2003, S. 322.
19 Emil Maurice im Interview mit Nerin E. Gun, 1966.
20 Aussage von Walter Buch. In: Robert Kempner, Das Dritte Reich im Kreuzverhör, München 1969, S. 67.
21 Albert Speer, Spandauer Tagebücher, Frankfurt/Main–Berlin–Wien 1975, S. 198.

22 Anna Winter im Interview mit Nerin E. Gun, 1966.
23 Heinrich Hoffmann, Hitler wie ich ihn sah, Berlin 1974, S. 126.
24 Der Direktor des österreichischen Rundfunks Alfred Klimesch im Interview mit Mag. Hutter, Linz. Alfred Maleta laut Angabe seiner Mitarbeiterin Dr. Müll.
25 Vgl. Joseph Goebbels, Tagebücher. Hrsg. von Ralf Georg Reuth, Bd 1: 1924–1929, S. 333, Fußnote 42.
26 Ebd., S. 333.
27 Ebd., S. 334.
28 Ebd.
29 Ulrich Wörtz, Programmatik und Führerprinzip. Das Problem des Strasser-Kreises in der NSDAP. Eine historisch-politische Studie. (Dissertation), Erlangen-Nürnberg 1966.
30 Otto Wagener, Hitler aus nächster Nähe. Aufzeichnungen eines Vertrauten 1929–1932. Hrsg. von Henry Ashby Turner jr., Frankfurt/Main 1978, S. 99.
31 Einkommensteuer-Akt für Adolf Hitler. Fin. Ä. 496, f.83. Bayerisches Staatsarchiv, München.
32 Heinz Linge, Bis zum Untergang. Als Chef des persönlichen Dienstes bei Hitler. Hrsg. von Werner Maser, München-Berlin 1980, S. 41 f.
33 Tatsächlich nahm Angela Raubal bald ihre zweite Tochter Friedl zu sich. Adolf Hitler, Monologe im Führerhauptquartier 1941–1944. Die Aufzeichnungen Heinrich Heims. Hrsg. von Werner Jochmann, Hamburg 1980, S. 207.
34 Ebd.
35 Joachimsthaler, Hitlers Liste, a. a. O., S. 324. Ebenso in: John Toland, The pictorial documentary of his life, New York, 1978.
36 Wagener, Hitler, a. a. O., S. 360.
37 Ebd., S. 361.
38 Hoffmann, Hitler, a. a. O., S. 166 f.
39 Hitler, Monologe, a. a. O., S. 109.
40 Ebd., S. 41.
41 Ebd., S. 284 f.
42 Goebbels, Tagebücher, Bd. 1, a. a. O., S. 392 f.
43 Ebd., S. 430.
44 Ebd.
45 Ausstellungskatalog München – »Hauptstadt der Bewegung«, a. a. O., S. 174 ff.
46 Hitler, Monologe, a. a. O., S. 189.
47 Schirach, Frauen, a. a. O., S. 61.

48 Ebd.
49 Ebd.

»Das muß MIR passieren«

1 Leo Raubal im Interview mit David Irving am 22. 3. 1971. ZS 2239. Institut für Zeitgeschichte, München.
2 Heinrich Hoffmann, Hitler wie ich ihn sah, Berlin 1974, S. 127.
3 Anna Winter im Gespräch mit Nerin E. Gun, 1967.
4 Angabe von Emil Maurice im Interview mit Nerin E. Gun, 1966.
5 Lokalaugenschein sowie Protokoll des Polizeiarztes Dr. Müller betreffend Raubal Angela vom 28. 9. 1931. Vgl. Anna Maria Sigmund, Die Frauen der Nazis, Wien 1998, S. 149.
6 Schlussbericht Selbstmord Angela Raubal. Polizeidirektion München vom 28. 9. 1931. MInn 72443. Bayerisches Hauptstaatsarchiv, München.
7 Sämtliche Zeugenaussagen sind Teil des Schlussberichts MInn 72443.
8 Laut Auskunft des Instituts für Rechtsmedizin der Universität München wurde keine Autopsie durchgeführt.
9 Aussage Adolf Hitlers am 19. 9. 1931. Pol. Prot. MInn 72443; Bayerisches Hauptstaatsarchiv, München.
10 Baldur von Schirach, Ich glaubte an Hitler, Hamburg 1967, S. 109.
11 »Münchener Neueste Nachrichten« vom 21. 9. 1931. Lokalteil.
12 »Münchener Post« vom 21. 9. 1931.
13 Ebd.
14 Henry Picker, Hitlers Tischgespräche im Führerhauptquartier 1941–42, Bonn 1951, S. 212. Ebenso: Die Personalakten von Dr. h. c. Franz Gürtner. Bundesarchiv, Koblenz.
15 Zusatz Nr. 1 zum Abschlussprotokoll MInn 72443.
16 Zusatz Nr. 2 zum Abschlussprotokoll MInn 72443.
17 Zusatz Nr. 3 zum Abschlussprotokoll MInn 72443.
18 Text in: Hitler. Reden, Anordnungen, Schriften IV/2 (Februar 1925 bis Januar 1933), München 1994.
19 Aussage von Leo Raubal im Jahre 1967 gegenüber Werner Maser.
20 Polizeibericht der Generaldirektion für öffentliche Sicherheit beim Bundeskanzleramt. Österreichisches Staatsarchiv, Wien.
21 Den Brief hatte Frau Schröder noch im Lager Augsburg. Von wem er stammte, ist unklar. Eigenen Angaben zufolge übergab sie den Brief

an den Offizier, der sie verhörte. Dieser verwendete ihn später in seinem Buch: Albert Zoller, Hitler privat, Düsseldorf 1949.

22 Counter Intelligence Corps der 101st Airborne Division. Zitiert nach Christa Schröder, Er war mein Chef. Aus dem Nachlaß der Sekretärin von Adolf Hitler. Hrsg. von Anton Joachimsthaler, München 1995, S. 296, S. 364.

23 Friedelind Wagner, Nacht über Bayreuth, Berlin 1999, S. 193.

24 Leo Raubal am 28. 11. 1970 und am 22. 3. 1971 im Interview mit David Irving. ZS 2739, Institut für Zeitgeschichte, München.

25 Aussage von Emil Maurice. In: Abschrift einer Vernehmung durch den CIC in Augsburg am 5. 6. 1945. Privatbesitz. Kopie im Besitz der Autorin.

26 Otto Dietrich, 12 Jahre mit Hitler, München 1955, S. 30 ff.

27 Aussage von Generaloberst Jodl vor dem Internationalen Militärgerichtshof in Nürnberg. In: Der Prozeß gegen die Hauptkriegsverbrecher vor dem internationalen Militärgerichtshof. Nürnberg 1947, Band XV, S. 333.

28 »Grazer Tagespost« vom 24. 9. 1931.

29 Alfred Maleta, Bewältigte Vergangenheit. Österreich 1932–1945, Graz 1981, S. 49.

Kult und Mythos

1 Heinrich Hoffmann, Hitler was my friend, London 1955.

2 Heinrich Hoffmann, Hitler wie ich ihn sah, Berlin 1974, S. 130.

3 Ebd., S. 132.

4 John Toland, Adolf Hitler, New York–Toronto 1976, S. 348 ff.

5 Joachim C. Fest, Hitler. Der Aufstieg, Frankfurt/Main–Berlin–Wien 1973, S. 446.

6 Werner Maser, Adolf Hitler. Legende – Mythos – Wirklichkeit, München 1975, S. 316 f.

7 Alan Bullock, Hitler. Biographie 1889–1945, Augsburg 2000, S. 376.

8 Auskunft von Hitlers Diener Wilhelm Schneider, März 1999.

9 Konrad Heiden, Hitler, Zürich 1936, S. 359.

10 Zitiert nach Maser, Hitler, a. a. O., S. 316.

11 Im Herbst 1931 hatte Otto Strasser mit der »Schwarzen Front« eine Allianz gegen Hitler gebildet, die die NSDAP bald in eine tiefe Krise stürzte.

12 Die Tagebücher von Joseph Goebbels. Im Auftrag des Instituts für Zeitgeschichte und in Verbindung mit dem Bundesarchiv. Hrsg. von Elke Fröhlich. Teil I: Aufzeichnungen 1924–1941, München 1987 f. Eintragung zum 19. 9. 1932.

13 Anton Joachimsthaler, Korrektur einer Biographie. Adolf Hitler 1908–1920, München 1989, S. 109.

14 Gitta Sereny, Albert Speer. Das Ringen um die Wahrheit, München 1995, S. 280.

15 Otto Wagener, Hitler aus nächster Nähe. Aufzeichnungen eines Vertrauten 1929–1932. Hrsg. von Henry Ashby Turner jr., Frankfurt/Main 1978, S. 133.

16 Friedelind Wagner, Nacht über Bayreuth, Berlin 1999, S. 139.

17 Als Taschenbuch: Friedelind Wagner, Nacht über Bayreuth, Berlin 1999.

18 Wagner, Nacht, a. a. O., S. 193

19 Nerin Gun, Eva Braun-Hitler. Leben und Schicksal, Velbert und Kettwig 1968, S. 27.

20 Wagner, Nacht, a. a. O., S. 193 f.

21 Karl-Wilhelm Krause, Zehn Jahre Tag und Nacht, Hamburg 1949, S. 35.

22 Gun, Eva Braun-Hitler, a. a. O., S. 27.

23 Wagner, Nacht, a. a. O., S. 93.

24 Zitiert nach Philipp Fabry, Mutmaßungen über Hitler, Düsseldorf 1969, S. 27, sowie Werner Maser, Adolf Hitlers »Mein Kampf«, Esslingen 2001, Anhang, S. 323.

25 Laut Angabe seines Dieners Wilhelm Schneider, März 2002.

26 Adolf Hitler, Monologe im Führerhauptquartier 1941–1944. Die Aufzeichnungen Heinrich Heims. Hrsg. von Werner Jochmann, Hamburg 1980, S. 218.

27 Leni Riefenstahl, Memoiren, München und Hamburg 1987, S. 311.

28 Konrad Heiden (1901–1966) wurde in München als Sohn einer jüdischen Mutter geboren. 1929 Journalist bei der »Frankfurter Zeitung«. Ab 1929 Leiter des demokratischen Studentenbundes. 1933 Emigration in die Schweiz.

29 Konrad Heiden, Hitler I und II. Zürich 1936.

30 Heiden, Hitler, a. a. O., S. 359.

31 Heiden, Hitler, a. a. O., S. 358 f.

32 Patrick Moreau, Otto Strasser – Nationaler Sozialismus versus Nationalsozialismus. In: Die braune Elite I. Hrsg. von Ronald Smelser, Enrico Syring, Rainer Zitelmann, Darmstadt 1994, S. 286 ff.

33 Otto Strasser, Der Aufbau des deutschen Sozialismus. Als Anlage das historische Gespräch Hitlers mit Dr. Strasser, Prag 1936. Sowie:

Otto Strasser, Ministersessel oder Revolution? Eine wahrheitsgemäße Darstellung meiner Trennung von der NSDAP, Berlin 1930.
34 Otto Strasser, Hitler und ich, Konstanz 1948.
35 Strasser, Hitler, a. a. O., S. 96.
36 Ian Kershaw, Hitler 1889–1936, Hubris, London 1998, S. 352.
37 Bridget Hitler, The memoirs of Bridget Hitler. Ed. Michael Unger, London 1979, S. 70 ff.
38 Pol. Dir. 10148 – Julius Schreck. Bayerisches Staatsarchiv, München.
39 Wagener, Hitler, a. a. O., S. 357.
40 Schreiben von Univ.-Prof. Dr. W. Eisenmenger am 13. 5. 1998 an die Autorin.
41 Wagener, Hitler, a. a. O., S. 406.
42 Ebd., S. 358.
43 Baldur von Schirach, Ich glaubte an Hitler, Hamburg 1967, S. 107.
44 Wagener, Hitler, a. a. O., S. 358.
45 William Shirer, Berlin Diary 1934–1941, London 1956, S. 191.
46 Robert Harris, Selling Hitler. The story of the Hitler Diaries, London/Boston, 1986.

Der Eklat

1 Handschriftliche Notiz Adolf Hitlers vom 13. 4. 1933. Privatbesitz. Kopie im Besitz der Autorin.
2 Am 9. 3. 1933 wurde Reinhard Heydrich Leiter der Politischen Abteilung, der Abt. VI der Polizeidirektion München. Bayerisches Staatsarchiv, München.
3 Ludwig Eibner, »Polizei, Justiz und Verfolgung in München 1933 bis 1945«. In: München – »Hauptstadt der Bewegung«. Katalog der gleichnamigen Ausstellung im Münchner Stadtmuseum, München 1993. Günter Deschner, Reinhard Heydrich, Statthalter der totalen Macht, Esslingen am Neckar 1977, S. 80 ff.
4 Eidesstattliche Aussage von Josef Gerum am 22. 1. 1948 vor der Spruchkammer Regensburg. SpKA 1131, f.36. Bayerisches Staatsarchiv, München.
5 Erhard Heiden leitete die SS von 1927 bis 1929. Er war der Nachfolger von Maurice und der Vorgänger Himmlers.
6 SpKA 1131; Schreiben der Berufungskammer vom 26. 3. 1949. Bayerisches Staatsarchiv, München.
7 Ebd.

8 Eidesstattliche Erklärung von Dr. Hedwig Maurice am 3. 8. 1993. Privatbesitz. Abschrift im Besitz der Autorin.

9 Der Informant war Hermann Esser. Angaben von Emil Maurice. In: Abschrift einer Vernehmung durch den CIC in Augsburg am 5. 6. 1945. Privatbesitz. Kopie im Besitz der Autorin.

10 Fragebogen für die ersten Mitglieder der NSDAP vom 8. 10. 1933. Akte Emil Maurice. Bundesarchiv, Berlin.

11 Fragebogen des Military Government of Germany vom 20. 11. 1946. SpKA 1131. Bayerisches Staatsarchiv, München.

12 Schreiben von E. Häfelin am 7. 3. 1994. Im Fachgeschäft für »Elektrische Uhren und Apparate, Signal- und Schaltuhren, Spezialwerkstätte«. München, Schumannstraße 5.

13 CIC-Vernehmung, 5. 6. 1945. A. a. O.

14 Polizeilicher Ermittlungsbericht vom 1. 3. 1948 im Rahmen des Spruchkammerverfahrens gegen Emil Maurice vom 1. 3. 1948. Spruchkammer K 1131. Bayerisches Staatsarchiv, München.

15 Peter Hoffmann, Hitler's personal security. Protecting the Führer 1921–1945. Da Capo Press o. O., 2000, S. 10.

16 Parteikult. In: Ausstellungskatalog München – »Hauptstadt der Bewegung«, a. a. O., S. 349 ff.

17 Dokumente der Zeitgeschichte, München 1941, S. 210.

18 Eidesstattliche Erklärung von Emil Maurice. Ausgestellt am 7. 11. 1953. Privatbesitz. Kopie im Besitz der Autorin.

19 Dr. Hedwig Maurice am 3. 8. 1993. A. a. O.

20 Eine genaue Zusammenfassung der Ereignisse. StAnw. 28791/17 f.192–235. Bayerisches Staatsarchiv, München.

21 Vernehmungsniederschrift vom 14. 3. 1949. Strafsache gegen Sepp Dietrich u. a. StAnw. 28791/31. f.92 ff. Bayerisches Staatsarchiv, München.

22 Innerdienstlicher Bericht des Generalstaatsanwalts vom 28. 1. 1952. Strafsache gegen Sepp Dietrich u. a. StAnw. 28791/16. Bayerisches Staatsarchiv, München.

23 »Bremer Zeitung« vom 1. 7. 1934.

24 Vernehmung CIC, 5. 6. 1945. A. a. O.

25 Personalakt Maurice. Bundesarchiv, Berlin.

26 RGBL. I, S. 529.

27 Dr. Hedwig Maurice am 3. 8. 1993. A. a. O.

28 7. 4. 1933: Gesetz zur »Wiederherstellung des Berufsbeamtentums«.

29 Am 15. 9. 1935 wurde das Gesetz zum »Schutz des deutschen Blutes und der deutschen Ehre« erlassen.

30 Heinrich Himmler, Die Schutzstaffel als antibolschewistisches Bollwerk, München 1936, S. 31.

31 Vgl. Richard Walther Darré, »Das Zuchtziel des deutschen Volkes.« In: Volk und Rasse 6 (1931).

32 Der Gründer des Jesuitenordens.

33 Adolf Hitler, Monologe im Führerhauptquartier 1941–1944. Die Aufzeichnungen Heinrich Heims. Hrsg. von Werner Jochmann. Hamburg 1980, S. 169.

34 Zitiert nach Josef Ackermann, Heinrich Himmler als Ideologe, Göttingen 1978, S. 112.

35 SS-Befehl A Nr. 65 vom 31. 12. 1931. Persönlicher Stab Reichsführer SS, Folder 816. Bundesarchiv, Berlin.

36 Punkt 10 des SS-Befehls A Nr. 65.

37 Auskunft von Dr. Klaus Maurice.

38 Eidesstattliche Erklärung, 3. 8. 1993. A. a. O.

39 Ebd.

40 Adolf Hitler, Mein Kampf, 11. Kapitel: Volk und Rasse, Bd. 1, München 1938 (291./295.000 Auflage), S. 357.

41 Eidesstattliche Erklärung, 3. 8. 1993. A. a. O.

42 Sonntagsausgabe des »Völkischen Beobachters«. Auch »Städtischer Nachrichtendienst« vom 13. 5. 1935.

43 Der einstige Pferdehändler und Altparteigenosse Christian Weber, Kreistagspräsident von Oberbayern und Interessensvertreter »Alter Kämpfer« in der NSDAP.

44 Der Fotograf und nunmehrige Reichsbildberichterstatter Heinrich Hoffmann.

45 Beilage zu den Spruchkammerakten Emil Maurice. Bayerisches Staatsarchiv, München.

46 Emil Maurice wurde der Julleuchter später auf Drängen Hitlers überreicht.

47 München, Äußere Prinzregentenstraße 17.

48 Eintrag in der NSDAP-Gaukartei (Emil Maurice), Bundesarchiv, Berlin.

49 München am 31. 8. 1935. Personalakt Emil Maurice, Bundesarchiv, Berlin.

50 Von der geheimen Abmachung wurden nur der Chef des SS-Hauptamtes (August Heißmeyer), der Chef des SS-Sicherheitsamtes (Reinhard Heydrich), Himmlers Chefadjutant (Karl Wolff) und der Chef der SS-Personalkanzlei (Schmitt) in Kenntnis gesetzt. Letzterer legte am 11. 3. 1936 eine Aktennotiz an.

51 Ebenso Aktennotiz des Chefs der SS-Personalkanzlei, SS-Gruppenführer Schmitt, vom 11. 3. 1936. Bundesarchiv, Berlin.

52 Eidesstattliche Erklärung, 3. 8. 1993. A. a. O.

53 Aufzeichnungen Himmlers vom 1.11.1935. Zitiert nach Josef Ackermann, »Heinrich Himmler – Reichsführer SS«. In: Die Braune Elite I. Hrsg. von Ronald Smelser, Enrico Syring, Rainer Zitelmann, Darmstadt 1994, S. 115 ff.

54 Sachverhaltsdarstellung des Betroffenen Häffner vom 9.2.1936. Personalakte Emil Maurice, Bundesarchiv, Berlin.

55 Der Reichsführer SS. Personalkanzlei. Berlin, 17.2.1936. Personalakten Maurice. Bundesarchiv, Berlin.

56 Der Reichsführer SS, SS Gericht. Schreiben vom 24.4.1936. Personalakt Emil Maurice, Bundesarchiv, Berlin.

57 Privatbesitz. Kopie im Besitz der Autorin.

58 Weihnachten 1941. 17. Versteigerungskatalog HERMANN HISTORICA, München, Nr. 4010.

59 Himmlers Geheimreden 1933–1943 und andere Ansprachen. Hrsg. von Bradley Smith und Agnes F. Peterson, Berlin–Wien 1974, S. 52.

60 Ebd.

61 Fragebogen zur Ergänzung bzw. Berichtigung der Führerkartei vom 16.8.1937 sowie Meldebogen der SS vom 13.2.1941. Personalakte Emil Maurice, Bundesarchiv, Berlin.

62 Ernennung vom 30.1.1939. Akte Emil Maurice, Bundesarchiv, Berlin.

63 Personalakt Emil Maurice, Bundesarchiv, Berlin.

64 Angabe von Dr. Klaus Maurice.

»Der Stein des Anstoßes«

1 Akten der Hauptkammer München. Sp KA1131, f.34. Bayerisches Staatsarchiv, München.

2 Aussage von Hans Kallenbach, Angehöriger des »Stoßtrupps Hitler« am 7.5.1947. Spruchkammer K 1131 f.24. Bayerisches Staatsarchiv, München.

3 Hitler – Die Abstammung des Führers. MA-300 RFSS/Pers. Stab. Institut für Zeitgeschichte, München.

4 Zitiert nach Werner Maser, Adolf Hitler. Legende – Mythos – Wirklichkeit, München 1975, S. 14. Andere Quellen zur jüdischen Abstammung stammen meist von: Franz Jetzinger, Hitlers Jugend, Wien 1956, S. 28 ff. Konrad Heiden, Adolf Hitler (2 Bände), Zürich 1936.

5 Günther Deschner, Reinhard Heydrich, Statthalter der totalen Macht. (Kapitel: Der eingebildete Jude.), Esslingen am Neckar 1999, S. 66.

6 Stammtafel der Familie Maurice. Fassung vom 21. 11. 1940. Archiv der Hansestadt Hamburg. Personenkundliche Abteilung. Überprüft und für richtig befunden wurde sie von Herrn Jürgen Sielemann, Archivar des Staatsarchivs. Az.: 3067/02. Schreiben vom 11. 10. 2002.

7 Die Biografie von Chéri Maurice, in: Adolph Philipp, Hamburger Theater-Dekamerone; 2. Auflage mit einer Geschichte des Thalia-Theaters, Hamburg 1881, S. IV ff.

8 Ebd., S. XI.

9 Johann Ludwig Möller, geboren in Hamburg als Sohn von Michael Friedrich Möller und Anna Maria geb. Seemeyer. Auskunft von Herrn Jürgen Sielemann, Staatsarchiv Hamburg. Quelle: Hochzeitsbuch der Wedde; Heirat von J. L. Möller und Anna Maria Seemeyer am 2. 3. 1802 in Garstedt; Wedde I 29 Bd. 88, S. 140.

10 Emil Schwartzenberger Maurice, geboren am 6. 8. 1832, getauft ebenda am 21. 9. 1832 (St. Georg Nr. 302.). Heiratete am 17. 3. 1861 Friederica Caroline Doris Fahsel, die Tochter von Friedrich Wilhelm Fahsel und Friederica geb. Wrede. Auskunft Herr Jürgen Sielemann, Staatsarchiv Hamburg. Quelle: Wedde I 29 Bd. 77, S. 790; St.-Jakobi-Kirche, Traubuch 1828, Nr. 148.

11 Theater-Dekamerone, a. a. O., S. XXX.

12 Emil Maurice, der gleichnamige Großvater von Emil Maurice, war bereits 1885 verstorben.

13 Auskunft von Dr. Klaus Maurice.

14 Laut der Bescheinigung über Aufnahme einer Geburtsanzeige. Norby am 22. 1. 1897.

15 Emil Maurice laut Fragebogen für die ersten Mitglieder der NSDAP am 8. 10. 1933.

16 Vgl. Die Enthüllung, S. 131.

Juden um Hitler

1 Bert Olbrich/Selin Özer, Linz 1938. Studien zur Geschichte und Politik in Oberösterreich. Bd. I, Linz 1988, S. 107 ff.

2 Michael John, »Bereits heute schon ganz judenfrei«. In: Nationalsozialismus in Linz. Hrsg. von Fritz Mayrhofer/Walter Schuster, Bd. 2, Linz 2001, S. 1343.

3 Ray Monk, Ludwig Wittgenstein. The duty of genius, London 1990, S. 15.

4 Franz Jetzinger, Hitlers Jugend, Wien 1956, S. 109.

5 Adolf Hitler, Mein Kampf, 291./295. Auflage, München 1938, S. 59. Zitiert auch bei Werner Maser, Die Frühgeschichte der NSDAP. Hitlers Weg bis 1924, Frankfurt/Main-Bonn, 1965, S. 97.
6 John, »Bereits heute ...«, a. a. O., S. 1314 ff.
7 Hitler, Mein Kampf, a. a. O., S. 13.
8 Betont antisemitische Hetzartikel z. B. in: »Linzer Fliegende Blätter« vom 22. 7. 1907.
9 August Kubizek, Adolf Hitler – mein Jugendfreund, Graz und Göttingen 1953, S. 112 f.
10 Ebd., S. 69.
11 Ehemaliges Hauptarchiv der NSDAP. NS 26/17a. Bundesarchiv, Koblenz.
12 Adolf Hitler, Monologe im Führerhauptquartier 1941–1944. Die Aufzeichnungen Heinrich Heims. Hrsg. von Werner Jochmann, Hamburg 1980, S. 188.
13 Hitler, Mein Kampf, a. a. O., S. 16.
14 Handschriftlicher Bericht von Dr. Bloch vom 7. 11. 1938. NS 26/65. Bundesarchiv, Koblenz.
15 Angabe von Trude Kern, der Tochter von Dr. Bloch, in ihrem Leserbrief an das Nachrichtenmagazin »Der Spiegel« vom 13. 2. 1978.
16 Patientenbuch sowie handschriftlicher Bericht von Dr. Bloch. A. a. O.
17 Kern, »Der Spiegel«, a. a. O.
18 Bloch, a. a. O.
19 Hitler, Mein Kampf, a. a. O., S. 55.
20 John, »Bereits heute ...«, a. a. O., S. 1332.
21 Kern, »Der Spiegel«, a. a. O.
22 Marlis Steinert, Hitler, München 1994, S. 37.
23 Zahlreiche Zeitungsberichte. Darunter: »Wiener Zeitung« vom 15. 3. 1938, S. 5.
24 Fritz Mayrhofer, »Die ›Patenstadt des Führers‹. Träume und Realität«. In: Nationalsozialismus in Linz. Bd. 1. Hrsg. von Mayrhofer/Schuster, a. a. O., S. 327.
25 Eine Zusammenfassung alles verfügbaren Materials in: Brigitte Hamann, Hitlers Wien. Lehrjahre eines Diktators, München 1996.
26 Unter anderem bereits von Franz Jetzinger 1956. Franz Jetzinger, Hitlers Jugend, Wien 1956.
27 Hitler, Monologe, a. a. O., S. 153.
28 Ebd.
29 Ebd.
30 Ebd.
31 Kubizek, Hitler, a. a. O., S. 226.

32 Ehemaliges Hauptarchiv der NSDAP. NS 26/37. Bundesarchiv, Koblenz.
33 Maser, Frühgeschichte, a. a. O. Kubizek, Hitler, a. a. O., S. 301 f.
34 Protokoll der Anzeige Hitlers vom 5. 8. 1910. Jetzinger, Hitlers Jugend, a. a. O., S. 224.
35 Attest vom 5. 2. 1914. Ehemaliges Hauptarchiv der NSDAP. NS 26/17. Bundesarchiv, Koblenz.
36 Zitiert nach Werner Maser, Adolf Hitler. Legende – Mythos – Wirklichkeit, München 1975, S. 114. Ebenso: NS 26/17a. Bundesarchiv, Koblenz.
37 Hitler, Monologe, a. a. O., S. 132.
38 Akten des bayerischen Reichswehrgruppenkommandos 4. Bd. 50/8. Bayerisches Hauptstaatsarchiv, München.
39 Maser, Frühgeschichte, a. a. O., S. 95.
40 Hitlers Brief vom 16. 9. 1919. A. a. O.
41 Eine Kurzbiografie bei: Anton Joachimsthaler, Hitlers Liste, München 2003, S. 489 f. Ebenso Christa Schröder, Er war mein Chef. Aus dem Nachlaß der Sekretärin von Adolf Hitler. Hrsg. von Anton Joachimsthaler, München 1985, S. 159 ff.
42 Maser, Hitler, a. a. O., S. 318 ff.
43 Zitiert bei Joachimsthaler, Hitlers Liste, a. a. O., S. 493.
44 Am 29. 3. 1933.
45 Bella Fromm, Als Hitler mir die Hand küsste, Berlin 1993, S. 112 f.
46 Biografisches nach: Martha Schad, Hitlers Spionin. Das Leben der Stephanie von Hohenlohe, München 2002.
47 Andreas Hillgruber (Hrsg.), Staatsmänner und Diplomaten bei Hitler. 2. Teil 1942–1944, Frankfurt/Main 1970, S. 268.
48 Viscount Harald Rothermere leitete von 1922 bis 1938 einen Zeitungskonzern, zu dem 13 Tages-, zwei Sonntags- und zehn Wochenzeitungen gehörten.
49 Hitler, Monologe, a. a. O., S. 384.
50 Ebd.
51 Brief vom 12. 1. 1937. Zitiert nach Schad, Hitlers Spionin, a. a. O., Bildteil nach S. 160.
52 Brief Hitlers vom 28. 12. 1937. Zitiert nach Schad, Hitlers Spionin, a. a. O., Bildteil nach S. 160.
53 Hitler, Monologe, a. a. O., S. 470.

1 Dafür zahlreiche Beispiele in: William L. Shirer, Berlin Diary. 1934–1941, o. O. 1941.
2 Sonderrechte für den Juden im NS-Staat. Eine Sammlung der gesetzlichen Maßnahmen und Richtlinien. Inhalt und Bedeutung, Heidelberg 1981.
3 Der Begriff wurde bald durch »deutschblütig« ersetzt, da das Wort »Arier« nur die Zugehörigkeit zur indogermanischen Sprachfamilie ausdrückte.
4 Am 13. 8. 1938. Gerhard Engel, Heeresadjutant bei Hitler 1938–1943. Aufzeichnungen des Majors Engel. Hrsg. und kommentiert von Hildegard von Kotze, Stuttgart 1974, S. 31 f.
5 15. 9. 1935 Gesetz zum Schutze des deutschen Blutes und der deutschen Ehre. Reichsgesetzblatt I, S. 146.
6 § 7 der 1. Ausführungsverordnung zum Reichsbürgergesetz vom 14. 11. 1935.
7 Schreiben des Reichsministers des Inneren an die Landesregierungen, Berlin, 12. 12. 1938. Bezüglich Befreiung von den Vorschriften des Reichsbürgergesetzes ... Bayerisches Staatsarchiv, München.
8 Gregor Mendel (1822–1884), österreichischer Vererbungsforscher. Leitete aus Kreuzungsversuchen mit Pflanzen Gesetzmäßigkeiten, die »Mendel-Regeln«, ab.
9 Adolf Hitler, Monologe im Führerhauptquartier 1941–1944. Die Aufzeichnungen Heinrich Heims. Hrsg. von Werner Jochmann, Hamburg 1980, S. 148.
10 Otmar von Verschuer, »Die erbbiologische Bestandsaufnahme des deutschen Volkes«. In: »Deutsches Ärzteblatt« Nr. 9, 1933. S. 5 ff.
11 Goebbels las am 7. 3. 1942 eine Denkschrift des Sicherheitsdienstes über die Endlösung der Judenfrage. Joseph Goebbels, Tagebücher. Band 4: 1940–1942. Hrsg. von Ralf Georg Reuth, München 1999. Eintragung zum 7. 3. 1942.
12 Volksausgabe »Das Ahnen-Schatzkästlein«. Amt für Ahnenforschung, Frankfurt/Main, 1933.
13 Abstammung und Familie. In: Werner Maser, Adolf Hitler. Legende – Mythos – Wirklichkeit, München 1975, S. 9 ff.
14 Das Gutachten Holl. In: Horst Seidler/Andreas Rett, Das Reichs-Sippenamt entscheidet. Rassenbiologie im Nationalsozialismus, Wien–München 1982, S. 198.
15 Seidler/Rett, Das Reichs-Sippenamt, a. a. O., S. 200.

16 »Rasse muß sich bewähren«. In: Deutsche Bühnenkorrespondenz vom 27. 10. 1934. Gercke gründete das Archiv für berufsständische Rassenstatistik in Göttingen.

17 Richard Mandell, The Nazi Olympics, New York 1971, S. 71 ff.

18 Victor Klemperer, Ich will Zeugnis ablegen bis zum letzten. Tagebücher 1933–1945, Bd. I, Berlin 1995, S. 292 f.

19 Rigg, Hitler's Jewish soldiers, a. a. O., S. 186.

20 § 7 der Verordnung zum Reichsbürgergesetz.

21 Rigg, Hitler's Jewish soldiers, a. a. O., S. 211.

22 Die Akte Achim von Bredow. Bredows Brief an seine Mutter vom 24. 10. 1941. Bundesarchiv, Freiburg. Zitiert nach Rigg, Hitler's Jewish soldiers, a. a. O., S. 179.

23 R55, Nr. 662. Schreiben an Goebbels vom 25. 7. 1944. Bundesarchiv, Berlin.

24 Joseph Wulf, Theater und Film im Deutschen Reich. Eine Dokumentation, Gütersloh 1964, S. 84.

25 Zitiert nach den Akten des Bundesarchivs Freiburg, Militärarchiv. Laut Rigg, Hitler's Jewish soldiers, a. a. O., S. 353 f.

26 Jobst Freiherr von Cornberg, »Willkür in der Willkür. Hitler und die Befreiung von den antisemitischen Nürnberger Gesetzen«. In: »Vierteljahreshefte für Zeitgeschichte«, Heft 2, 1998, S. 143–187.

27 Hannah Arendt, Eichmann in Jerusalem, New York 1984, S. 30, 88 und 137.

28 Himmlers Geheimrede am 6. 10. 1943 vor den Reichs- und Gauleitern in Posen. In: Himmlers Geheimreden 1933–1945 und andere Ansprachen. Hrsg. von Bradley Smith und Agnes F. Peterson, Berlin-Wien 1974, S. 162 ff.

29 Pringsheim war Professor für Römisches und Deutsches Zivilrecht an den Universitäten von Freiburg und Göttingen. 1939–1946 lehrte er in Oxford.

30 Alan Clark, Barbarossa. The Russian-German conflict. 1941–1945, New York 1965, S. 339 ff.

31 Rigg, Hitler's Jewish Soldiers, a. a. O., S. 258.

32 Gespräch vom 1./2. 12. 1941. Hitler, Monologe, a. a. O., S. 147 f.

33 Dietrich Eckart (1868–1923), Schriftsteller, Mentor Hitlers, Herausgeber der antisemitischen Zeitschrift »Auf gut deutsch«. Otto Weininger (1880–1903) schrieb die Dissertation »Geschlecht und Charakter«. Weininger leistete mit seiner Behauptung von der Inferiorität von Juden dem Antisemitismus großen Vorschub. Er beging in Beethovens Sterbehaus Selbstmord.

34 Ray Monk, Ludwig Wittgenstein. The duty of genius, London 1990, S. 5.

35 Hitler, Monologe, a. a. O., S. 229.

36 Monk, Wittgenstein, a. a. O., S. 397.

37 Rigg, Hitler's Jewish soldiers, a. a. O., S. 177. David Irving, Die Tragödie der Deutschen Luftwaffe. Aus den Akten und Erinnerungen von Feldmarschall Milch, Frankfurt/Main–Berlin–Wien 1970. Irving erwähnt die jüdische Herkunft Milchs nicht.

38 Rigg, Hitler's Jewish soldiers, a. a. O. Milchs Tagebuchnotizen vom 31. 1. sowie 1. 11. 1933.

39 Die Voraussetzung für die Verleihung der Würde eines Feldmarschalls war bis dahin ein selbstständig geführter Feldzug oder eine gewonnene Schlacht gewesen.

40 Hitler, Monologe, a. a. O., S. 253.

41 Aussage der Henriette von Schirach im Gespräch mit David Irving am 27. 11. 1970. ZS 2238/AZ 4778/72. Institut für Zeitgeschichte, München.

42 Sophie Paschkis (1878–1947), Tochter von Sigmund Paschkis und Christine geb. Kolm.

43 Boguslaw Drewniak, Das Theater im NS-Staat. Szenarien deutscher Zeitgeschichte. 1933–1945, Düsseldorf 1983, S. 166.

44 NS 15, Nr. 35. Schreiben der Dienststelle Rosenberg vom 4. 3. 1937. Bundesarchiv, Berlin.

»Niemals ein NS-Terrorist«

1 Spruchkammerverfahren Emil Maurice. Akten der Hauptkammer München. Spruchkammer K 1131. Bayerisches Staatsarchiv, München.

2 Meldebogen auf Grund des Gesetzes zur Befreiung von Nationalsozialismus. 10. 2. 1947. Bayerisches Staatsarchiv, München.

3 Protokoll einer Unterredung mit Emil Maurice. ZS 270; 230/52. Institut für Zeitgeschichte, München.

4 Fragebogen für die ersten Mitglieder der NSDAP. Emil Maurice am 8. 10. 1933. Personalakt Emil Maurice. Bundesarchiv, Berlin.

5 Der Mordanschlag auf den Landtagsabgeordneten Erhard Auer. Pol. Dir. 10148, Staatsanwaltschaft München. Bayerisches Staatsarchiv, München.

6 Angaben von Emil Maurice. In: Abschrift einer Vernehmung durch den CIC in Augsburg am 5. 6. 1945. Privatbesitz. Kopie im Besitz der Autorin.

7 Eidesstattliche Versicherung von Emil Maurice zur Vorlage an das IMT in Nürnberg am 16. 3. 1946. ZS 270. Institut für Zeitgeschichte, München.
8 Military Government of Germany; Fragebogen vom 20.11.1946. Nachtrag vom 7. 10. 1947. Spruchkammer K 1131. Bayerisches Staatsarchiv, München.
9 Schriftliche Angabe von Hans Hartmann. Beilage zur Klageschrift am 18. 12. 1947. Spruchkammer 1131. Bayerisches Staatsarchiv, München.
10 Der öffentliche Ankläger bei der Spruchkammer Lager Regensburg. Regensburg, 12. 3. 1948. Spruchkammer K 1131. Bayerisches Staatsarchiv, München.
11 Schreiben von Dr. Karl Durst an die Spruchkammer des Internierungslagers Regensburg vom 22. 4. 1948. Beilage zu Spruchkammer K1131. Bayerisches Staatsarchiv, München.
12 Schreiben von Dr. Durst, a. a. O., S. 4 und 5.
13 Öffentliche Sitzung der Spruchkammer des Internierungslagers Regensburg. Aktenzeichen: 702/M. Aussage von Bruno Moses. Brief von Emil Maurice vom 7. 12. 1947.
14 Öffentliche Sitzung der Spruchkammer. A. a. O.
15 »Münchener Post« vom 19. 5. 1948.

Das Nachleben der Geli Raubal

1 Nerin Gun, Eva Braun-Hitler. Leben und Schicksal, Velbert und Kettwig 1968, S. 27.
2 Schreiben des Magistrats der Stadt Wien. MA 43 – Städtische Friedhöfe vom 16. 6. 1998.
3 Schreiben der MA 48. A. a. O.
4 Nachrichtenmagazin »Der Spiegel« Nr. 24/1987, S. 84–87.

Epilog

1 In dem Spruchkammerverfahren gegen Emil Maurice kam seine Mithilfe bei der Verhaftung der SA-Führung nicht zur Sprache. Staatsanwaltschaft München I. Der Prozess gegen Sepp Dietrich u. a. StAnw. 28791/31. Bayerisches Staatsarchiv, München.

2 Adolf Hitler, Mein Kampf, München 1934, S. 566.

3 HERMANN HISTORICA, München. Die Briefe gingen an einen japanischen Sammler.

4 Undatiertes Schreiben von »Mittelländisches Treuunternehmen Trust« an »Focus«. Original Privatbesitz. Kopie im Besitz der Autorin.

5 Schreiben des »Mittelländischen Treuunternehmen Trust« vom 7.3.1994. Original Privatbesitz. Kopie im Besitz der Autorin.

6 Schreiben des »Mittelländischen Treuunternehmen Trust« vom 7.3.1994. Original Privatbesitz. Kopie im Besitz der Autorin.

7 Kopien von Teilen des Nachlasses wurden der Autorin übergeben.

Ausgewählte Literatur

Uwe Dietrich Adam, Judenpolitik im Dritten Reich. Düsseldorf 1972.

Klaus Backes, Hitler und die bildenden Künste. Kulturverständnis und Kunstpolitik im Dritten Reich. Köln 1988.

Heinz Boberach (Hrsg.), Meldungen aus dem Reich. Die geheimen Lageberichte des Sicherheitsdienstes der SS 1938–1944. Herrsching 1984/1985.

Karl-Dietrich Bracher, »Die Auflösung der Weimarer Republik. Eine Studie zum Problem des Machtverfalls in der Demokratie«. In: Schriften des Instituts für Politische Wissenschaft, Bd. 14. Stuttgart-Düsseldorf 1955.

–, Die deutsche Diktatur. Entstehung, Struktur, Folgen des Nationalsozialismus. Köln-Berlin 1969.

Die Braune Elite I und II. Hrsg. Ronald Smelser, Enrico Syring, Rainer Zitelmann. Darmstadt 1993.

Martin Broszat, Horst Möller (Hrsg.), Das Dritte Reich. Herrschaftsstruktur und Geschichte. München 1983.

Martin Broszat u. a. (Hrsg.), Anatomie des SS-Staates. Olten-Freiburg i. Br. 1965.

Philipp Burrin, Hitler und die Juden. Frankfurt/Main 1993.

Eberhard Czichon, Wer verhalf Hitler zur Macht? Zum Anteil der deutschen Industrie an der Zerstörung der Weimarer Republik. Köln 1967.

Ernst Deuerlein (Hrsg.), Hitlers Eintritt in die Politik und die Reichswehr. (Vierteljahrshefte für Zeitgeschichte 7), Stuttgart 1959.

Otto Dietrich, 12 Jahre mit Hitler. München 1955 (N. B. 851671-B).

–, Mit Hitler in die Macht. München 1933 (N. B. 750000-B).

Dokumente der Zeitgeschichte. Hrsg. Franz Eher Verlag. München 1941.

Max Domarus (Hrsg.), Hitler. Reden und Proklamationen 1932-1945. München 1965.

Boguslaw Drewniak, Das Theater im NS-Staat. Szenarien deutscher Zeitgeschichte 1933–1945. Düsseldorf 1983.

Dietrich Eckart, Der Bolschewismus von Moses bis Lenin. Zwiegespräch zwischen Adolf Hitler und mir. München 1924.

Gerhard Engel, Heeresadjutant bei Hitler 1938–1943. Aufzeichnungen des Majors Engel. Hrsg. und kommentiert von Hildegard von Kotze. Schriftenreihe der Vierteljahreshefte für Zeitgeschichte 29, Stuttgart 1974.

Hermann Esser, Die jüdische Weltpest. München 1939 (N. B. 666269-B).

Philipp Fabry, Mutmaßungen über Hitler. Urteile von Zeitgenossen. Düsseldorf 1969.

Andre François-Poncet, Als Botschafter in Berlin. 1931–1938. Mainz 1947.

Bella Fromm, Als Hitler mir die Hand küßte. Berlin 1993.

Arthur Graf Gobineau, Versuch über die Ungleichheit der Menschenrassen. Stuttgart 1939/1940.

Joseph Goebbels, Die Tagebücher von Joseph Goebbels. Im Auftrag des Instituts für Zeitgeschichte und in Verbindung mit dem Bundesarchiv. Hrsg. von Elke Fröhlich. Teil I: Aufzeichnungen 1924–1941. Sämtliche Fragmente. 4 Bände. München 1987 ff.

Nerin Gun, Eva Braun-Hitler. Leben und Schicksal. Velbert und Kettwig 1968.

Adolf Hitler. Monologe im Führerhauptquartier 1941–1944. Die Aufzeichnungen Heinrich Heims. Hrsg. von Werner Jochmann. Hamburg 1980.

Himmlers Geheimreden 1933–1945 und andere Ansprachen. Hrsg. von Bradley Smith und Agnes F. Peterson. Berlin–Wien 1974.

Peter Hoffmann, Die Sicherheit des Diktators. München 1975.

–, Hitler's personal security. Protecting the Führer, 1921–1945. Überarbeitete Ausgabe, Da Capo Press 2000.

Heinrich Hoffmann, Hitler wie ich ihn sah. Berlin 1974.

Eberhard Jäckel, Hitlers Weltanschauung. Tübingen 1969.

Eberhard Jäckel, Axel Kuhn (Hrsg.), Hitler. Sämtliche Aufzeichnungen 1905–1924. Stuttgart 1980.

Franz Jetzinger, Hitlers Jugend. Zürich 1956.

Anton Joachimsthaler, Hitlers Liste. München 2003.

Ian Kershaw, Der Hitler-Mythos. Volksmeinung und Propaganda im Dritten Reich. Stuttgart 1980.

–, Hitler. 1889–1936. Hubris. London 1998.

–, Hitler. 1936–1945. Nemesis. London 2000.

Harry Graf Kessler, Gesichter und Zeiten. Erinnerungen. Frankfurt/Main 1962.

Victor Klemperer, Ich will Zeugnis ablegen. Berlin 1995.

Heinz Linge, Bis zum Untergang. München 1980 (N. B. 1, 178.294-B).

Alfred Maleta, Bewältigte Vergangenheit. Österreich 1932–1945. Graz 1981.

Werner Maser, Adolf Hitler. Legende – Mythos – Wirklichkeit. München 1975.

–, Adolf Hitlers Mein Kampf. Geschichte – Auszüge – Kommentare. 9. Auflage. Esslingen 2001.

–, Die Frühgeschichte der NSDAP. Hitlers Weg bis 1924. Frankfurt/Main–Bonn 1965.

Karl Mayr, I was Hitler's Boss. In: Current History, November 1941.

Nationalsozialismus in Linz. Hrsg. Fritz Mayrhofer/Walter Schuster, 2 Bände. Linz 2001.

Ernst Nolte, »Eine frühe Quelle zu Hitlers Antisemitismus«. In: Historische Zeitschrift 192 (1961), 584 ff.

Bert Olbrich, Selin Özan, Linz 1938. Studien zur Geschichte und Politik in Österreich, Band 1. Linz 1988.

Adolph Philipp, Hamburger Theater-Dekamerone; 2. Auflage mit einer Geschichte des Thalia-Theaters. Hamburg 1881 (N. B. 84558-B. The.).

Ralf-Georg Reuth, Joseph Goebbels. Tagebücher. München 1992.

Bryan Mark Rigg, Hitler's Jewish Soldiers. The untold story of Nazi racial laws and men of Jewish descent in the German military. Lawrence, Kansas 2002.

Ernst Röhm, Die Geschichte eines Hochverräters. München 1934.

Gerd Rühle, Das Dritte Reich. Dokumentarische Darstellung des Aufbaus der Nation. Mit Unterstützung des Deutschen Reichsarchivs. Berlin 1934–1939.

Horst Seidler, Andreas Rett, Das Reichs-Sippenamt entscheidet. Rassenbiologie im Nationalsozialismus. Wien–München 1982.

Henriette von Schirach, Frauen um Hitler. Berlin 1983.

Wulf Schwarzwäller, Hitlers Geld. Rastatt 1986.

Das Sonderrecht für die Juden im NS-Staat. Hrsg. von Joseph Walk. Heidelberg 1996.

Marlis Steinert, Hitler. München 1991.

Otto Strasser, Hitler und ich. Konstanz 1948.

Albrecht Tyrell, Vom Trommler zum Führer. Der Wandel von Hitlers Selbstverständnis zwischen 1919 und 1924 und die Entwicklung der NSDAP. München 1975.

Otto Wagener, Hitler aus nächster Nähe. Aufzeichnungen eines Vertrauten 1929–1932. Hrsg. H. A. Turner, jr. Frankfurt/Main 1978.

Josef Wulf, Theater und Film im Dritten Reich. Berlin 1964.

Albert Zoller, Hitler privat. Düsseldorf 1949.

Danksagung

Während meiner Arbeit bin ich von zahlreichen Personen in großzügiger Weise durch Auskünfte, Hinweise und Recherchen unterstützt worden. Für ihre große Mühe und Geduld möchte ich mich daher besonders herzlich bedanken bei:

Dr. Christoph Bachmann, Bayerisches Staatsarchiv, München; Johann Baumgartner, Peilstein, Oberösterreich; Florian M. Beierl, Berchtesgaden; Robert Brandner, Berchtesgaden; Ernst Deissinger, P. M. History, München; Herr Fehlauer, Bundesarchiv Berlin; Dr. Bernhard Glas, Adalbert-Stifter-Institut, Linz; Dr. Franz Hermann sowie den Mitarbeitern des Auktionshauses HERMANN HISTORICA, München; Mag. Andreas Hutter, »Neues Volksblatt«, Linz; Frau Babette Heustenberg, Bundesarchiv Berlin; Dr. Reinhard Horn, Bayerische Staatsbibliothek, München; Rudolf John, Institut für Film und Fernsehen, Universität für Musik und Darstellende Kunst, Wien; Michael Kloft, Spiegel-TV Hamburg; Hannelore Knöfler, Geheimes Staatsarchiv Preussischer Kulturbesitz, Berlin; Univ.-Prof. Dipl.-Ing. Dietrich Knorr, Freie Universität Berlin; AR Herbert Koch, Wiener Stadt- und Landesarchiv, Wien; Univ.-Prof. Dr. Walter Koch, Institut für Historische Hilfswissenschaften, Ludwig-Maximilians-Universität, München; Dr. Hertha Kratzer, Wien; Mag. Inge Janda, München-Waidhofen/Ybbs; Dr. Klaus A. Lankheit, Institut für Zeitgeschichte, München; Daniela Leopold, »Stern«-Redaktion, Hamburg; Friedrich Lichtenauer, Kulturdirektion des Landes Oberösterreich, Linz; Dipl.-Arch. Ursula Lochner, Universitätsarchiv Ludwig-Maximilians-Universität, München; Univ.-Prof. Dr. Werner Maser, Speyer; Dr. Hedwig Maurice; Dr. Klaus Maurice; Angelika Obermeier, Bayerische Staatsbibliothek, München; Christian Patry, Österreichische Nationalbibliothek, Wien; Katharina Pilar, Galerie März, Linz; Dr. Maximilian Schimböck, Archiv der Stadt Linz, Linz; Dr. Walter Schuster, Archiv der Stadt Linz; Jürgen Sielemann, Staatsarchiv Hamburg; Agneta Silfverskiöld, Wien; Wilhelm Schneider, Villach (verstorben 2002); Dr. Hans Sigmund, Wien; Univ.-Prof. Dr. Karl Sigmund, Institut für Mathematik, Universität Wien; Ulrike Talay, Institut für Zeitgeschichte, München; Ing. Philipp Thurn, Rastenberg, Niederösterreich; OAR Leopold Tichacek, MA 43, Magistrat der

Stadt Wien; Edwin Tobias, Österreichische Nationalbibliothek, Wien; Veronika Weidauer, Filmmuseum Berlin; Ulrich Ziegeldrum, Berchtesgaden.

Herzlichen Dank schulde ich den hilfreichen Mitarbeitern der Wiener Stadt- und Landesbibliothek; der Wiener Universitätsbibliothek; der Österreichischen Nationalbibliothek, Wien; des Instituts für Zeitgeschichte, München; des Bayerischen Staatsarchivs, München; des Stadtmuseums, München; des Instituts für Zeitgeschichte der Universität Wien; des Dokumentationsarchivs des österreichischen Widerstands, Wien; des Bundesarchivs, Berlin; des Bundesarchivs, Koblenz; des deutschen Literaturarchivs, Marbach am Neckar; des Instituts für Deutsche Adelsforschung; des Filminstituts, Wiesbaden.

Personen- und Sachregister

Kursiv gesetzte Seitenzahlen verweisen auf Abbildungen

Bildnachweis

Adalbert Stifter-Institut, Linz: S. 68

Archiv der Stadt Hamburg: S. 248

Auktionshaus HERMANN HISTORICA, München: S. 73, 81, 83, 308, 322

Bayerische Staatsbibliothek, München: S. 13, 19, 23, 25, 38, 40, 51, 56, 57, 61, 69, 74, 96, 98, 107, 109, 111, 113, 116, 119, 138, 142, 145, 147, 148, 149, 153, 157, 158, 159, 161, 168, 185, 215, 217, 241, 309, 314

Bayerisches Hauptstaatsarchiv München: S. 43, 86, 181

Bundesarchiv Berlin: S. 226, 243, 244, 289, 302, 303

Hatz, Franz (Hrsg.): Das bayerische Handwerk, München 1935: S. 219

Institut für Zeitgeschichte, München – Berlin: S. 155

Münchner Stadtmuseum: S. 212

Museum für Hamburgische Geschichte: S. 251

Privatbesitz: S. 5, 31, 34/35, 36, 46, 62, 70, 71, 75, 88, 102, 128, 133, 211, 224, 234, 240, 256, 281, 284, 320, 321

Privatbesitz Prinz Franz zu Hohenlohe: S. 274

Staatsarchiv München: S. 54, 204

Stadtarchiv München: S. 28, 237, 242

Struan Robertson: S. 254

Universität Hamburg, Zentrum für Theaterforschung: S. 252, 257

Universitätsarchiv München: S. 104

Nachlass von OSTR Michael Watschinger, zur Verfügung gestellt von Univ.-Prof. Dr. med. Bruno Watschinger: S. 99